출애굽기 강해

AN EXPOSITION ON THE SECOND BOOK OF MOSES, CALLED EXODUS

〔3판〕

김효성
Hyosung Kim
Th.M., Ph.D.

옛신앙
oldfaith
2024

머리말

주 예수 그리스도(마 5:18; 요 10:35)와 사도 바울(갈 3:6; 딤후 3:16)의 증거대로, 성경은 하나님의 말씀이다. 성경이 하나님의 말씀이며 우리의 신앙과 행위에 있어서 정확무오한 유일의 법칙이라는 고백은 우리의 신앙생활에 있어서 매우 기본적이고 중요하다.

웨스트민스터 신앙고백에 진술된 대로(1:8), 우리는 성경의 원본이 하나님의 감동으로 오류가 없이 기록되었고 그 본문이 "그의 독특한 배려와 섭리로 모든 시대에 순수하게 보존되었다"고 믿는다. 이것은 교회의 전통적 견해이다. 그러므로 구약성경에서 전통적 히브리어 마소라 본문을 중요히 여기며 야곱 벤 카임에 의해 편집한 제2 랍비 성경(봄버그판)을 표준적 본문으로 간주해야 한다고 본다.

성경은 성도 개인의 신앙생활뿐 아니라, 교회의 모든 활동들에도 유일한 규범이다. 오늘날처럼 다양한 풍조와 운동이 많은 영적 혼란의 시대에, 우리는 성경으로 돌아가 성경이 무엇을 말하는지 묵상하기를 원하며 성경에 계시된 하나님의 모든 뜻을 알기를 원한다.

성경으로 설교할지라도 그것을 바르게 해석하고 적용하지 않으면, 말씀의 기근이 올 것이다(암 8:11). 오늘날 많은 설교와 성경강해가 있지만, 순수한 성경 지식과 입장은 더 흐려지고 있는 것 같다.

그러므로 오늘날 요구되는 성경강해는 성경 본문의 뜻을 명료하게 해석하고 적용하는 것일 것이다. 실상, 우리는 성경책 한 권으로 충분하다. 성도는, 유일한 선생님이신 성령의 지도를 구하며 성경을 읽어야 하고, 성경강해는 오직 작은 참고서로만 사용해야 할 것이다.

심히 부족한 종에게 지혜와 분별력과 간절함과 건강을 주시고 또 약한 남편을 위해 일평생 헌신한 아내를 주시고 또 많은 기도와 물질로 후원한 성도들과 합정동 교회를 주신 하나님께만 영광을 돌린다.

내용 목차

서론

출애굽기의 히브리어 성경 **명칭**은 본서의 맨 처음의 두 단어인 웨엘레 쉐모스 וְאֵלֶּה שְׁמוֹת("그리고 이것들이 ~의 이름들이다")이다. 출애굽기(Exodus)라는 명칭은 헬라어 70인역에서 왔다.

출애굽기의 **저자**는 모세이다. 본서가 '그리고'라는 말로 시작되는 것은 이 책보다 먼저 기록된 책인 창세기와 한 묶음인 것을 암시한다. 구약성경의 처음 다섯 권의 책은 한 묶음이다. 우리는 그것들이 모세가 하나님의 감동 가운데 쓴 책들이라고 본다. 그것은 구약성경 자체가 증거 혹은 암시하는 바이며(수 1:7; 8:31; 왕상 2:3; 대하 34:14; 스 6:18; 느 8:1; 단 9:11; 말 4:4 등) 정통 유대교가 믿고 증거하는 바이며 신약성경이 확증하는 바이다(막 12:26; 마 19:8; 롬 10:5 등). 주께서는 출애굽기 3:6을 인용하시면서 모세의 글이라고 증거하셨다. 마가복음 12:26, "너희가 모세의 책 중 가시나무떨기에 관한 글에 하나님께서 모세에게 이르시되 나는 아브라함의 하나님이요 이삭의 하나님이요 야곱의 하나님이로라 하신 말씀을 읽어보지 못하였느냐?"

출애굽기의 **저작 시기**와 **장소**는 출애굽기 16:35에 보면 애굽에서 나온 후 광야 40년 생활을 마칠 즈음에 모압 평지에서라고 보인다. 왜냐하면 본서의 저자인 모세는 "이스라엘 자손이 사람 사는 땅에 이르기까지 40년 동안 만나를 먹되 곧 가나안 지경에 이르기까지 그들이 만나를 먹었더라"고 기록하고 있기 때문이다. 이 말씀은 본서가 광야 40년 생활을 끝마칠 즈음에 모세가 죽기 전에 쓰여졌음을 보이며 그러면 그 장소는 모압 평지 부근일 것이다.

출애굽기의 **주요 내용**은 애굽에 거주했던 이스라엘 백성이 애굽에서 나온 일과, 시내산에서 율법을 받고 성막을 건립한 일에 관한 것이다. 1-19장은 출애굽 사건을, 20-24장은 율법 받은 것을, 25-40장은 성막에 대한 하나님의 지시와 그 지시대로 건립한 일을 기록한다.

출애굽기의 **특징적 진리**는 하나님의 지식이다. 여호와 하나님께서는 출애굽 사건을 통해 그가 온 천하에 유일한 참 신(神)이심과 이스라엘 자손들을 향한 그의 구속(救贖)의 사랑과 능력을 증거하셨고, 또 그가 이스라엘 자손들의 조상들에게 약속하신 대로 신실하게 행하셨음을 증거하셨다. 또 그는 시내산에서 주신 십계명과 여러 법들을 통해 사람들을 향하신 자신의 도덕적 의지를 알리셨고 또 그 도덕법을 통해 사람의 죄악됨을 깨우치기를 원하셨다. 또 그는 성막 제도를 통해 장차 오실 구주 예수 그리스도의 인격과 사역을 증거하셨고 또 그의 백성인 이스라엘 자손들이 하나님을 섬기며 그와 교제할 수 있는 방법에 대하여 교훈하셨고 또 그가 친히 이스라엘 백성 가운데 함께 계심을 증거하셨다.

본문 혹은 각주에 자주 사용된 약어

KJV	영어 King James Version
NASB	영어 New American Standard Version
NIV	영어 New International Version
LXX	고대 헬라어 70인역
Syr	고대 수리아어역
It	고대 라틴어역
Vg	고대 라틴어 Vulgate역
BDB	Brown-Driver-Briggs, *Hebrew Lexicon of the O. T.*
KB	Koehler-Baumgartner, *Lexicon in Veteris Testamenti Libros.*
Langenscheidt	*Langenscheidt Pocket Hebrew Dictionary.*
NBD	*The New Bible Dictionary.* IVP.
Poole	Matthew Poole, *A Commentary on the Holy Bible.*
JFB	Robert Jamieson, A. R. Faussett, and David Brown, *A Commentary Critical, Experimental, and Practical on the Old and New Testaments.*

1장: 이스라엘의 번성과 고난

〔1-7절〕 야곱과 함께 각기 권속[가족]**을 데리고 애굽에 이른 이스라엘 아들들의 이름은 이러하니 르우벤과 시므온과 레위와 유다와 잇사갈과 스불론과 베냐민과 단과 납달리와 갓과 아셀이요 이미 애굽에 있는 요셉까지 야곱의 혈속**[허리에서 나온 자들](원어)**이 모두 70인이었더라. 요셉과 그의 모든 형제와 그 시대 사람은 다 죽었고 이스라엘 자손은 생육이 중다(衆多)하고**[많고] **번식하고 창성하고 심히 강대하여 온 땅에 가득하게 되었더라.**

이스라엘 자손은 고센 지방 온 땅에 가득하게 되었다. 그들은 애굽에 정착한 이후 모세가 출생할 즈음까지 약 350년 동안 번성하였다. 그것은, 그들로 번성케 하겠다고 하신 하나님의 약속의 성취이었다.

〔8-11절〕 요셉을 알지 못하는 새 왕이 일어나서 애굽을 다스리더니 그가 그 신민에게 이르되 이 백성 이스라엘 자손이 우리보다 많고 강하도다. 자, 우리가 그들에게 대하여 지혜롭게 하자. 두렵건대 그들이 더 많게 되면 전쟁이 일어날 때에 우리 대적과 합하여 우리와 싸우고 이 땅에서 갈까 하노라 하고 감독들을 그들 위에 세우고 그들에게 무거운 짐을 지워 괴롭게 하여 그들로 바로를 위하여 국고성 비돔과 라암셋을 건축하게 하니라.

요셉을 알지 못하는 새 왕은 애굽의 신왕국 시대(주전 1546-1085년경)의 왕을 가리켰다고 본다. 야곱이 애굽에 내려간 때는 중왕국 시대 제12왕조 중 센우스레트 3세(주전 1888년-1852년경) 때이며(주전 1876년경), 모세가 출생한 때는 신왕국 시대 제18왕조 중 투트모세 1세(주전 1539년-1514년경) 때라고 생각된다(주전 1525년경). 그 왕은 이스라엘 백성의 빠른 번성을 매우 염려했고 그들을 탄압할 한 정책을 세워 국고성들을 건축하게 하였다. 이스라엘에게는 번성케 하신 복도 있었으나 압제의 고난도 있었다. 창세기 15:13은 "여호와께서 아브람에게 이르시되 너는 정녕히 알라. 네 자손이 이방에서 객이 되어 그들을 섬기겠고 그들은 400년 동안 네 자손을 괴롭게 하리니"라고 증거하므로, 이스라엘 백성이 애굽에 거주한 430년 동안(출 12:40)이 이방 나라에서 생활한 고난의 기간이었지만, 그래도 요셉이 살아 있었을 때나 요셉을 알고 그의 공적을 존중한 왕들이 통치했을 때는 어느 정도 나았을 것이다. 그러나 애굽의 신왕국 시대에는 그 핍박의 정도가 매우 심해졌던 것 같다. 그러면 이스라엘 백성이 애굽에서 극심한 고난을 당한 세월은 아마 약 90여년간이었던 것 같다.

〔12-14절〕 그러나 학대를 받을수록 더욱 번식하고 창성하니 애굽 사람이 이스라엘 자손을 인하여 근심하여 이스라엘 자손의 역사(役事)[일]**를 엄하게 하여 고역**[고된 노동]**으로 그들의 생활을 괴롭게 하니 곧 흙 이기기와 벽돌 굽기와 농사의 여러 가지 일**[들판에서 하는 여러 일들](원어, KJV, NASB, NIV)**이라. 그 시키는 역사(役事)**[일]**가 다 엄하였더라.**

애굽 사람들은 이스라엘 자손들을 인해 근심하여 더 엄하게 일을 시켰고 고된 노동으로 그들을 괴롭게 했다. '들판에서 하는 여러 일들'은 농사뿐 아니라, 그 외의 여러 일들을 포함했을 것이다.

〔15-21절〕 애굽 왕이 히브리 산파 십브라라 하는 자와 부아라 하는 자에게 일러 가로되 너희는 히브리 여인을 위하여 조산할 때에 살펴서 남자여든 죽이고 여자여든 그는 살게 두라. 그러나 산파들이 하나님을 두려워하여 애굽 왕의 명을 어기고 남자를 살린지라. 애굽 왕이 산파를 불러서 그들에게 이르되 너희가 어찌 이같이 하여 남자를 살렸느냐? 산파가 바로에게 대답하되 히브리 여인은 애굽 여인과 같지 아니하고 건장하여 산파가 그들에게 이르기 전에 해산하였더이다 하매 하나님이[께서] **그 산파들에게 은혜를 베푸시니라. 백성은 생육이 번성하고 심히 강대하며 산파는 하나님을 경외하였으므로 하나님이**[께서] **그들의 집을 왕성케 하신지라.**

성경이 히브리 산파의 말의 진위(眞僞)를 말하지 않고 있지만, 그것은 거짓말이 아니고 사실일 수 있고 사실일 것이다. 하나님께서는 그들에게 은혜를 베푸셨다. '은혜를 베풀다'는 원어는 '선하다'는 뜻이다. 하나님께서 그들에게 선을 베푸시고 복 주신 것을 보면, 그들의 말은 거짓이 아니었다고 생각된다. 또 이스라엘 백성은 생육이 번성하고 심히 강대하였다. 이 말은 7절과 12절에 이어 본장에서 벌써 세 번째이다. 또 산파들은 하나님을 경외하였으므로 하나님께서는 그들의 집을 왕성케 하셨다. 하나님께서는 그들의 가정들을 복 주셨다.

〔22절〕 그러므로 바로가 그 모든 신민에게 명하여 가로되 남자가 나거든 너희는 그를 하수(河水)에 던지고 여자여든 살리라 하였더라.

무서운 법령이었다. 이스라엘 백성에게는 최악의 상황이 왔다.

본장의 교훈을 정리해보자. 첫째로, 이스라엘 자손들을 번성케 하시겠다는 하나님의 약속이 이루어졌다. 본장은 이스라엘 자손들이 번성케 되었음을 증거한다. 7절, "이스라엘 자손은 생육이 중다(衆多)하고 번식하고 창성하고 심히 강대하여 온 땅에 가득하게 되었더라." 12절, "그러나 학대를 받을수록 더욱 번식하고 창성하니." 20절, "백성은 생육이 번성하고 심히 강대하며." 이스라엘의 수적 번성은 하나님의 약속(창 12:2; 13:16; 17:1, 6; 18:18; 22:17; 26:4; 28:14; 46:3)의 성취이었다.

이스라엘에게 주신 옛 약속과 같이, 하나님께서는 신약교회에 세계복음화라는 명령과 약속을 주셨다. 주께서는 천국 복음이 모든 민족에게 증거되기 위해 온 세상에 전파될 것이며 그때 세상 종말이 올 것이라고 말씀하셨다(마 24:14). 또 그는 "너희는 가서 모든 족속으로 제자를 삼아 아버지와 아들과 성령의 이름으로 세례를 주라"고 명령하셨다(마 28:19). 사도 바울은 로마서 11장에서, 이방인의 충만한 수가 들어오기까지 이스라엘의 더러는 완악하게 되었다가 온 이스라엘이 구원을 얻을 것이라는 하나님의 구원 계획을 증거했다(롬 11:25-26). 요한계시록에서, 사도 요한은 각 나라와 족속과 백성과 방언에서 아무도 셀 수 없는 큰 무리가 흰옷을 입고 손에 종려가지를 들고 보좌 앞과 어린양 앞에 선 광경을 보고 증거하였다(계 7:9).

오늘날 우리는 하나님의 그 약속이 거의 성취된 것을 본다. 지구상에 하나님의 복음이 전파되지 않은 곳이 거의 없을 정도로 세계복음화가 이루어졌다. 그러므로 우리는 하나님의 작정된 뜻인 세계복음화를 믿고 기대를 가지고 낙심치 말고 전도하며 끝까지 충성해야 한다.

둘째로, 이스라엘 자손들에게는 고난도 있었다. 하나님의 약속대로 이스라엘 백성은 심히 번성했지만, 고난도 함께 받았다. 그들은 애굽 사람들의 엄한 감독들 아래서 심한 노역을 했다. 그들은 심지어 죽음의 위협을 당했고 마침내 남자아이가 출산되면 나일강에 버리라는 왕의 명령까지 내려졌다. 이스라엘 백성에게는 극심한 고통이었다.

이스라엘 백성이 애굽에서 압제와 핍박을 당했듯이, 신약 시대에 주의 백성된 우리도 세상에서 핍박과 고난을 각오해야 한다는 것이 신약성경의 교훈이다. 주 예수께서는, "나를 인하여 너희를 욕하고 핍박하고 거짓으로 너희를 거스려[거슬러] 모든 악한 말을 할 때에는 너희에게 복이 있나니 기뻐하고 즐거워하라. 하늘에서 너희의 상이 큼이라. 너희 전에 있던 선지자들을 이같이 핍박하였느니라"고 말씀하셨다(마 5:11-12). 사도 바울은 "우리가 하나님 나라에 들어가려면 많은 환난을 겪어야 할 것이라"고 말했고(행 14:22), 또 "무릇 그리스도 예수 안에서 경건하게 살고자 하는 자는 핍박을 받으리라"고 말했다(딤후 3:12). 또 그는 "그리스도를 위하여 너희에게 은혜를 주신 것은 다만 그를 믿을 뿐 아니라 또한 그를 위하여 고난도 받게 하심이라"고 말했다(빌 1:29).

주께서는 그의 재림 직전에 전쟁과 기근, 질병과 지진, 배교와 핍박 등이 있을 것을 예언하셨다(마 24장). 또 사도 요한도 대환난 시대에 대해 예언했고(계 6-19장), 또 큰 환난에서 나오는 흰옷 입은 무리에 대한 환상을 보았다(계 7:14). 성도의 고난은, 인격의 남은 죄성을 정화(淨化)시키는 과정, 곧 성화(聖化)의 과정이며, 또 이 세상에 대한 애착과 미련을 끊고 더욱 하나님과 천국과 영광의 내세만을 향하게 만드는 유익한 과정이다. 오늘날 우리는 하나님의 약속이 거의 성취된 것을 본다. 그러므로 우리는 핍박과 고난을 각오하고 더욱 더 바르게 살고 열심히 전도하고 하나님의 택하신 자들을 다 구원하기를 힘써야 한다.

2장: 모세를 준비시키심

〔1-4절〕 레위 족속 중 한 사람이 가서 레위 여자에게 장가 들었더니 그 여자가 잉태하여 아들을 낳아 그 준수함(토브 טוֹב)[아름다움]**을 보고 그를 석 달을 숨겼더니 더 숨길 수 없이 되매 그를 위하여 갈**[갈대] **상자를 가져다가 역청과 나무 진을 칠하고 아이를 거기 담아 하숫가 갈대 사이에 두고 그 누이가 어떻게 되는 것을 알려고 멀리 섰더니.**

모세의 출생과 어릴 때의 이야기이다. 모세의 부친은 레위인이며 그의 모친도 레위인이었다. 그가 출생할 즈음에는 히브리인의 남자 아이가 나면 나일강에 버리라는 왕의 명령이 내려져 있던 때이었다(1:22). 그의 부모는 믿음이 있는 자들이었다(히 11:23). 그의 모친은 하나님께서 주시는 믿음과 지혜로 행하며 그 아이를 역청과 나무 진으로 안을 칠한 갈대 상자에 넣어 나일강에 버렸다. 그는 그 아이를 하나님의 섭리의 손에 의탁했다. 그들은 하나님께 기도하며 하나님의 선한 도우심과 인도하심을 구했을 것이다.

〔5-6절〕 바로의 딸이 목욕하러 하수(河水)로 내려오고 시녀들은 하숫가에 거닐 때에 그가 갈대 사이의 상자를 보고 시녀를 보내어 가져다가 열고 그 아이를 보니 아이가 우는지라. 그가 불쌍히 여겨 가로되 이는 히브리 사람의 아이로다.

하나님의 섭리는 신기하게 이루어졌다. 그 공주는 그 상자를 보았고 열어 그 아기를 보았다. 삼 개월된 그 아기는 공주를 보고 울었다. 공주는 그 아기를 불쌍히 여겼다. 하나님께서는 그의 뜻을 이루시기 위해 그 공주에게 그 아기를 불쌍히 여기는 마음을 주셨다.

〔7-10절〕 그 누이가 바로의 딸에게 이르되 내가 가서 히브리 여인 중에서 유모를 불러다가 당신을 위하여 이 아이를 젖 먹이게 하리이까? 바로의 딸이 그에게 이르되 가라. 그 소녀가 가서 아이의 어미를 불러오니 바로의 딸이 그에게 이르되 이 아이를 데려다가 나를 위하여 젖을 먹이라. 내가 그

삯을 주리라. 여인이 아이를 데려다가 젖을 먹이더니 그 아이가 자라매 바로의 딸에게로 데려가니 그의 아들이 되니라. 그가 그 이름을 모세라 하여 가로되 이는 내가 그를 물에서 건져내었음이라 하였더라.

그 어려운 시대에 하나님께서는 신기하고 놀라운 방식으로 그의 종 모세를 건지셨고 살리셨고 경건함으로 양육받게 하셨다. 모세의 어머니는 안전하게 아기에게 젖을 먹이며 말씀과 기도로 키웠을 것이다. 그 아기는 자라서 바로의 딸에게로 인도되고 그의 아들이 되었다. 그는 바로의 궁중에서 좋은 교육을 받으며 자랐을 것이다. 스데반은 "모세가 애굽 사람의 학술을 다 배워 그 말과 행사가 능하더라"고 말했다(행 7:22). 그 공주는 그 아기의 이름을 모세라고 불렀다. '모세'라는 원어(모쉐 מֹשֶׁה)는 '건져내다'는 뜻을 가진 단어(마솨 מָשָׁה)에서 나온 것 같다. 하나님의 섭리는 참으로 신비하고 신기하다.

〔11-12절〕 모세가 장성한 후에 한번은 자기 형제들에게 나가서 그 고역함을 보더니 어떤 애굽 사람이 어떤 히브리 사람 곧 자기 형제를 치는 것을 본지라. 좌우로 살펴 사람이 없음을 보고 그 애굽 사람을 쳐 죽여 모래에 감추니라.

모세는 하루아침에 살인자가 되었다. 그러나 모세의 그 행동은, 그가 자신을 고통받는 히브리인 형제들과 동일시했기 때문에 나온 것이었다. 스데반은 설교 중에 모세에 대해, "나이 사십이 되매 그 형제 이스라엘 자손을 돌아볼 생각이 나더니 한 사람의 원통한 일 당함을 보고 보호하여 압제받는 자를 위해 원수를 갚아 애굽 사람을 쳐 죽이니라"고 말했고(행 7:23-24), 히브리서는, "믿음으로 모세는 장성하여 바로의 공주의 아들이라 칭함을 거절하고 도리어 하나님의 백성과 함께 고난받기를 잠시 죄악의 낙을 누리는 것보다 더 좋아하고 그리스도를 위하여 받는 능욕을 애굽의 모든 보화보다 더 큰 재물로 여겼으니 이는 상 주심을 바라봄이라"고 증거하였다(히 11:24-26).

〔13-15절〕 이튿날 다시 나가니 두 히브리 사람이 서로 싸우는지라. 그

그른 자에게 이르되 네가 어찌하여 동포[동료]**를 치느냐 하매 그가 가로되 누가 너로 우리의 주재**[방백]**와 법관을 삼았느냐? 네가 애굽 사람을 죽임같이 나도 죽이려느냐? 모세가 두려워하여 가로되 일이** [정녕](아켄 אָכֵן)(원문) **탄로되었도다. 바로가 이 일을 듣고 모세를 죽이고자 하여 찾은지라. 모세가 바로의 낯을 피하여 미디안 땅에 머물며** 하루는 **우물곁에 앉았더라.**

스데반은 그의 설교에서 말하기를, "저는 그 형제들이 하나님께서 자기의 손을 빌어 구원하여 주시는 것을 깨달으리라고 생각하였으나 저희가 깨닫지 못하였더라"고 하였다(행 7:25). 모세가 애굽 사람을 죽였다는 소문은 퍼졌고, 바로는 이 일을 듣고 모세를 죽이고자 하여 찾았다. 공주의 아들이었던 그는 한 순간에 지명수배자와 도망자가 되었고 바로의 얼굴을 피하여 애굽을 떠나 미디안 광야에 머물렀다.

〔16-17절〕 미디안 제사장에게 일곱 딸이 있더니 그들이 와서 물을 길어 구유에 채우고 그 아비의 양무리에게 먹이려 하는데 목자들이 와서 그들을 쫓는지라. 모세가 일어나 그들을 도와 그 양무리에게 먹이니라.

모세는 양치는 미디안 제사장의 딸들은 도왔다. 그에게는 정의감과 선한 동정심, 즉 건전한 인격의 기본적 요소인 도덕성이 있었다.

〔18-20절〕 그들이 그 아비 르우엘에게 이를 때에 아비가 가로되 너희가 오늘은 어찌하여 이같이 속히 돌아오느냐? 그들이 가로되 한 애굽 사람이 우리를 목자들의 손에서 건져내고 우리를 위하여 물을 길어 양무리에게 먹였나이다. 아비가 딸들에게 이르되 그 사람이 어디 있느냐? 너희가 어찌하여 그 사람을 버리고 왔느냐? 그를 청하여 음식으로 대접하라 하였더라.

그 딸들의 아버지인 미디안 제사장 르우엘은 은혜에 보답하며 나그네를 대접하는 바르고 선한 마음이 있는 자이었다.

〔21-22절〕 모세가 그와 동거하기를 기뻐하매 그가 그 딸 십보라(칩포라 צִפֹּרָה)**를 모세에게 주었더니 그가 아들을 낳으매 모세가 그 이름을 게르솜이라 하여 가로되 내가 타국에서 객이 되었음이라 하였더라.**

모세는 그와 동거하기를 기뻐하였고, 르우엘은 그의 딸 칩포라를 모세에게 아내로 주었다. 그가 아들을 낳았고 모세는 그 이름을 게르

솜(גֵּרְשֹׁם)이라 부르며 "내가 타국에서 객이 되었다"고 말했다. 후에, 모세가 애굽 왕 바로 앞에 설 때 나이가 80세이었으므로(출 7:7), 그가 미디안 광야에 거한 세월은 약 40년간이었다(행 7:29-30). 미디안 광야는 모세의 믿음과 겸손과 인내를 훈련시킨 학교이었다. 출애굽 후 40년의 광야 생활이 실전(實戰)과 같은 삶이었다면, 미디안 광야 생활은 그것을 준비하는 학교이었다. 내가 할 수 있다고 생각했을 때 여지없이 실패했던 그이었지만, 하나님께서는 실패자, 살인자, 도피자인 그를 들어 쓰시려고 거기서 그를 훈련시키셨던 것이다.

〔23-25절〕 여러 해 후에 애굽 왕은 죽었고 이스라엘 자손은 고역으로 인하여 탄식하며 부르짖으니 그 고역으로 인하여 부르짖는 소리가 하나님께 상달한지라. 하나님이[께서] **그 고통 소리를 들으시고** [하나님께서] **아브라함과 이삭과 야곱에게 세운 그 언약을 기억하사** [하나님께서] **이스라엘 자손을** [보셨고 하나님께서] **권념하셨더라**[아셨더라].

원문에는 24-25절에 '하나님'이라는 말이 4번 나온다. 하나님께서 들으셨고 하나님께서 기억하셨고 하나님께서 보셨고 또 하나님께서 아셨다. 물론, 하나님께서는 긍휼의 심령으로 그들을 돌아보셨다.

본장의 교훈을 정리해보자. 첫째로, 모세의 출생과 생명 보존과 양육은 하나님의 신기한 섭리 안에 진행되었다. 하나님의 섭리는 기이하게 진행되었다. 우리는 세상의 모든 일이 주권적 섭리자 하나님께로 말미암음을 깨닫고 오직 하나님만 믿고 의지하며 바라야 한다(롬 11:36).

둘째로, 모세는 내가 해보겠다고 할 때 실패하였으나 하나님께서는 살인자, 도피자인 그를 들어 쓰시기 위해 훈련시키셨고 준비시키셨다. 하나님께서는 그의 일을 위해 일꾼들을 훈련시키시고 준비시키신다.

셋째로, 이스라엘의 구원은 그들의 부르짖음에 대한 하나님의 긍휼의 응답으로, 그 조상들과 맺으신 언약에 대한 그의 성실한 이행으로 이루어질 것이다. 하나님께서는 그의 정하신 때 그의 일을 이루신다.

3장: 모세를 부르심

〔1-2절〕 모세가 그 장인(코센 חֹתֵן) **미디안 제사장 이드로의 양무리를 치더니 그 무리를 광야 서편으로 인도하여 하나님의 산 호렙에 이르매 여호와의 사자가 떨기나무**[가시덤불] **불꽃 가운데서 그에게 나타나시니라. 그가 보니 떨기나무**[가시덤불]**에 불이 붙었으나 사라지지 아니하는지라.**

미디안 족속은 보통 아브라함의 후처인 그두라의 아들 미디안의 자손들을 가리킨다(창 25:1-6). 하나님께서는 모세를 쓰시기 위해 40년을 기다리셨다. 하나님의 하시는 일은 사람 보기에 더딘 것 같을 때가 있다. 모세는 그 기간 믿음과 겸손과 인내의 훈련을 받았을 것이다. 본문에서 여호와의 사자는 여호와 하나님과 동일시된다(4, 5, 7절). 떨기나무(관목)는 진달래같이 원줄기와 가지들의 구별이 분명하지 않은 나무를 가리키는 말이다. 본문에서의 떨기나무(세네 סְנֶה)는 검은 딸기덤불 같은 가시덤불일 것이라고 추정된다(BDB). 가시덤불에 불이 붙었으나 타서 없어지지 않는 신기한 광경은 이스라엘 민족을 상징할지도 모른다. 가시덤불이 평범한 것이듯이, 이스라엘 민족은 평범한 민족이다. 그러나 지금 그들은 불같은 고난을 당하고 있고 그럼에도 불구하고 이 백성은 신기하게도 망하지 않고 있었다.

〔3-4절〕 이에 가로되 내가 돌이켜 가서 이 큰 광경을 보리라. 떨기나무[가시덤불]**가 어찌하여 타지 아니하는고 하는 동시에 여호와께서 그가 보려고 돌이켜 오는 것을 보신지라. 하나님이**[께서] **떨기나무**[가시덤불] **가운데서 그를 불러 가라사대 모세야, 모세야 하시매 그가 가로되 내가 여기 있나이다.**

하나님께서는 모세를 알고 계셨다. 실상 그는 모든 사람을 아신다. 하나님께서는 사람을 개인적으로 부르신다. 그는 후에 엘리 제사장 때 성소 안에서 사무엘을 부르셨다(삼상 3:10). 또 그는 후에 자신을 핍박하던 사울을 일꾼 삼으시려고 부르셨다(행 9:4).

〔5-6절〕 하나님이[께서] **가라사대 이리로 가까이 하지 말라. 너의 선 곳**

은 거룩한 땅이니 네 발에서 신을 벗으라. 또 이르시되 나는 네 조상(아비카 אָבִיךָ)[네 아버지]**의 하나님(이니) 아브라함의 하나님, 이삭의 하나님, 야곱의 하나님이니라. 모세가 하나님 뵈옵기를 두려워하여 얼굴을 가리우매.**

하나님께서는 "이리로 가까이 하지 말라. 너의 선 곳은 거룩한 땅이니 네 발에서 신을 벗으라"고 말씀하셨다. 하나님께서 임재하신 곳은 어디나 거룩한 곳이다. 흙과 먼지가 묻은 신을 벗으라고 말씀하신 것은 세상적이고 죄악된 생각과 생활방식을 버리라는 뜻일 것이다. 하나님과 대면하는 자들은 먼저 자신을 성결케 해야 한다.

하나님께서는 또 "나는 네 아버지의 하나님, 아브라함의 하나님, 이삭의 하나님, 야곱의 하나님이니라"고 말씀하셨다. 우리가 섬기는 하나님께서는 우리의 경건한 조상들이 섬기던 하나님이시다. 기독교는 하루아침에 생긴 종교가 아니고 인류의 역사 시초로부터 계시된 종교이다. 경건한 열조들에게는 하나님과의 언약이 있었고 그들에게 계시된 진리들이 있었다. 성경은 그 계시들의 기록이다. 모세는 하나님 뵈옵기를 두려워하여 얼굴을 가리었다.

〔7-8절〕 여호와께서 가라사대 내가 애굽에 있는 내 백성의 고통[고난]**을 정녕히 보고 그들이 그 간역자**[감독자]**로 인하여 부르짖음을 듣고 그 우고(憂苦)**[고통]**를 알고 내가 내려와서 그들을 애굽인의 손에서 건져내고 그들을 그 땅에서 인도하여 아름답고 광대한 땅, 젖과 꿀이 흐르는 땅 곧 가나안 족속, 헷 족속, 아모리 족속, 브리스 족속, 히위 족속, 여부스 족속의 지방에 이르려**[이르게 하려] **하노라.**

하나님께서는 이스라엘 자손들을 자기 백성으로 택하셨고 그들을 '내 백성'이라고 부르셨다. 그는 이스라엘 백성의 고통과 부르짖음을 동정하시며 긍휼히 여기셨다. 구원은 하나님의 긍휼에서 비롯된다. 젖과 꿀이 흐르는 아름다운 땅은 영광스런 천국을 예표하였다.

〔9-10절〕 이제 이스라엘 자손의 부르짖음이 내게 달하고 애굽 사람이 그들을 괴롭게 하는 학대도 내가 보았으니 이제 내가 너를 바로에게 보내어 너로 내 백성 이스라엘 자손을 애굽에서 인도하여 내게 하리라.

하나님께서는 고통받는 이스라엘을 긍휼히 여기셨고, 모세를 통해 그들을 구원해내시기를 원하셨다. 긍휼이 많으신 하나님께서는 이스라엘 백성의 구원을 시작하시고 이루실 것이다.

〔11-12절〕 모세가 하나님께 고하되 내가 누구관대 바로에게 가며 이스라엘 자손을 애굽에서 인도하여 내리이까? 하나님이[께서] **가라사대 내가 정녕 너와 함께 있으리라. 네가 백성을 애굽에서 인도하여 낸 후에 너희가 이 산에서 하나님을 섬기리니 이것이 내가 너를 보낸 증거**(오스 אוֹת)[표]**니라.**

모세는 자신의 무자격함과 무능력함을 느끼며 대답하였다. 그러나 하나님께서는 "내가 정녕 너와 함께 있으리라. 네가 백성을 애굽에서 인도하여 낸 후에 너희가 이 산에서 하나님을 섬기리니 이것이 내가 너를 보낸 증거니라"고 말씀하셨다. 사람은 무자격하고 무능력하지만, 하나님께서 그와 함께하시면 무슨 일이든지 할 수 있다.

〔13-14절〕 모세가 하나님께 고하되 내가 이스라엘 자손에게 가서 이르기를 너희 조상의 하나님이 나를 너희에게 보내셨다 하면 그들이 내게 묻기를 그의 이름이 무엇이냐 하리니 내가 무엇이라고 그들에게 말하리이까? 하나님이[께서] **모세에게 이르시되 나는 스스로 있는 자니라. 또 이르시되 너는 이스라엘 자손에게 이같이 이르기를 스스로 있는 자가 나를 너희에게 보내셨다 하라.**

사람의 이름은 그의 인격 곧 그 자신을 나타낸다. 하나님의 이름은 하나님 자신을 나타낸다. 하나님께서는 모세에게 "나는 스스로 있는 자니라"라고 말씀하셨다. '스스로 있는 자'라는 원어(에예 אֶהְיֶה)는 '나는 있다'라는 뜻이다. 하나님께서는 누가 만든 자가 아니시고 처음부터 그냥 계신 분이시다. 그가 천지만물을 만드셨고 인류의 역사와 이스라엘과 택자들의 구원 역사를 시작하셨다.

〔15절〕 하나님이[께서] **또 모세에게 이르시되 너는 이스라엘 자손에게 이같이 이르기를 나를 너희에게 보내신 이는 너희 조상의 하나님 곧 아브라함의 하나님, 이삭의 하나님, 야곱의 하나님 여호와라 하라. 이는 나의 영원한 이름이요 대대로 기억할 나의 표호니라.**

본절은 앞절에서 말한 '스스로 있는 자'라는 말과 '여호와'(יְהוָה)라는 말이 연관되어 있음을 보인다. '여호와'라는 말은 '있다'라는 원어(하야 הָיָה의 고어(古語)인 하와 הָוָה)에서 나온 말이다. '여호와'라는 명칭은 영원자존(自存)하시고 불변하심을 나타내는 이름이다.

〔16-18절〕 **너는 가서 이스라엘 장로들을 모으고 그들에게 이르기를 여호와 너희 조상의 하나님 곧 아브라함과 이삭과 야곱의 하나님이**[께서] **내게 나타나 이르시되 내가 실로 너희를 권고(眷顧)하여**(파카드 פָּקַד)[돌아보아] **너희가 애굽에서 당한 일을 보았노라. 내가 말하였거니와 내가 너희를 애굽의 고난 중에서 인도하여 내어 젖과 꿀이 흐르는 땅 곧 가나안 족속, 헷 족속, 아모리 족속, 브리스 족속, 히위 족속, 여부스 족속의 땅으로 올라가게 하리라 하셨다 하면 그들이 네 말을 들으리니 너는 그들의 장로들과 함께 애굽 왕에게 이르기를 히브리 사람의 하나님 여호와께서 우리에게 임하셨은즉 우리가 우리 하나님 여호와께 희생을 드리려 하오니 사흘길쯤 광야로 가기를 허락하소서 하라.**

〔19-22절〕 **내가 아노니 강한 손으로** 치기 **전에는 애굽 왕이 너희의 가기를 허락지 아니하다가 내가 내 손을 들어 애굽 중에 여러 가지 이적으로 그 나라를 친 후에야 그가 너희를 보내리라. 내가 애굽 사람으로 이 백성에게 은혜를 입히게 할지라. 너희가 갈 때에 빈손으로 가지 아니하리니 여인마다 그 이웃 사람과 및 자기 집에 우거하는 자에게 은패물과 금패물과 의복을 구하여 너희 자녀를 꾸미라. 너희가 애굽 사람의 물품을 취하리라**(니찰템 נִצַּלְתֶּם)[빼앗으리라].

이스라엘 백성의 구출은 하나님의 기적의 손길로만 가능한 일이다. 그것이 다음 몇 장에 나오는 10가지 재앙이다. 뿐만 아니라, 그들은 애굽에서 나올 때 그 이웃 사람들에게서 은패물과 금패물과 의복 등을 구하여 취할 것이다. 그것은 그들이 애굽에서 오랫동안 한 종살이, 즉 그들의 고생과 학대받음에 대한 보상과 같을 것이다.

본장의 교훈을 정리해보자. 첫째로, 이스라엘 자손들의 구원을 주도하시는 자는 하나님이시다. 이스라엘 자손들의 하나님께서는 영원하신 하나님이시다. 그는 스스로 계신 자, 곧 여호와 하나님이시다. 그가 맨 처음에 천지만물을 창조하셨고 그가 만드신 세상을 홀로 섭리하신다. 하나님께서는 그의 정하신 때 그의 방법으로 이스라엘 자손들을 구원하셨다. 그는 모세에게 나타나셨고 그를 부르셨고 그와 함께하실 것을 약속하셨고 그의 능력으로 그의 뜻을 이루실 것이다. 그는 만세 전에 택하신 자들을 하나도 남김 없이 다 구원하시는 구주 하나님이시다.

둘째로, 이스라엘 백성의 구원은 하나님의 긍휼과 언약에 근거했다. 하나님께서는 자기 백성의 고통을 정녕히 보셨고 그 부르짖음을 들으셨고 그 우고(憂苦)를 아셨다. 하나님께서는 고통받는 이스라엘을 돌아보셨다. 또 하나님의 긍휼은 조상들에게 주신 언약에 근거했다. 그래서 그는 자신을 그들의 조상 아브라함과 이삭과 야곱의 하나님으로 부르셨다. 우리의 구원도 예수 그리스도 안에서 주신 하나님의 긍휼에 근거하였다. 디모데후서 1:9, "하나님이 우리를 구원하사 거룩하신 부르심으로 부르심은 우리의 행위대로 하심이 아니요 오직 자기 뜻과 영원한 때 전부터 그리스도 예수 안에서 우리에게 주신 은혜대로 하심이라."

셋째로, 하나님께서는 준비된 인물을 부르셨다. 모세는 미디안 광야에서 40년 동안 준비되었다. 미디안 광야는 그에게 믿음의 훈련장, 겸손의 훈련장, 인내의 훈련장이었다. 하나님의 일을 위한 일꾼을 부르시는 것은 전적으로 하나님 소관이시다. 모든 직분은 하나님께로 말미암는다. 마가복음 3:13-15, "또 산에 오르사 자기의 원하는 자들을 부르시니 나아온지라. 이에 열둘을 세우셨으니 이는 자기와 함께 있게 하시고 또 보내사 전도도 하며." 고린도전서 12:4-6, "은사는 여러 가지나 성령은 같고 직임은 여러 가지나 주는 같으며." 에베소서 4:11-12, "그가 혹은 사도로, 혹은 선지자로, 혹은 복음 전하는 자로, 혹은 목사와 교사로 주셨으니 이는 성도를 온전케 하며 봉사의 일을 하게 하며 그리스도의 몸을 세우려 하심이라." 오늘날도 하나님께서는 전도와 목회와 교회 봉사의 일들을 위해 사람들을 준비시키시고 준비된 자들을 부르실 것이다.

4장: 모세를 보내심

〔1-5절〕 모세가 대답하여 가로되 그러나 그들이 나를 믿지 아니하며 내 말을 듣지 아니하고 이르기를 여호와께서 네게 나타나지 아니하셨다 하리이다. 여호와께서 그에게 이르시되 네 손에 있는 것이 무엇이냐? 그가 가로되 지팡이니이다. 여호와께서 가라사대 그것을 땅에 던지라. 곧 땅에 던지니 그것이 뱀이 된지라. 모세가 뱀 앞에서 피하매 여호와께서 모세에게 이르시되 네 손을 내밀어 그 꼬리를 잡으라. 그가 손을 내밀어 잡으니 그 손에서 지팡이가 된지라. 또 가라사대 **이는 그들로 그 조상의 하나님 곧 아브라함의 하나님, 이삭의 하나님, 야곱의 하나님 여호와가 네게 나타난 줄을 믿게 함이니라 하시고.**

하나님께서는 모세가 양을 칠 때 쓰던 지팡이로 뱀이 되게 하시는 신기한 기적을 주셨다. 하나님의 영의 세계는 신비한 세계이다. 하나님께서 모세에게 이런 기적을 주신 것은 이스라엘 백성들로 하여금 그 조상들의 하나님, 곧 아브라함의 하나님, 이삭의 하나님, 야곱의 하나님 여호와께서 그에게 나타나신 줄 믿게 하려 함이었다.

〔6-9절〕 여호와께서 또 가라사대 네 손을 품에 넣으라 하시매 손을 품에 넣었다가 내어보니 그 손에 문둥병[나병]**이 발하여 눈같이** 흰**지라. 가라사대 네 손을 다시 품에 넣으라 하시매 그가 다시 손을 품에 넣었다가 내어보니 손이 여상(如常)하더라**[다른 손과 같이 회복되었더라]. 여호와께서 **가라사대 그들이 너를 믿지 아니하며 그 처음 이적**(오스 אֹת)[표적, sign]**의 표징**(콜 קֹל)[소리]**을 받지 아니하여도 둘째 이적의 표징은 믿으리라. 그들이 이 두 이적을 믿지 아니하며 네 말을 듣지 아니하거든 너는 하수(河水)를 조금 취하여다가 육지에 부으라. 네가 취한 하수가 육지에서 피가 되리라.**

기적은 성경에서 자주 표적(sign)이라고 표현된다. 그것은 하나님께서 주신 확증의 표이다. 나병이나 강물 기적도 이스라엘 백성으로 하나님과 모세를 믿게 하려 하심이었다. 기적은 믿음을 위한 증거로 주어졌다(히 2:4). 기적들을 본 이스라엘 백성은 모세를 믿었다(31절).

〔10-12절〕 모세가 여호와께 고하되 주여, 나는 본래 말에 능치 못한 자라. 주께서 주의 종에게 명하신 후에도 그러하니 나는 입이 뻣뻣하고[둔하고] **혀가 둔한 자니이다. 여호와께서 그에게 이르시되 누가 사람의 입을 지었느뇨? 누가 벙어리나 귀머거리나 눈 밝은 자나 소경이 되게 하였느뇨? 나 여호와가 아니뇨? 이제 가라. 내가 네 입과 함께 있어서 할 말을 가르치리라.**

모세는 하나님의 이런 놀라운 기적들을 체험하였음에도 불구하고 가기를 주저했다. 모세는 지식은 많았지만, 말하는 데는 자신이 없었던 것 같다. 그는 자신을 입이 둔하고 혀가 둔한 자라고 말했다. 그러나 입을 지으신 자는 하나님이시다. 하나님께서 '가라'고 사명을 주시고 그의 입에 할 말을 주실 것이니 모세는 이제 가면 될 것이다.

하나님의 종들은 하나님께서 보내시는 곳에 가서 그가 전하라는 것을 전하면 된다. 하나님께서 그와 함께하시고 그의 입과 혀를 주관하실 것이다. 주께서는 제자들을 보내실 때 그들이 이방인의 법정에 설 것이지만 "어떻게 또는 무엇을 말할까 염려치 말라. 그때에 무슨 말할 것을 주시리니 말하는 이는 너희가 아니라 너희 속에서 말씀하시는 자 곧 너희 아버지의 성령이시니라"고 말씀하셨다(마 10:19-20).

〔13-17절〕 모세가 가로되 주여, 보낼 만한 자를 보내소서. 여호와께서 모세를 향하여 노를 발하시고 가라사대 레위 사람 네 형 아론이 있지 아니하뇨? 그의 말 잘함을 내가 아노라. 그가 너를 만나러 나오나니 그가 너를 볼 때에 마음에 기뻐할 것이라. 너는 그에게 말하고 그 입에 말을 주라. 내가 네 입과 그의 입에 함께 있어서 너의 행할 일을 가르치리라. 그가 너를 대신하여 백성에게 말할 것이니 그는 네 입을 대신할 것이요 너는 그에게 하나님같이 되리라. 너는 이 지팡이를 손에 잡고 이것으로 이적을 행할지니라.

모세는 애굽으로 갈 자신이 없었다. 그는 참으로 자신의 무자격함을 느끼고 있었다. 그러나 여호와께서는 사양하는 그를 향하여 노를 발하시며 기어코 보내시고자 하셨다. 그는 그에게 말 잘하는 그의 형 아론을 그의 대변자로 주셨다. 또 그는 모세에게 그의 지팡이를 손에 잡고 이적을 행하라고 말씀하셨다. 그 지팡이는 능력의 표이었다.

〔18-20절〕 모세가 장인 이드로에게로 돌아가서 그에게 이르되 내가 애굽에 있는 내 형제들에게로 돌아가서 그들이 생존하였는지 보려하오니 나로 가게 하소서. 이드로가 그에게 평안히 가라 하니라. 여호와께서 미디안에서 모세에게 이르시되 애굽으로 돌아가라. 네 생명을 찾던 자가 다 죽었느니라. 모세가 그 아내와 아들들을 나귀에 태우고 애굽으로 돌아가는데 하나님의 지팡이를 손에 잡았더라.

모세는 장인 이드로에게로 가 말하고 하나님의 지시를 받아 가족들을 데리고 능력의 표인 지팡이를 손에 잡고 애굽으로 돌아갔다.

〔21-23절〕 여호와께서 모세에게 이르시되 네가 애굽으로 돌아가거든 내가 네 손에 준 이적(핫모페심 הַמֹּפְתִים)[그 기적들]**을 바로 앞에서 다 행하라. 그러나 내가 그의 마음을 강퍅케 한즉 그가 백성을 놓지 아니하리니 너는 바로에게 이르기를 여호와의 말씀에 이스라엘은 내 아들 내 장자라. 내가 네게 이르기를 내 아들을 놓아서 나를 섬기게 하라 하여도 네가 놓기를 거절하니 내가 네 아들 네 장자를 죽이리라 하셨다 하라 하시니라.**

애굽 왕 바로가 마음을 강퍅하게 가지는 것도 하나님께서 하시는 일이다. 하나님께서는 모든 일을 주권적으로 행하신다. 그러나 바로가 하나님의 아들, 하나님의 장자 이스라엘 백성 놓기를 거절할 때 하나님께서는 그의 장자를 죽이실 것이다. 그것은 하나님께서 장차 행하실 재앙들 중에 마지막 재앙이 될 것이다. 하나님께서 그의 능력의 손으로 징벌하실 때 바로는 이스라엘 백성을 놓아주게 될 것이다.

〔24-26절〕 여호와께서 길의 숙소에서 모세를 만나사 그를 죽이려 하시는지라. 십보라가 차돌[부싯돌 칼]**을 취하여 그 아들의 양피**(생식기의 겉가죽)**를 베어 모세의 발 앞에 던지며 가로되 당신은 참으로 내게 피 남편이로다 하니 여호와께서 모세를 놓으시니라. 그때에 십보라가 피 남편이라 함은 할례를 인함이었더라.**

할례는 하나님과의 언약의 표이었고 이스라엘 백성이 반드시 행해야 할 의식이었다. 신약시대도 세례는 모든 신자의 필수적 의무이다. 아무리 하나님께서 직접 뽑으신 모세라 하더라도 그 자신의 가정에 언약의 표를 받지 않은 자가 있다면 그것은 죄이며 모세는 먼저 그 죄를 청산하여야 했다. 그는 먼저 아들에게 할례를 행하여야 했다.

〔27-31절〕 여호와께서 아론에게 이르시되 광야에 가서 모세를 맞으라 하시매 그가 가서 하나님의 산에서 모세를 만나 그에게 입맞추니 모세가 여호와께서 자기에게 부탁하여 보내신 모든 말씀과 여호와께서 자기에게 명하신 모든 이적을 아론에게 고하니라. 모세와 아론이 가서 이스라엘 자손의 모든 장로를 모으고 아론이 여호와께서 모세에게 명하신 모든 말씀을 전하고 백성 앞에서 이적을 행하니 백성이 믿으며 여호와께서 이스라엘 자손을 돌아보시고 그 고난을 감찰하셨다 함을 듣고 머리 숙여 경배하였더라.

본장의 교훈을 정리해보자. 첫째로, 모세는 자신의 무자격함을 깨닫고 있었으나, 하나님께서는 그런 모세를 들어 쓰셨다. 겸손은 봉사자의 가장 중요한 덕이다. 교만은 멸망의 첫걸음이다. 하나님께 크게 쓰임 받은 자들은 자신의 부족과 연약을 안 자이었다. 우리 모두는 우리 자신이 하나님의 일에 자격이 없음을 알아야 한다. 오늘날에도 하나님께서는 자신의 부족과 무자격함을 깨닫는 자들을 들어 사용하실 것이다.

둘째로, 하나님께서는 모세에게 표적들을 주셔서 그의 소명을 확신케 하셨고 그가 친히 그에게 할 말을 주겠다고 약속하셨고 심지어 노하시면서까지 그를 보내려 하셨다. 하나님께서는 형 아론을 그의 대변자로 주셨고, 그의 지팡이가 능력의 표가 되게 하셨다. 그는 그에게 표적도, 전할 말씀도, 대변자도, 능력의 표도 주셨다. 그는 보내실 자를 위해 필요한 모든 일들을 준비하셨다. 오늘날에도 하나님께서는 그의 일을 위해 쓰실 일꾼들을 위하여 모든 것들을 준비시켜 보내실 것이다.

셋째로, 모세는 어떤 연고로 그의 아들에게 할례를 행치 않았다. 그는 아마 아내의 반대로 그랬을지도 모른다. 그러나 그 아내가 할례를 행함으로 그는 죽음의 위기를 모면했다. 할례는 언약 백성의 표이었고 할례를 받지 않는 것은 큰 죄이었다. 하나님의 일꾼들은 하나님의 일을 하기 전에 먼저 마음에 거리끼는 죄를 다 버리고 청산해야 한다.

5장: 바로의 첫 반응

〔1-5절〕 그 후에 모세와 아론이 가서 바로에게 이르되 이스라엘 하나님 여호와의 말씀에 내 백성을 보내라. 그들이 광야에서 내 앞에 절기를 지킬 것이니라 하셨나이다. 바로가 가로되 여호와가 누구관대 내가 그 말을 듣고 이스라엘을 보내겠느냐? 나는 여호와를 알지 못하니 이스라엘도 보내지 아니하리라. 그들이 가로되 히브리인의 하나님이[하나님께서] **우리에게 나타나셨은즉 우리가 사흘길쯤 광야에 가서 우리 하나님 여호와께 희생**[제사]**을 드리려 하오니 가기를 허락하소서. 여호와께서 온역이나 칼로 우리를 치실까 두려워하나이다. 애굽 왕이 그들에게 이르되 모세와 아론아, 너희가 어찌하여 백성으로 역사(役事)**(마아세 מַעֲשֶׂה)[일]**를 쉬게 하느냐? 가서 너희의 역사**(세발라 סְבָלָה)[노역, 노동]**나 하라. 또 가로되 이제 나라에 이 백성이 많거늘 너희가 그들로 역사**[노역, 노동]**를 쉬게 하는도다 하고.**

모세와 아론은 애굽 왕 바로를 접견하여 그에게 "내 백성을 보내라"는 하나님의 뜻을 전했다. 이스라엘 백성은 하나님의 택한 백성이며 하나님께서는 그들의 하나님이시다. 또 이스라엘 백성이 광야로 나가야 하는 것은 그들이 하나님 앞에서 절기를 지키며 제사를 드리기 위해서이었다. 그러나 바로는 하나님을 알지 못한다고 말하면서 모세가 전한 하나님의 뜻을 단번에 거절하였다.

모세가 받은 하나님의 말씀들은 하나님의 직접 나타나심으로 받은 말씀, 즉 하나님의 특별계시로 받은 내용이었다. 그러나 바로는 모세가 전한 하나님의 말씀을 단번에 거절했다. 그는 모세가 전한 하나님의 말씀을 이스라엘 백성이 일을 쉬게 하는 것 정도로 이해했다.

〔6-9절〕 바로가 당일에 백성의 간역자들(노게심 נֹגְשִׂים)[감독들]**과 패장들**(쇼테림 שֹׁטְרִים)[작업반장들]**에게 명하여 가로되 너희는 백성에게 다시는 벽돌 소용의 짚을 전과 같이 주지 말고 그들로 가서 스스로 줍게 하라. 또 그들의 전에 만든 벽돌 수효대로 그들로 만들게 하고 감하지 말라. 그들이 게으르므로 소리질러 이르기를 우리가 가서 우리 하나님께 희생**[제사]**을 드**

리자 하나니 그 사람들의 고역[일]을 무겁게 함으로 수고롭게 하여 그들로 거짓말을 듣지 않게 하라.

'패장' 즉 작업반장들은 감독들 밑에 있는 이스라엘 관리들을 가리킨다(14, 15, 19절). 바로는 그들이 하나님을 섬기려는 것을 게으르기 때문이라고 판단했다. 그러나 사람이 하나님께 예배를 드리는 것은 게으르기 때문이 아니고 마땅한 의무이기 때문이다. 또 바로는 하나님을 섬기라는 하나님의 말씀을 거짓되고 헛된 말로 생각하였으나 하나님의 말씀은 진리의 말씀이다. 모세와 아론을 통해 하나님의 뜻을 전해 들은 애굽 왕은 도리어 이스라엘 백성을 압박하기 시작했다.

〔10-18절〕 간역자들[감독들]과 패장들[작업반장들]이 나가서 백성에게 일러 가로되 바로의 말씀에 내가 너희에게 짚을 주지 아니하리니 너희는 짚을 얻을 곳으로 가서 주우라. 너희 일은 조금도 감하지 아니하리라 하셨느니라. 백성이 애굽 온 땅에 흩어져 곡초 그루터기를 거두어다가 짚을 대신하니 간역자들이 그들을 독촉하여 가로되 너희는 짚이 있을 때와 같이 당일 일을 당일에 마치라 하며 바로의 간역자들이 자기들의 세운 바 이스라엘 자손의 패장들을 때리며 가로되 너희가 어찌하여 어제와 오늘에 만드는 벽돌의 수효를 전과 같이 채우지 아니하였느냐 하니라. 이스라엘 자손의 패장들이 가서 바로에게 호소하여 가로되 왕은 어찌하여 종들에게 이같이 하시나이까? 종들에게 짚을 주지 아니하고 그들이 우리더러 벽돌을 만들라 하나이다. 종들이 매를 맞으오니 이는 왕의 백성의 허물이니이다. 바로가 가로되 너희가 게으르다, 게으르다. 그러므로 너희가 이르기를 우리가 가서 여호와께 희생[제사]을 드리자 하는도다. 이제 가서 일하라. 짚은 너희에게 주지 않을지라도 너희가 벽돌은 여수히[정량을] 바칠지니라.

곡초 그루터기는 곡초를 베고 남은 밑둥치와 뿌리를 가리킨다. 이스라엘 백성의 노동량은 더 많아졌고 이스라엘의 작업반장들은 구타도 당하였다. 이스라엘 백성은 더욱 고통스러워졌다.

〔19-23절〕 이스라엘 자손의 패장들[작업반장들]이 너희의 매일 만드는 벽돌을 조금도 감하지 못하리라 함을 듣고 화가 몸에 미친 줄 알고 그들이 바로를 떠나 나올 때에 모세와 아론이 길에 선 것을 만나 그들에게 이르되

너희가 우리로 바로의 눈과 그 신하의 눈에 미운 물건이 되게[악취가 되게] **하고 그들의 손에 칼을 주어 우리를 죽이게 하는도다. 여호와는**[께서는] **너희를 감찰하시고 판단하시기를 원하노라. 모세가 여호와께 돌아와서 고하되 주여, 어찌하여 이 백성으로 학대를 당케 하셨나이까? 어찌하여 나를 보내셨나이까? 내가 바로에게 와서 주의 이름으로 말함으로부터 그가 이 백성을** 더 **학대하며 주께서도 주의 백성을 구원치 아니하시나이다.**

이스라엘 백성도 모세도 당황했겠지만, 이 현실은 이스라엘 백성이 애굽 왕 바로의 손에서 구원을 얻는 과정이었다.

본장의 교훈을 정리해보자. 첫째로, 하나님의 뜻은 이스라엘 백성이 애굽에서, 그 종살이하던 땅에서 떠나는 것이었다. 하나님께서는 그들을 애굽에서 건지셔서 젖과 꿀이 흐르는 가나안 땅으로 인도하기를 원하셨다. 오늘날 하나님의 뜻은 우리가 이 패역한 세상에서 구원 얻어(행 2:40) 천국에 들어가는 것이다. 우리는 불경건하고 죄악된 세상에서 구원을 얻어야 한다. 불경건과 죄로부터 구원을 얻는 것이 하나님의 뜻이며 성경의 핵심 진리이다. 우리는 경건하고 정직한 자가 되어야 한다.

둘째로, 구원의 목적은 하나님을 섬기는 것이다. 1절, "이스라엘 하나님 여호와의 말씀에 내 백성을 보내라. 그들이 광야에서 내 앞에 절기를 지킬 것이니라 하셨나니." 3절, "우리가 사흘길쯤 광야에 가서 우리 하나님 여호와께 제사를 드리려 하오니." 바로는 제사 행위를 게으르다고 말했지만, 제사는 하나님의 명령이며 사람의 기본적 의무이다. 우리는 하나님께 예배드리며 그를 섬기며 그의 영광을 위해 살아야 한다.

셋째로, 애굽 왕 바로는 모세의 말을 들은 후 이스라엘 백성을 보내기는커녕 더욱 학대했다. 바로는 사탄의 표상이다. 세상의 임금인 사탄은 죄인들이 구원 얻는 것을 싫어하고 방해하고 그들을 핍박한다. 예수께서는 세상이 너희를 미워할 것이라고 말씀하셨고(요 15:19), 바울도 경건한 자들이 세상에서 핍박을 받을 것이라고 말했다(딤후 3:12). 성도들은 세상에서 고난을 각오해야 하고 잘 참고 바르게만 살아야 한다.

6장: 하나님의 동일한 명령

〔1절〕 여호와께서 모세에게 이르시되 이제 내가 바로에게 하는 일을 네가 보리라. 강한 손을 더하므로[강한 손을 인해] **바로가 그들을 보내리라. 강한 손을 더하므로**[강한 손을 인해] **바로가 그들을 그 땅에서 쫓아내리라.**

모세가 애굽 왕 바로에게 하나님의 뜻과 명령을 전했을 때 바로는 이스라엘 백성을 더욱 학대하였었다. 그러나 하나님께서는 모세에게 대답하시며 해결책을 보이신다. 그는, "이제 내가 바로에게 하는 일을 네가 보리라"고 말씀하신다. 그렇다. 이스라엘 백성을 애굽의 종살이에서 구해 내는 일은 하나님께서 하실 일이다. 사람들을 구원하는 일은 사람의 일이 아니고 하나님의 일이다. 그것은 물론 사람들의 일이기도 하지만, 사람들은 하나님의 도구일 뿐이다. 애굽으로부터의 해방은 하나님의 강한 손의 역사로 이루어질 것이다.

〔2-5절〕 하나님이[께서] **모세에게 말씀하여 가라사대 나는 여호와로라. 내가 아브라함과 이삭과 야곱에게 전능의 하나님으로 나타났으나 나의 이름을 여호와**(KJV; 시 83:18; 사 12:2; 26:4)**로는 그들에게 알리지 아니하였고 가나안 땅 곧 그들의 우거하는 땅을 주기로 그들과 언약하였더니 이제 애굽 사람이 종을 삼은 이스라엘 자손의 신음을 듣고 나의 언약을 기억하노라.**

본장에 "나는 여호와로라" "나는 여호와라"는 말이 네 번 나온다(3, 6, 8, 29절). '여호와'라는 하나님의 이름은 '스스로 계신 자'(출 3:14) 곧 영원자존자(永遠自存者)라는 뜻이라고 본다. 그는 또한 영원불변자이시며 특히 언약을 맺으시고 그 언약을 반드시 지키시는 자이시다. 하나님께서는 아브라함과 이삭과 야곱에게 자신을 '전능의 하나님'(엘 솻다이 אֵל שַׁדַּי)으로만 알리셨고 '여호와'(예호와 יְהֹוָה)로는 알리시지 않았다고 말씀하셨다. 창세기 17:1에 보면, 그는 아브라함에게 나타나 "나는 전능한 하나님이라"고 말씀하셨다. 그러나 창세기에는, 아브라함이 여호와의 이름을 불렀다고 여러 번 기록되어 있다

(창 12:8; 13:4; 22:14). 아브라함은 여호와의 이름을 알았던 것 같다.

그러면 본문에 하나님께서 아브라함에게 여호와의 이름을 알리지 않으셨다는 말씀은, 그 이름에 담긴 하나님의 영원성과 불변성, 특히 언약 성취의 불변성 등을 알리거나 체험케 하지 않았다는 뜻일 것이다(Poole). 그러나 이제 모세 때에 와서 하나님께서는 자신을 여호와로 밝히 계시하셨고 선조들에게 하신 약속을 이행하실 자로 나타내셨다고 본다. 그는 이스라엘 백성이 애굽에서 종살이하며 신음하는 소리를 듣고 그 조상들에게 가나안 땅을 주기로 하신 언약을 기억하셨다. 그들의 애굽으로부터의 구원은 하나님의 언약에 근거하였다.

〔6-9절〕 그러므로 이스라엘 자손에게 말하기를 나는 여호와라. 내가 애굽 사람의 무거운 짐(시벨롯 סִבְלֹת)[수고로운 노동들] **밑에서 너희를 빼어내며 그 고역에서 너희를 건지며 편 팔과 큰 재앙**(쉐파팀 שְׁפָטִים)[심판]**으로 너희를 구속(救贖)하여 너희로 내 백성을 삼고 나는 너희 하나님이 되리니 나는 애굽 사람의 무거운 짐**[수고로운 노동들] **밑에서 너희를 빼어낸 너희 하나님 여호와인 줄 너희가 알지라. 내가 아브라함과 이삭과 야곱에게 주기로 맹세한 땅으로 너희를 인도하고 그 땅을 너희에게 주어 기업을 삼게 하리라. 나는 여호와로라 하셨다 하라. 모세가 이와 같이 이스라엘 자손에게 전하나 그들이 마음의 상함**(코체르 루아크 קֹצֶר רוּחַ)[심령의 낙망함](BDB) **과 역사의 혹독함**[혹독한 노역]**을 인하여 모세를 듣지 아니하였더라.**

하나님께서는 모세에게 이스라엘 자손에게 말할 내용을 주셨다. 그는 우선 이스라엘 백성에게 말하는 자신이 '여호와'인 것을 강조하셨다(6, 8절). 여호와 하나님께서 말씀하신 내용은 세 가지이었다.

첫째로, 그는 이스라엘 백성을 바로의 고역에서 건져내며 편 팔과 큰 심판으로 그들을 구원하겠다고 말씀하셨다.

둘째로, 그는 이스라엘을 자기 백성으로 삼으시겠다고 말씀하셨다. "너희로 내 백성을 삼고 나는 너희 하나님이 되리니 나는 애굽 사람의 무거운 짐[수고로운 노동들] 밑에서 너희를 빼어낸 너희 하나님 여호와인 줄 너희가 알지라." 하나님께서 사람들을 구원하시는 목적은 하나님과 그들과의 관계를 회복시키기 위함이시다.

셋째로, 그는 그들을 가나안 땅으로 인도하시고 그 땅을 소유물로 주시겠다고 말씀하셨다. "내가 아브라함과 이삭과 야곱에게 주기로 맹세한 땅으로 너희를 인도하고 그 땅을 너희에게 주어 기업을 삼게 하리라." 가나안 땅은 하나님께서 선조들에게 약속하신 땅이었다.

모세는 이스라엘 백성에게 하나님의 말씀을 전하였지만, 그들은 심령의 낙망함과 혹독한 노역을 인해 그의 말을 듣지 않았다.

〔10-13절〕 여호와께서 모세에게 일러 가라사대 들어가서 애굽 왕 바로에게 말하여 이스라엘 자손을 그 땅에서 내어 보내게 하라. 모세가 여호와 앞에 고하여 가로되 이스라엘 자손도 나를 듣지 아니하였거든 바로가 어찌 들으리이까? 나는 입이 둔한(아랄 세파사임 עֲרַל שְׂפָתָיִם)[할례 받지 못한 입술을 가진, 말에 익숙치 못한](BDB) **자니이다. 여호와께서 모세와 아론에게 말씀하사 그들로 이스라엘 자손과 애굽 왕 바로에게 명을 전하고 이스라엘 자손을 애굽 땅에서 인도하여 내게 하시니라.**

여호와께서는 모세에게 동일한 명령을 주셨다. 하나님의 명령은 동일하였다. 비록 여러 가지 난관이 있었을지라도, "내 백성을 내어 보내라"(출 5:1)는 하나님의 바로에게 주신 명령은 변함이 없었다.

모세는 여호와 앞에 고했다. "이스라엘 자손도 나를 듣지 아니하였거든 바로가 어찌 들으리이까? 나는 입이 둔한 자니이다." 모세는 여전히 힘과 용기를 가지지 못하고 있지만, 하나님께서는 모세와 아론에게 말씀하셨고 그들로 이스라엘 자손들과 애굽 왕 바로에게 명을 전하게 하셨고 그들을 애굽 땅에서 인도해내게 하실 것이다. 그 과정은 어려우나 하나님의 뜻하신 바는 결국 다 이루어질 것이다.

〔14-27절〕 그 조상을 따라 집의 어른은 이러하니라. 이스라엘의 장자 르우벤의 아들 하녹과 발루와 헤스론과 갈미니 이들은 르우벤의 족장이요, 시므온의 아들 여무엘과 야민과 오핫과 야긴과 소할과 가나안 여인의 소생 사울이니 이들은 시므온의 족장이요, 레위의 아들들의 이름은 그 연치(年齒)대로 이러하니 게르손과 고핫과 므라리요, 레위의 수(壽)는 1백 37세이었

으며, 게르손의 아들들은 그 가족대로 립니와 시므이요, 고핫의 아들들은 아므람과 이스할과 헤브론과 웃시엘이요 고핫의 수(壽)는 1백 33세이었으며, 므라리의 아들은 마흘리와 무시니 이들은 그 연치(年齒)대로 레위의 족장이요, 아므람이 그 아비의 누이 요게벳을 아내로 취하였고 그가 아론과 모세를 낳았으며 아므람의 수(壽)는 1백 37세이었으며, 이스할의 아들은 고라와 네벡과 시그리요 웃시엘의 아들은 미사엘과 엘사반과 시드리요, 아론이 암미나답의 딸 나손의 누이 엘리세바를 아내로 취하였고 그가 나답과 아비후와 엘르아살과 이다말을 낳았으며, 고라의 아들은 앗실과 엘가나와 아비아삽이니 이들은 고라 사람의 족장이요, 아론의 아들 엘르아살이 부디엘의 딸 중에서 아내를 취하였고 그가 비느하스를 낳았으니 이들은 레위 사람의 조상을 따라 가족의 어른들이라. 이스라엘 자손을 그 군대대로 애굽 땅에서 인도하라 하신 여호와의 명을 받은 자는 이 아론과 모세요 애굽 왕 바로에게 이스라엘 자손을 애굽에서 내어 보내라 말한 자도 이 모세와 아론이었더라.

14-27절은 이스라엘의 정식 족보가 아니고 모세와 아론이 누구인지에 대한 간략한 증거라고 본다. 모세와 아론은 야곱의 셋째 아들 레위의 아들들 중 고핫의 아들 아므람의 아들들이다. 모세와 아론은 하나님의 명을 받았고 애굽 왕 바로에게 이스라엘 백성을 내보내라고 말했고 또 그 일은 결국 다 이루어질 것이다.

〔28-30절〕 여호와께서 애굽 땅에서 모세에게 말씀하시던 날에 여호와께서 모세에게 일러 가라사대 나는 여호와라. 내가 네게 이르는 바를 너는 애굽 왕 바로에게 다 고하라. [그러나] **모세가 여호와 앞에서 고하되 나는 입이 둔한**[할례 받지 못한] **자이오니 바로가 어찌 나를 들으리이까?**

본문은 앞의 내용을 반복한다. 여호와께서 애굽 땅에서 모세에게 말씀하시던 날에 여호와께서는 모세에게 "나는 여호와라. 내가 네게 이르는 바를 너는 애굽 왕 바로에게 다 고하라"고 말씀하셨다. 그러나 모세는 여호와 앞에서 말하기를, "나는 할례 받지 못한(입이 둔한) 자이오니 바로가 어찌 나를 들으리이까?"라고 말했다. 하나님의 명령은 동일하였고 분명하였다. 그러나 하나님의 그 크고 중대한 구원의 일을 수행함에 있어서 인간 사역자는 연약하였다.

본장의 교훈을 정리해보자. 첫째로, 여호와 하나님께서는 모세에게 명하셨고 그 명령은 항상 동일하였다. 2절, "나는 여호와로라." 6절, "나는 여호와라." 8절, "나는 여호와로라 하셨다 하라." 29절, "나는 여호와라." 하나님께서는 아브라함과 이삭과 야곱에게 자신을 전능의 하나님으로 계시하셨으나 모세에게는 여호와로 계시하셨다. 그는 영원자존하신 하나님이시며 언약을 변함 없이 지키는 자이시다. 여호와 하나님께서는 모세에게 명하셨고 그가 모세를 통해 바로에게 주신 그의 명령은 항상 동일하였다. 그것은 내 백성 이스라엘을 내어보내라는 것이었다. 신약시대에 하나님께서 신약교회를 통해 세상에 주시는 명령은, 시대가 많이 변하고 교회들과 교인들이 속화되었다 할지라도, 동일하다. 그것은, "모든 죄를 회개하고 구주 예수 그리스도를 믿으라," "모든 죄를 버리고 의와 선을 행하라"는 것이며, 또 "너희는 만민에게 복음을 전하라"는 것이다. 우리는 하나님의 이 명령을 전하며 행해야 한다.

둘째로, 하나님께서는 아브라함과 이삭과 야곱과 맺은 언약에 근거하여 그들의 자손 이스라엘 백성을 돌아보신다. 5절, "나의 언약을 기억하노라." 8절, "내가 아브라함과 이삭과 야곱에게 주기로 맹세한 땅으로 너희를 인도하고 그 땅을 너희에게 주어 기업을 삼게 하리라." 출애굽기 2:24-25, "하나님이 그 고통 소리를 들으시고 아브라함과 이삭과 야곱에게 세운 그 언약을 기억하사 이스라엘 자손을 돌아보셨더라." 오늘날 하나님께서 예수 그리스도의 새 언약 안에서 우리를 돌아보신다.

셋째로, 하나님께서는 친히 이스라엘 백성을 애굽에서 인도해내실 것이다. 1절, "이제 내가 바로에게 하는 일을 네가 보리라. 강한 손을 더하므로 바로가 그들을 보내리라." 6절, "내가 애굽 사람의 노역들에서 너희를 빼어 내며 그 고역에서 너희를 건지며 편 팔과 큰 재앙으로 너희를 구속하여." 구원은 하나님의 긍휼에서 시작되었다(롬 9:18). 주께서는 친히 양들을 양우리 안으로 모으시고(요 10:16) 교회를 세우실 것이다(마 16:18). 어려움은 있겠지만, 그는 그의 뜻을 이루실 것이다.

7장: 피 재앙

〔1-2절〕 **여호와께서 모세에게 이르시되 볼지어다, 내가 너로 바로에게 신이 되게 하였은즉 네 형 아론은 네 대언자가 되리니 내가 네게 명한 바를 너는 네 형 아론에게 말하고 그는 바로에게 말하여 그로 이스라엘 자손을 그 땅에서 보내게 할지니라.**

하나님께서는 모세를 바로에게 신(神)이 되게 하셨고 형 아론은 그의 대언자(代言者)가 되게 하셨다. 모세는 하나님께서 그에게 명하신 바를 그의 형 아론에게 말하고, 아론은 그것을 바로에게 말하여 이스라엘 자손을 애굽 땅에서 내보내게 하시려는 하나님의 뜻을 이루면 되었다. 하나님께서는 오늘날도 우리를 불러 그의 일들을 행하신다.

〔3-5절〕 **내가 바로의 마음을 강퍅케 하고 나의 표징**(오소사이 אֹתֹתַי)[나의 표적들]**과 나의 이적**(모페사이 מוֹפְתַי)[나의 기사들, 기적들]**을 애굽 땅에 많이 행하리라마는 바로가 너희를 듣지 아니할 터인즉 내가 내 손을 애굽에 더하여 여러 큰 재앙**(쉐파팀 שְׁפָטִים)[심판들, 징벌들]**을 내리고 내 군대, 내 백성 이스라엘 자손을 그 땅에서 인도하여 낼지라. 내가 내 손을 애굽 위에 펴서 이스라엘 자손을 그 땅에서 인도하여 낼 때에야 애굽 사람이 나를 여호와인 줄 알리라 하시매.**

하나님께서는 또한 "내가 바로의 마음을 강퍅케 하리라"고 말씀하셨다. 출애굽기에는 바로가 자기 마음을 강퍅케 했다는 말도 나오지만, 하나님께서 바로의 마음을 강퍅케 하셨다는 표현이 9번 나온다(4:21; 7:3; 9:12; 10:20, 27; 11:10; 14:4, 8, 17). 이것은 사람의 악까지도 하나님의 뜻 안에 있음을 보인다. 악의 책임은 악인 자신에게 있지만, 악인의 악행도 하나님의 뜻 안에서 이루어진다는 진리이다.

하나님께서는 또 그가 그의 표적들과 그의 기사(奇事)들을 애굽 땅에 많이 행할 것이지만 바로가 모세와 아론의 말을 듣지 아니할 것이며, 하나님께서 그의 손을 애굽에 더하여 여러 큰 심판과 징벌을 내리고 그의 백성 이스라엘을 애굽 땅에서 인도하여 낼 것이라고 말씀하셨다. 이스라엘의 출애굽 사건은 하나님께서 친히 주도하시고 친히 이루실 일이다. 사람의 구원은 하나님의 주권적 섭리의 일이다.

또 그는 그가 그의 손을 애굽 위에 펴서 이스라엘 자손을 애굽 땅에서 인도하여 낼 때에야 애굽 사람들이 그를 여호와인 줄 알리라고 말씀하셨다. 하나님의 모든 섭리의 일은 그의 영광을 드러낼 것이다. 사람들은 결국 하나님을 영원하신 여호와 하나님으로 알 것이다.

〔6-7절〕 모세와 아론이 여호와께서 자기들에게 명하신 대로 곧 그대로 행하였더라. 그들이 바로에게 말할 때에 모세는 80세이었고 아론은 83세이었더라.

모세와 아론은 여호와께서 그들에게 명하신 그대로 행했다. 그들이 바로에게 말할 때 모세는 80세이었고 아론은 83세였다. 모세가 전에 애굽인을 죽이고 애굽을 떠났을 때 그의 나이는 40세쯤이었고(행 7:23) 미디안 광야에서 이드로의 양을 친 기간이 40년 가량이었다.

〔8-10절〕 여호와께서 모세와 아론에게 일러 가라사대 바로가 너희에게 이르기를 너희는 이적[기적]**을 보이라 하거든 너는 아론에게 명하기를 너의 지팡이를 가져 바로 앞에 던지라 하라. 그것이 뱀이 되리라. 모세와 아론이 바로에게 가서 여호와의 명하신 대로 행하여 아론이 바로와 그 신하 앞에 지팡이를 던졌더니 뱀이 된지라.**

하나님께서는 바로가 기적을 보이라고 요구할 것을 아셨다. 사람이 하나님의 말씀의 진리성의 근거를 요구하는 것은 당연한 일일 것이다. 아무 말이든지 덮어놓고 믿으려는 사람은 아무도 없을 것이다. 모세와 아론은 바로에게 가서 여호와의 명하신 대로 아론이 바로와 그 신하들 앞에 지팡이를 던졌고 그 지팡이는 뱀이 되었다.

〔11-13절〕 바로도 박사[지혜자들]**와 박수**[마법사들]**를 부르매 그 애굽 술객들**[마술사들]**도 그 술법으로 그와 같이 행하되**[행하니 이는] **각 사람이 지팡이를 던지매 뱀이 되었으나**[되었음이니라. 그러나] **아론의 지팡이가 그들의 지팡이를 삼키니라. 그러나 바로의 마음이 강퍅하여 그들을 듣지 아니**

하니 여호와의 말씀과 같더라.

애굽에는 거짓된 마술들이 성행했던 것 같다. 애굽의 마술사들도 그들의 술법으로 모세와 아론과 같이 행했다. 그들 각 사람이 지팡이를 던지니 그것들이 뱀들이 되었다. 악령들도 신기한 일을 행한다. 그러나 아론의 지팡이가 그들의 지팡이들을 삼켰다. 바로는 이런 광경을 보았지만 마음이 강퍅하여 모세와 아론의 말을 듣지 않았다. 사람은 기적을 본다고 다 하나님을 믿는 것이 아니다. 하나님의 은혜가 아니면 아무도 하나님을 믿지 않을 것이다. 바로가 그러하였다.

〔14-16절〕 여호와께서 모세에게 이르시되 바로의 마음이 완강하여 백성 보내기를 거절하는도다. 아침에 너는 바로에게로 가라. 그가 물로 나오리니 너는 하숫가에 서서 그를 맞으며 그 뱀 되었던 지팡이를 손에 잡고 그에게 이르기를 히브리 사람의 하나님 여호와께서 나를 왕에게 보내어 이르시되 내 백성을 보내라. 그들이 광야에서 나를 섬길 것이니라 하였으나 이제까지 네가 듣지 아니하도다.

〔17-19절〕 여호와가 이같이 이르노니 네가 이로 인하여 나를 여호와인 줄 알리라 하셨느니라. 볼지어다, 내가 내 손의 지팡이로 하수(河水)를 치면 그것이 피로 변하고 하수(河水)의 고기가 죽고 그 물에서는 악취가 나리니 애굽 사람들이 그 물 마시기를 싫어하리라 하라. 여호와께서 또 모세에게 이르시되 아론에게 명하기를 네 지팡이를 잡고 네 팔을 애굽의 물들과 하수(河水)들과 운하와 못과 모든 호수 위에 펴라 하라. 그것들이 피가 되리니 애굽 온 땅에와 나무그릇에와 돌그릇에 모두 피가 있으리라.

이것이 열 가지 재앙들 중 첫째 재앙인 피 재앙이다. 물은 하나님께서 창조하신 것들 중에 사람에게 아마 가장 필수적인 요소들 중에 하나일 것이다. 그런데 하나님께서 그것을 피로 변하게 하실 것이다.

〔20-25절〕 모세와 아론이 여호와의 명하신 대로 행하여 바로와 그 신하의 목전에서 지팡이를 들어 하수(河水)를 치니 그 물이 다 피로 변하고 하수(河水)의 고기가 죽고 그 물에서는 악취가 나니 애굽 사람들이 하수 물을 마시지 못하며 애굽 온 땅에는 피가 있으나 애굽 술객들도 자기 술법으로

그와 같이 행하므로 바로의 마음이 강퍅하여 그들을 듣지 아니하니 여호와의 말씀과 같더라. 바로가 돌이켜 궁으로 들어가고 그 일에도 관념하지 아니하였고 애굽 사람들은 하수 물을 마실 수 없으므로 하숫가를 두루 파서 마실 물을 구하였더라. 여호와께서 하수(河水)를 치신 후 7일이 지나니라.

애굽 술객들도 신기한, 초자연적 일들을 행했다. 그러므로 바로의 마음은 강퍅하여 모세와 아론의 말을 듣지 않았다.

본장의 교훈을 정리해보자. 첫째로, 하나님께서는 애굽 왕의 마음을 강퍅케 하셨다. 이것은 하나님의 주권적 섭리를 보인다. 세상의 모든 일들은 하나님의 주권적 섭리 안에서 이루어지고 심지어 악인들의 마음도 그렇다. 하나님께서 바로의 마음을 강퍅케 하셨다는 것은 그가 은혜를 거두심으로 그의 마음이 완고해지고 교만하며 바른 생각과 판단력을 잃어버렸음을 뜻한다. 사람은 전적으로 부패되었고 무능력해져서 하나님의 은혜가 아니고서는 하나님에 대해 또 자기 자신에 대해 바르게 생각할 수 없고, 또 혹시 바르게 생각하였다 하더라도 자신의 죄와 부족을 인정하고 고백하고 하나님을 믿고 그 앞에 복종치 않는다. 그러므로 구원은 하나님의 은혜로만 된다. 사람이 자신의 죄를 깨닫고 회개하고 하나님과 예수 그리스도를 믿는 것은 하나님의 전적인 은혜이다.

둘째로, 세상의 마술도 상당히 신비한 일들을 행한다. 애굽의 술객들도 그들의 지팡이를 던져 뱀이 되게 하였고 강물을 피가 되게 하였다. 마술은 악령의 활동이다. 무당이나 심령술사도 신비한 일들을 행한다. 그러나 그것은 하나님의 기적과 다르다. 마술은 사람의 호기심을 끌어 그를 종으로 삼고 그로 하나님을 떠나 그릇된 길로 가게 한다. 그러나 하나님의 기적은 그것을 통해 하나님과 그의 진리를 깨닫게 하고 믿게 하며 모든 죄를 버리고 의를 행하며 평안과 영생을 얻게 하는 것이다. 그러므로 우리는 세상의 모든 거짓된 신들과 우상들을 버리고 또 마술을 포함한 모든 거짓된 신비한 일들을 경계하고, 유일하신 참 하나님이신 여호와와 주 예수 그리스도만 바로 알고 믿고 섬겨야 한다.

8장: 개구리, 이, 파리 재앙들

〔1-8절〕 여호와께서 모세에게 이르시되 너는 바로에게 가서 그에게 이르기를 여호와의 말씀에 내 백성을 보내라. 그들이 나를 섬길 것이니라. 네가 만일 보내기를 거절하면 내가 개구리로 너의 온 지경을 칠지라. 개구리가 하수(河水)에서 무수히 생기고 올라와서 네 궁에와 네 침실에와 네 침상 위에와 네 신하의 집에와 네 백성에게와 네 화덕에와 네 떡반죽 그릇에 들어갈지며 개구리가 네게와 네 백성에게와 네 모든 신하에게 오르리라 하셨다 하라. 여호와께서 모세에게 이르시되 아론에게 명하기를 네 지팡이를 잡고 네 팔을 강들과 운하들과 못 위에 펴서 개구리로 애굽 땅에 올라오게 하라 할지니라. 아론이 팔을 애굽 물들 위에 펴매 개구리가 올라와서 애굽 땅에 덮이니 술객들[마술사들]**도 자기 술법대로 이와 같이 행하여 개구리로 애굽 땅에 올라오게 하였더라. 바로가 모세와 아론을 불러 이르되 여호와께 구하여 개구리를 나와 내 백성에게서 떠나게 하라. 내가 이 백성을 보내리니 그들이 여호와께 희생을 드릴 것이니라.**

이것이 둘째 재앙, 곧 개구리 재앙이었다. 그러나 애굽의 마술사들도 자기 술법대로 개구리로 애굽 땅에 올라오게 했다. 마술도 신비한 일을 어느 정도 행한다. 그러나 애굽의 마술사들은 그것들을 없애지는 못했다. 그러므로 애굽 왕 바로는 모세와 아론을 불러 개구리를 떠나게 해달라고 요청하며 처음으로 이스라엘 백성을 내보내겠다고 말했다. 그의 교만함과 완고함은 조금씩 무너지기 시작하였다.

〔9-15절〕 모세가 바로에게 이르되 내가 왕과 왕의 신하와 왕의 백성을 위하여 어느 때에 구하여 이 개구리를 왕과 왕궁에서 끊어서 하수에만 있게 하오리이까 내게 보이소서. 그가 가로되 내일이니라. 모세가 가로되 왕의 말씀대로 하여 왕으로 우리 하나님 여호와와 같은 이가 없는 줄을 알게 하리니 개구리가 왕과 왕궁과 왕의 신하와 왕의 백성을 떠나서 하수에만 있으리이다 하고 모세와 아론이 바로를 떠나 나가서 바로에게 내리신 개구리에 대하여 모세가 여호와께 간구하매 여호와께서 모세의 말대로 하시니 개구리가 집에서, 마당에서, 밭에서 나와서 **죽은지라. 사람들이 모아 무더기로**

쌓으니 땅에서 악취가 나더라. 그러나 바로가 숨을 통할 수 있음을 볼 때에 그 마음을 완강케 하여 그들을 듣지 아니하였으니 여호와의 말씀과 같더라.

모세는 바로의 요청대로 내일 개구리를 왕궁에서 끊어서 강에만 있게 하겠다고 약속했다. 또 그는 "왕의 말씀대로 하여 왕으로 우리 하나님 여호와와 같은 이가 없는 줄을 알게 하리이다"고 말하였다. 바로는 여호와께서 개구리를 없애주심을 봄으로써 그가 참 하나님 되심을 조금 깨닫고 느끼게 될 것이다. 모세와 아론은 바로를 떠나 나가 여호와께 간구했고 여호와께서는 모세의 말대로 응답하셨다. 그가 바로에게 말한 대로, 개구리들은 집에서, 마당에서, 밭에서 나와서 죽었다. 한글개역성경에는 '나와서'라는 말이 작은 글씨로 쓰여져 있지만, 원문에는 민(מִן)이라는 전치사가 세 번 반복해 쓰였고 그것은 '나와서'(out of)라는 뜻이다. 사람들은 개구리들을 모아 무더기로 쌓았고 땅에는 악취가 진동하였다. 그러나 바로는 숨을 통하게 되자 그 마음을 완강케 하였고 모세와 아론의 말을 듣지 않았다. 그것은 하나님께서 말씀하신 바와 같았다. 하나님께서 은혜를 주시지 않으면, 사람은 아무리 큰 기적을 보아도 하나님을 믿지 않을 것이다.

〔16-19절〕 **여호와께서 모세에게 이르시되 아론에게 명하기를 네 지팡이를 들어 땅의 티끌을 치라 하라. 그것이 애굽 온 땅에서 이**(킨님 כִּנִּם)['각다귀'(gnats, 모기보다 좀 큰 곤충) 혹은 '이'](BDB)[1]**가 되리라. 그들이 그대로 행할새 아론이 지팡이를 잡고 손을 들어 땅의 티끌을 치매 애굽 온 땅의 티끌이 다 이가 되어 사람과 생축에게 오르니 술객들이 자기 술법으로 이같이 행하여 이를 내려 하였으나 못하였고 이는 사람과 생축에게 있은지라. 술객이 바로에게 고하되 이는 하나님의 권능**(에츠바 אֶצְבַּע)[손가락](KJV, NASB) **이니이다 하나 바로의 마음이 강퍅케 되어 그들을 듣지 아니하였으니 여호와의 말씀과 같더라.**

---

1) LXX, Vg, KB, NASB, NIV, 대부분의 현대학자들은 '각다귀'라는 뜻을 취하고, Syr, Targ, KJV, 현대 히브리어는 '이'(lice)라는 뜻을 취한다(BDB).

이것은 세 번째 재앙, 곧 이 재앙이다. 애굽의 마술사들은 그들의 술법으로 이를 내려 했으나 못했다. 마술사들은 바로에게 "이것은 하나님의 권능이니이다"라고 말했다. 그것은 하나님께서 행하신 일이라는 뜻이다. 그러나 하나님의 말씀대로, 바로의 마음은 강퍅케 되어 그들을 듣지 않았다.

〔20-21절〕 여호와께서 모세에게 이르시되 아침에 일찍이 일어나 바로 앞에 서라. 그가 물로 나오리니 그에게 이르기를 여호와의 말씀에 내 백성을 보내라. 그들이 나를 섬길 것이니라. 네가 만일 내 백성을 보내지 아니하면 내가 너와 네 신하와 네 백성과 네 집들에 파리 떼(아롭 עָרֹב)['쏘는 파리 떼' 혹은 '해로운 곤충 떼'(BDB), '파리 떼'(KJV, NIV), '곤충 떼'(NASB)]**를 보내리니 애굽 사람의 집집에 파리** 떼**가 가득할 것이며 그들의 거하는 땅에도 그러하리라.**

이것은 네 번째 재앙, 곧 파리 재앙이다. '파리 떼'라는 말이 본장에 일곱 번 나온다(21, 21, 22, 24, 24, 29, 31)(한글개역에서 31절은 '파리'라고만 번역함).

〔22-24절〕 그 날에 내가 내 백성의 거하는 고센 땅을 구별하여 그 곳에는 파리 떼**가 없게 하리니 이로 말미암아 나는 세상 중의 여호와인 줄을 네가 알게 될 것이라. 내가 내 백성과 네 백성 사이에 구별을 두리니 내일 이 표징이 있으리라 하셨다 하라 하시고 여호와께서 그와 같이 하시니 무수한 파리** 떼**가 바로의 궁에와 그 신하의 집에와 애굽 전국에 이르니 파리 떼로 인하여 땅이 해를 받더라.**

여호와께서는 그대로 행하셨다. 무수한 파리 떼가 바로의 궁에와 그 신하들의 집에와 애굽 전국에 모여왔고 파리 떼로 인해 온 땅이 해를 받았다. 그러나 고센 땅에는 파리 떼가 없었다. 하나님께서는 그 재앙 중에서 고센 땅을 구별하셨다. 그는 자기 백성을 환난에서 지키시고 또 환난 중에서 건져주신다(시 23:4; 91:1-11; 121:1-8).

〔25-26절〕 바로가 모세와 아론을 불러 이르되 너희는 가서 이 땅에서 너희 하나님께 희생을 드리라. 모세가 가로되 그리함은 불가하니이다. 우리

가 우리 하나님 여호와께 희생을 드리는 것은 애굽 사람의 미워하는 바이온즉 우리가 만일 애굽 사람의 목전에서 희생을 드리면 그들이 그것을 미워하여 우리를 돌로 치지 아니하리이까?[이는 우리가 애굽 사람의 미워하는 것을 우리 하나님 여호와께 제사드림이니이다. 우리가 애굽 사람이 미워하는 것을 그들의 눈 앞에서 제사드리면 그들이 우리를 돌로 쳐죽이려 하지 않겠나이까?]

바로는 허락하면서도 타협안을 제시하였다. "너희는 가서 이 땅에서 너희 하나님께 희생을 드리라." 이것은 바로가 제안한 첫 번째의 타협안이다. 그러나 모세는 그것이 하나님의 명령과 뜻에 어긋나기 때문에 "그리함은 불가하니이다"라고 대답하였다.

〔27-28절〕 우리가 사흘길쯤 광야로 들어가서 우리 하나님 여호와께 희생을 드리되 우리에게 명하시는 대로 하려 하나이다. 바로가 가로되 내가 너희를 보내리니 너희가 너희 하나님 여호와께 광야에서 희생을 드릴 것이나 너무 멀리는 가지 말라. 그런즉 너희는 나를 위하여 기도하라.

바로는 "내가 너희를 보내리니 너희가 너희 하나님 여호와께 광야에서 희생을 드릴 것이나 너무 멀리는 가지 말라"고 말하면서 모세에게 그를 위해 기도해줄 것을 부탁했다. 이것은 바로의 두 번째 타협안이다. 그것은 미지근한 신앙, 절반쯤의 순종을 제안한다.

〔29-32절〕 모세가 가로되 내가 왕을 떠나가서 여호와께 기도하리니 내일이면 파리 떼가 바로와 바로의 신하와 바로의 백성을 떠나려니와 바로는 이 백성을 보내어 여호와께 희생을 드리는 일에 다시 거짓을 행치 마소서 하고 모세가 바로를 떠나 나와서 여호와께 기도하니 여호와께서 모세의 말대로 하사 파리를 바로와 그 신하와 그 백성에게서 몰수히 떠나게 하시니라. 그러나 바로가 이때에도 마음을 완강케 하여 백성을 보내지 아니하였더라.

모세는 말하기를, "내가 왕을 떠나가서 여호와께 기도하리니 내일이면 파리 떼가 바로와 바로의 신하와 바로의 백성을 떠나려니와 바로는 이 백성을 보내어 여호와께 희생을 드리는 일에 다시 거짓을 행치 마소서"라고 하며 바로를 떠나 나왔다. 여호와께서는 모세의 기도

대로 파리를 바로와 그 신하와 그 백성에게서 다 떠나게 하셨다. 그러나 바로는 이때에도 마음을 완강케 하여 백성을 보내지 않았다.

본장의 교훈을 정리해보자. 첫째로, 애굽의 마술사들도 신기한 일들을 행했지만 한계가 있었다. 그들은 자기 술법대로 개구리를 애굽 땅에 올라오게 하였으나(7절) 이 혹은 각다귀는 생기게 하지 못했다(18절). 그들은 바로에게 "이는 하나님의 손가락이니이다"라고 말했다. 이것은 하나님께서만 하실 수 있는 일이라는 뜻이다. 사탄과 악령들도 신기한 일들을 더러 행하지만, 감히 하나님과 비교할 수 없다. 우리는 하나님을 유일하신 참 하나님으로 바로 알고 하나님만 바로 믿고 섬겨야 한다.

둘째로, 바로는 하나님의 능력의 손길들을 보면서도 마음을 완강하게 하며 강퍅케 하였다(15, 19, 32절). 그것은 사람의 무지하고 완고함을 나타낸다. 사람은 하나님의 은혜가 아니고서는 하나님께 대한 진지한 관심도, 바른 깨달음과 지식, 참된 회개도, 하나님과 구주 예수 그리스도에 대한 참된 믿음도, 또 그것에 근거한 복된 구원도 얻지 못한다. 우리는 하나님의 은혜를 늘 사모하며 가난한 심령, 죄를 통회하는 심령, 온유한 심령을 가지고 하나님과 주 예수 그리스도를 믿고 따라야 한다.

셋째로, 모세는 바로의 타협안을 거절하였다. 바로는 두 가지 타협안을 내놓았는데, 이 땅에서 하나님께 제사 드리라는 것과 너무 멀리가지 말라는 것이었다. 이것은 우리가 세상의 죄악된 삶을 버리지 말고 절반쯤 순종하라는 말과 비슷했다. 하나님의 뜻은 모든 죄를 버리고 예수 그리스도를 믿고 성경 교훈에 온전히 순종하는 것이다. 우리는 하나님의 말씀대로 온전한 회개와 온전한 믿음과 온전한 순종을 해야 한다.

넷째로, 하나님께서는 애굽 사람이 사는 땅과 이스라엘 백성이 사는 고센 땅을 구별하셨다. 22절, "그 날에 내가 내 백성의 거하는 고센 땅을 구별하여 그 곳에는 파리 떼가 없게 하리니 이로 말미암아 나는 세상 중의 여호와인 줄을 네가 알게 될 것이라." 비록 우리가 이 세상에 살고 있지만, 하나님께서는 그의 백성된 우리를 지키시고 보호해주신다.

9장: 악질, 독종, 우박 재앙들

〔1-7절〕 여호와께서 모세에게 이르시되 바로에게 들어가서 그에게 이르라. 히브리 사람의 하나님 여호와께서 말씀하시기를 내 백성을 보내라. 그들이 나를 섬길 것이니라. [이는] **네가 만일 그들 보내기를 거절하고 억지로 잡아 두면 여호와의 손이 들에 있는 네 생축 곧 말과 나귀와 약대와 우양에게 더하리니 심한 악질**(데베르 דֶּבֶר)[악성 전염병]**이 있을 것이며 여호와가 이스라엘의 생축과 애굽의 생축을 구별하리니 이스라엘 자손에 속한 것은 하나도 죽지 아니하리라 하셨다 하라 하시고 여호와께서 기한을 정하여 가라사대 여호와가 내일 이 땅에서 이 일을 행하리라 하시더니 이튿날에 여호와께서 이 일을 행하시니 애굽의 모든 생축은 죽었으나 이스라엘 자손의 생축은 하나도 죽지 아니한지라. 바로가 보내어 본즉 이스라엘의 생축은 하나도 죽지 아니하였더라. 그러나 바로의 마음이 완강하여 백성을 보내지 아니하니라.**

여호와께서는 모세를 통해 바로에게 "내 백성을 보내라. 그들이 나를 섬길 것이니라"는 동일한 명령을 주셨고, 그 이유로 재앙의 경고를 주셨다. '악질'은 가축의 악성 전염병을 가리킨다. 이것이 다섯 번째의 재앙 즉 악질 재앙이다. 그러나 하나님께서는 이스라엘 백성의 가축과 애굽 백성의 가축을 구별하셨다. 애굽 왕 바로는 사람을 보내어 이스라엘 백성의 가축이 하나도 죽지 않았음을 확인했다. 그러나 그의 마음은 완강하여 이스라엘 백성을 보내지 않았다.

〔8-12절〕 여호와께서 모세와 아론에게 이르시되 너희는 풀무의 재 두 움큼을 가지고 모세가 바로의 목전에서 하늘을 향하여 날리라. 그 재가 애굽 온 땅의 티끌이 되어 애굽 온 땅의 사람과 짐승에게 붙어서 독종(쉐킨 포레아크 아바부오스 שְׁחִין פֹּרֵחַ אֲבַעְבֻּעֹת)[물집이 생기는 종기](BDB)**이 발하리라. 그들이 풀무의 재를 가지고 바로 앞에 서서 모세가 하늘을 향하여 날리니 사람과 짐승에게 붙어 독종이 발하고 술객도 독종으로 인하여 모세**

앞에 서지 못하니 독종이 술객들로부터 애굽 모든 사람에게 발하였음이라. 그러나 여호와께서 바로의 마음을 강퍅케 하셨으므로 그들을 듣지 아니하였으니 여호와께서 모세에게 말씀하심과 같더라.

모세는 하나님의 지시대로 풀무의 재 두 움큼을 바로의 눈앞에서 하늘을 향해 날렸고 그 재는 애굽 온 땅의 티끌이 되어 애굽 온 땅의 사람과 짐승에게 붙어서 독종, 즉 물집이 생기는 종기가 발하게 하였다. 이것이 여섯째 재앙 곧 독종 재앙이다. 술객들도 독종으로 인해 모세 앞에 서지 못하였다. 그러나 여호와께서 바로의 마음을 강퍅케 하셨기 때문에 바로는 모세의 말을 듣지 않았다.

〔13-21절〕 여호와께서 모세에게 이르시되 아침에 일찍이 일어나 바로 앞에 서서 그에게 이르기를 히브리 사람의 하나님 여호와의 말씀에 내 백성을 보내라. 그들이 나를 섬길 것이니라. 내가 이번에는 모든 재앙을 네 마음과 네 신하와 네 백성에게 내려 너로 온 천하에 나와 같은 자가 없음을 알게 하리라. 내가 손을 펴서 온역으로 너와 네 백성을 쳤더면 [지금쯤은] **네가 세상에서 끊어졌을 것이나 내가 너를 세웠음은 나의 능력을 네게 보이고 내 이름이 온 천하에 전파되게 하려 하였음이니라. 네가 여전히 내 백성 앞에 자고(自高)하고 그들을 보내지 아니하느냐? 내일 이맘때면 내가 중한**[심한] **우박을 내리리니 애굽 개국 이래로 그 같은 것이 있지 않던 것이리라. 이제 보내어 네 생축과 네 들에 있는 것을 다 모으라. 사람이나 짐승이나 무릇 들에 있어서 집에 돌아오지 않은 자에게는 우박이 그 위에 내리리니 그것들이 죽으리라 하셨다 하라 하시니라. 바로의 신하 중에 여호와의 말씀을 두려워하는 자들은 그 종들과 생축을 집으로 피하여 들였으나 여호와의 말씀을 마음에 두지 아니하는 자는 그 종들과 생축을 들에 그대로 두었더라.**

바로의 강퍅함 때문에 내려진 재앙들을 통하여 하나님의 능력이 나타났고 그 소문이 온 세상에 알려지고 있었다. 하나님께서는 이번에는 심한 우박을 내리시겠다고 말씀하셨다. 이것은 일곱 번째 재앙 곧 우박 재앙이다. 바로의 신하들 중에 여호와의 말씀을 두려워하는 자들은 그 종들과 짐승들을 집으로 피하여 들였으나, 여호와의 말씀을 그 마음에 두지 아니하는 자들은 그 종들과 짐승들을 들에 그대로 두었고 그들이 들에 둔 그 종들과 그 짐승들을 잃게 될 것이다.

〔22-32절〕 여호와께서 모세에게 이르시되 너는 하늘을 향하여 손을 들어 애굽 전국에 우박이 애굽 땅의 사람과 짐승과 밭의 모든 채소에 내리게 하라. 모세가 하늘을 향하여 지팡이를 들매 여호와께서 뇌성과 우박을 보내시고 불을 내려 땅에 달리게 하시니라. 여호와께서 우박을 애굽 땅에 내리시매 우박의 내림과 불덩이가 우박에 섞여 내림이 심히 맹렬하니 애굽 전국에 그 개국 이래로 그 같은 것이 없던 것이라. 우박이 애굽 온 땅에서 사람과 짐승을 무론하고 무릇 밭에 있는 것을 쳤으며 우박이 또 밭의 모든 채소를 치고 들의 모든 나무를 꺾었으되 이스라엘 자손의 거한 고센 땅에는 우박이 없었더라. 바로가 사람을 보내어 모세와 아론을 불러 그들에게 이르되 이번은 내가 범죄하였노라. 여호와는 의로우시고 나와 나의 백성은 악하도다. 여호와께 구하여 이 뇌성과 우박을 그만 그치게 하라. 내가 너희를 보내리니 너희가 다시는 머물지 아니하리라. 모세가 그에게 이르되 내가 성에서 나가자 곧 내 손을 여호와를 향하여 펴리니 그리하면 뇌성이 그치고 우박이 다시 있지 않을지라. 세상이 여호와께 속한 줄을 왕이 알리이다. 그러나 왕과 왕의 신하들이 여호와 하나님을 아직도 두려워 아니할 줄을 내가 아나이다. 때에 보리는 이삭이 나왔고 삼은 꽃이 피었으므로 삼과 보리가 상하였으나 그러나 밀과 나맥[쌀보리]은 자라지 아니한 고로 상하지 아니하였더라.

여호와께서는 모세에게 하늘을 향해 손을 들어 애굽 전국에 우박이 애굽 땅의 사람과 짐승과 밭의 모든 채소에 내리게 하셨다. 우박의 내림과 불덩이가 우박에 섞여 내림이 심히 맹렬했다. 애굽 전국에 그 나라가 건립된 이래로 그 같은 일이 없었다. 들에 머물렀던 사람들과 짐승들은 다 죽임을 당했다. 그러나 기이하게도 이스라엘 백성의 거한 고센 땅에는 우박이 없었다. 바로는 모세와 아론을 불러 그들에게 말했다. "이번은 내가 범죄하였노라. 여호와는 의로우시고 나와 나의 백성은 악하도다. 여호와께 구하여 이 뇌성과 우박을 그만 그치게 하라. 내가 너희를 보내리라." 그러나 모세는 바로가 아직도 여호와 하나님을 두려워하지 않을 줄을 알고 있었다.

그때에 보리는 이삭이 나왔고 삼은 싹이 났으므로 삼과 보리는 그 우박으로 상했다. 31절에 "꽃이 피었다"는 구절에서 '꽃'이라는 원어(기브올 גִּבְעֹל)는 '싹'이라는 뜻이다(BDB, KB, NASB). 그러나 밀과 나맥 즉 쌀보리는 자라지 않았기 때문에 상하지 않았다.

〔33-35절〕 모세가 바로를 떠나 성에서 나가서 여호와를 향하여 손을 펴매 뇌성과 우박이 그치고 비가 땅에 내리지 아니하니라. 바로가 비와 우박과 뇌성의 그친 것을 볼 때에 다시 범죄하여 마음을 완강케 하니 그와 그 신하가 일반이라. 바로의 마음이 강팍하여 이스라엘 자손을 보내지 아니하였으니 여호와께서 모세에게 말씀하심과 같더라.

비와 우박과 뇌성의 그친 것을 볼 때 바로는 다시 범죄하여 마음을 완강케 했다. 그것은 여호와께서 모세에게 말씀하심과 같았다. 바로의 마음의 완강함과 강퍅함은 인간 본성의 부패성의 모습을 잘 드러낸다. 사람의 심령의 온유함은 하나님의 전적인 은혜이다.

본장의 교훈을 정리해보자. 첫째로, 여호와께서는 참 하나님이시다. 그는 바로에게 온 천하에 그와 같은 자가 없음을 알게 하기를 원하셨다. 여호와 하나님께서는 온 세상의 창조주이시며 섭리자이시다. 또 그는 전능하신 하나님이시며 크시고 두려우신 하나님이시다. 온 세상과 온 인류는, 오직 창조자와 섭리자이신 여호와 하나님께 속한다.

둘째로, 우리는 오직 여호와 참 하나님께 순종해야 한다. 하나님을 거역함은 멸망을 자초하는 어리석은 일이다. 그에게 불순종함이 죄요 죽음이요 불행이며, 그에게 순종함이 생명의 길이며 평안의 길이다.

셋째로, 하나님께서는 자기 백성을 구별하시고 보호하신다. 하나님께서는 자기 백성을 애굽 사람들과 구별하셨고 자기 백성을 보호하셨다. 시편 91:1, 5-7, "지존자의 은밀한 곳에 거하는 자는 전능하신 자의 그늘 아래 거하리로다," "너는 밤에 놀램과 낮에 흐르는 살과 흑암 중에 행하는 염병과 대낮에 황폐케 하는 파멸을 두려워 아니하리로다. 천인이 네 곁에서, 만인이 네 우편에서 엎드러지나 이 재앙이 네게 가까이 못하리로다." 오늘날도 하나님께서는 우리를 구별하시고 보호하신다.

10장: 메뚜기 재앙과 흑암 재앙

〔1-2절〕 여호와께서 모세에게 이르시되 바로에게로 들어가라. 내가 그의 마음과 그 신하들의 마음을 완강케 함은 나의 표징을 그들 중에 보이기 위함이며 너로 내가 애굽에서 행한 일들 곧 내가 그 가운데서 행한 표징을 네 아들과 네 자손의 귀에 전하게 하려 함이라. 너희가 나를 여호와인 줄 알리라.

하나님께서는 다시 "내가 바로의 마음을 완강케 하셨다"고 말씀하셨다. 하나님께서는 모든 사람의 마음을 주관하신다. 악인들의 악한 마음까지도 그의 주권적 섭리 안에 있다. 하나님께서 바로의 마음을 완강케 하신 목적은 그의 표징(오스 אוֹת)[표]을 그들 중에 보이시기 위함이었고 또 이스라엘 자손들로 하나님의 행하신 일들을 그들의 아들과 그들의 후손들에게 전하여 하나님을 알게 하시기 위함이었다.

하나님의 하신 일을 알고 그것을 통해 하나님을 아는 것이 중요하다. 그것이 영원한 생명의 길이기 때문이다. 또 하나님을 아는 것이 중요하기 때문에 자녀에게 하나님에 대해 가르치는 일이 중요하다. 우리의 자녀들에게 필요한 가장 중요한 지식은 하나님에 관한 지식이다. 그것이 그들의 구원과 영생과 행복이 되기 때문이다.

〔3절〕 모세와 아론이 바로에게 들어가서 그에게 이르되 히브리 사람의 하나님 여호와께서 말씀하시기를 네가 어느 때까지 내 앞에 겸비치 아니하겠느냐? 내 백성을 보내라. 그들이 나를 섬길 것이라.

하나님께서는 바로의 불순종이 그의 겸비치 않음 즉 마음의 교만 때문이라고 지적하셨다. 교만한 사람은 하나님을 믿고 따르지 않을 것이며 오직 겸손한 자만 하나님을 믿고 그의 계명에 순종할 것이다.

〔4-6절〕 네가 만일 내 백성 보내기를 거절하면 내일 내가 메뚜기로 네 경내에 들어가게 하리니 메뚜기가 지면을 덮어서 사람이 땅을 볼 수 없을 것이라. 메뚜기가 네게 남은 그것 곧 우박을 면하고 남은 것을 먹으며 들에 너희를 위하여 자라는 모든 나무를 먹을 것이며 또 네 집들과 네 모든 신하의

집들과 모든 애굽 사람의 집들에 가득하리니 이는 네 아비와 네 조상이 세상에 있어 옴으로 오늘까지 보지 못하였던 것이리라 하셨다 하고 돌이켜 바로에게서 나오니.

하나님께서는 바로의 불순종에 대한 징벌로 메뚜기 재앙을 선언하셨다. 이것은 여덟째 재앙 곧 메뚜기 재앙이다.

〔7절〕 바로의 신하들이 그에게 고하되 어느 때까지 이 사람이 우리의 함정[올무]**이 되리이까? 그 사람들을 보내어 그 하나님 여호와를 섬기게 하소서. 왕은 아직도 애굽이 망한 줄을 알지 못하시나이까 하고.**

애굽 왕 바로보다 그의 신하들의 마음속에 먼저 깨달음이 생겼다. 그들은 애굽이 거의 망한 상태에 이르렀다고 생각했고, 차라리 이스라엘 백성을 내보내는 것이 낫다고 판단하였다.

〔8-11절〕 모세와 아론을 바로에게로 다시 데려오니 바로가 그들에게 이르되 가서 너희 하나님 여호와를 섬기라. 갈 자는 누구 누구뇨? 모세가 가로되 우리가 여호와 앞에 절기를 지킬 것인즉 우리가 남녀 노소와 우양을 데리고 가겠나이다. 바로가 그들에게 이르되 내가 너희와 너희 어린것들을 보내면 여호와를 너희와 함께하게 함과 일반이니라. 삼갈지어다, 너희 경영이 악하니라. 그는 불가하니 너희 남정만 가서 여호와를 섬기라. 이것이 너희의 구하는 바니라. 이에 그들이 바로 앞에서 쫓겨나니라.

바로는 "[여자들과 어린아이들과 우양은 두고] 너희 남정만 가서 여호와를 섬기라"고 말하였다. 이것은 바로의 또 하나의 타협안이었지만, 하나님의 명령과 달랐고 모세가 받아들일 수 없는 것이었다.

〔12-15절〕 여호와께서 모세에게 이르시되 네 손을 애굽 땅 위에 들어 메뚜기로 애굽 땅에 올라와서 우박에 상하지 아니한 밭의 모든 채소를 먹게 하라. 모세가 애굽 땅 위에 그 지팡이를 들매 여호와께서 동풍을 일으켜 온 낮과 온 밤에 불게 하시니 아침에 미쳐 동풍이 메뚜기를 불어들인지라. 메뚜기가 애굽 온 땅에 이르러 그 사방에 내리매[머물매]**그 해가 심하니 이런 메뚜기는 전에도 없었고 후에도 없을러라. 메뚜기가 온 지면에 덮여 날으매 땅이 어둡게 되었고 메뚜기가 우박에 상하지 아니한 밭의 채소와 나무 열매를 다 먹었으므로 애굽 전경에 나무나 밭의 채소나 푸른 것은 남지 아니하였더라.**

기후 변화는 하나님의 손 안에 있다. 문명국가라도 폭설이나 폭우나 폭풍 등의 자연 재해를 막지 못한다. 메뚜기는 애굽 온 땅에 와서 그 사방에 머물므로 그 해가 심했다. 이런 메뚜기 떼는 전에도 없었고 후에도 없을 것이다. 메뚜기는 온 지면에 덮여 날므로 땅이 어둡게 되었고, 애굽 전역에서 나무나 밭의 채소나 푸른 것을 먹음으로써 남은 것이 없었다. 메뚜기 재앙은 참으로 무서운 재앙이었다.

〔16-20절〕 바로가 모세와 아론을 급히 불러서 이르되 내가 너희 하나님 여호와와 너희에게 득죄하였으니 청컨대 나의 죄를 이번만 용서하고 너희 하나님 여호와께 구하여 이 죽음만을 내게서 떠나게 하라. 그가 바로에게서 나가서 여호와께 구하매 여호와께서 돌이켜 강렬한 서풍이 불게 하사 메뚜기를 홍해에 몰아 넣으시니 애굽 온 지경에 메뚜기가 하나도 남지 아니하니라. 그러나 여호와께서 바로의 마음을 강퍅케 하셨으므로 이스라엘 자손을 보내지 아니하였더라.

그 무서운 재앙 앞에서 바로는 자신의 죄를 깨달았고 인정하였다. 모세는 바로에게서 나가 여호와께 구했고 여호와께서는 돌이켜 강렬한 서풍이 불게 하셔서 메뚜기를 홍해에 몰아넣으셨고 애굽 온 땅에 하나도 남지 않게 하셨다. 그러나 여호와께서 바로의 마음을 강퍅케 하셨으므로 바로는 이스라엘 자손을 보내지 않았다.

〔21-23절〕 여호와께서 모세에게 이르시되 하늘을 향하여 네 손을 들어서 애굽 땅 위에 흑암이 있게 하라. 곧 더듬을 만한 흑암이리라. 모세가 하늘을 향하여 손을 들매 캄캄한 흑암이 삼일 동안 애굽 온 땅에 있어서 그 동안은 사람 사람이 서로 볼 수 없으며 자기 처소에서 일어나는 자가 없으되 이스라엘 자손의 거하는 곳에는 광명이 있었더라.

이것은 아홉 번째 재앙 곧 흑암 재앙이었다. 모세가 하늘을 향하여 손을 들자 캄캄한 흑암이 삼일 동안 애굽의 온 땅에 있었다. 그러나 신기하게도 이스라엘 자손의 거하는 고센 땅에는 빛이 있었다. 하나님께서는 애굽 땅과 고센 땅을 구별하셨다.

〔24-26절〕 바로가 모세를 불러서 이르되 너희는 가서 여호와를 섬기되

너희 양과 소는 머물러 두고 너희 어린것은 너희와 함께 갈지니라. 모세가 가로되 왕이라도 우리 하나님 여호와께 드릴 희생과 번제물을 우리에게 주어야 하겠고 우리의 생축도 우리와 함께 가고 한 마리도 남길 수 없으니 이는 우리가 그 중에서 취하여 우리 하나님 여호와를 섬길 것임이며 또 우리가 거기 이르기까지는 어떤 것으로 여호와를 섬길는지 알지 못함이니이다 하나.

이것은 바로의 마지막 타협안이다. 그것은 재물을 두고 사람들만 가서 하나님을 섬기라는 것이다. 그러나 그것도 하나님의 뜻에 어긋났다. 하나님을 섬긴다는 것은 우리의 몸과 마음과 모든 소유물을 다 하나님의 영광을 위해 사용하는 것을 포함한다.

〔27-29절〕 여호와께서 바로의 마음을 강퍅케 하셨으므로 그들을 보내기를 즐겨 아니하고 모세에게 이르되 너는 나를 떠나가고 스스로 삼가 다시 내 얼굴을 보지 말라. 내 얼굴을 보는 날에는 죽으리라. 모세가 가로되 왕의 말씀이 옳으니이다. 내가 다시는 왕의 얼굴을 보지 아니하리이다.

본장의 교훈을 정리해보자. 첫째로, 하나님께서는 메뚜기와 흑암의 재앙을 통해 자신을 증거하셨다. 그것은 사람들로 하나님을 알게 하기 위함이셨다. 우리는 사시고 참되신 창조자, 섭리자 하나님을 알아야 한다. 우리는 하나님을 모르고 죄만 짓다가 지옥 불못에 던지우는 자가 되지 말고 하나님을 알고 의와 선을 행하다가 천국에 들어가야 한다.

둘째로, 하나님께서 버려두신 자는 바로처럼 마음이 완고하고 하나님을 무시하고 대적할 것이지만, 그의 은혜를 받은 자는 겸손하게 되며 하나님을 믿고 순종할 것이다. 우리는 하나님 앞에서 겸손하게 자신을 낮추고 하나님을 섬기며 그의 계명에 순종하는 자가 되어야 한다.

셋째로, 바로의 타협안들은 모세와 아론이 받아들일 수 없는 것들이었다. 하나님의 뜻은 이스라엘 성인 남자들뿐 아니라 아내들과 자녀들을 포함하여 온 가족이 하나님을 섬기는 것이며 소들과 양들도 하나님을 위해 드리는 것이다. 오늘날 우리도 온 가족들이 하나님을 섬겨야 하고 우리의 소득의 온전한 십일조 이상으로 하나님을 섬겨야 한다.

11장: 장자 재앙

〔1-3절〕 여호와께서 모세에게 이르시기를 내가 이제 한가지 재앙을 바로와 애굽에 내린 후에야 그가 너희를 여기서 보낼지라. 그가 너희를 보낼 때에는 여기서 정녕 다 쫓아내리니 백성에게 말하여 남녀로 각기 이웃들에게 은, 금 패물을 구하게 하라 하시더니 여호와께서 그 백성으로 애굽 사람의 은혜를 받게 하셨고[그 백성에게 애굽 사람들 앞에서 은혜를 주셨고] **또 그 사람 모세는 애굽국**[땅]**에서 바로의 신하와 백성에게 심히 크게 뵈었더라.**

여호와께서는 모세에게 "내가 이제 한가지 재앙을 바로와 애굽에 내린 후에야 그가 너희를 여기서 보낼지라. 그가 너희를 보낼 때에는 여기서 정녕 다 쫓아내리라"고 말씀하셨다. 그가 말씀하신 남은 한 재앙은 장자 재앙으로서 마지막 열 번째 재앙이 될 것이다. 그 재앙으로 인해 바로는 이스라엘 백성을 다 쫓아내듯이 내보낼 것이다.

또 하나님께서는 모세에게, "백성에게 말하여 남녀로 각기 이웃들에게 은, 금 패물을 구하게 하라"고 말씀하셨다. 그는 이스라엘 백성에게 애굽 사람들 앞에서 은혜를 주셨다. 그들은 애굽 사람들에게 금 패물과 은 패물을 요구하였고 애굽 사람들은 그들에게 주었다. 이스라엘 백성이 그들에게서 무엇을 강탈한 것은 아니나 그들이 그것들을 요청하자 애굽 사람들은 두려운 마음으로 그들에게 주었을 것이다. 실상, 그들이 받은 금은 패물들은 그들이 애굽에서 수십년간 아니 수백년간 종살이한 대가에 비하면 아무것도 아니었다.

또 본문은 "그 사람 모세는 애굽 나라에서 바로의 신하와 백성에게 심히 크게 뵈었더라"고 기록한다. 그것은 모세가 하나님의 능력으로 행한 기적들 때문이었다. 처음에는 바로나 애굽 사람들이 그를 무시했지만, 시간이 지나자 모세는 그들 앞에 큰 자로 드러났다.

〔4-6절〕 모세가 바로에게 **이르되 여호와께서 이같이 말씀하시기를 밤중에 내가 애굽 가운데로 들어가리니 애굽 가운데 처음 난 것은 위에 앉은 바**

로의 장자로부터 맷돌 뒤에 있는 여종의 장자까지와 모든 생축의 처음 난 것이 죽을지라. 애굽 전국에 전무후무한 큰 곡성이 있으리라.

이것이 마지막 열 번째 재앙인 장자 재앙이다. 애굽의 궁궐을 비롯해 애굽의 온 집들의 맏아들이 한 날 밤에 동시에 죽는 일이 일어날 것이다. 이전의 아홉 재앙들 중에는, 우박 재앙 때 하나님의 경고를 무시한 자들 외에 사람들이 죽은 재앙은 없었다. 그러나 이 마지막 재앙에서 각 집의 장자들은 같은 날 밤 동시에 죽을 것이다. 그래서 애굽 전국에 전무후무(前無後無)한 큰 곡성이 있을 것이다.

〔7-8절〕 그러나 이스라엘 자손에게는 사람에게나 짐승에게나 개도 그 혀를 움직이지 않으리니[짖지 않으리니] **여호와가 애굽 사람과 이스라엘 사이에 구별하는 줄을 너희가 알리라 하셨나니 왕의 이 모든 신하가 내게 내려와서 내게 절하며 이르기를 너와 너를 좇는 온 백성은 나가라 한 후에야 내가 나가리라 하고 심히 노하여 바로에게서 나오니라.**

이 마지막 재앙에서도 하나님께서는 애굽 사람과 이스라엘 백성을 구별하실 것이다. 이스라엘 백성이 거주했던 고센 땅에는 평온함이 있을 것이다. 그것은 개도 짖지 않는 평온함일 것이다. 그것은 하나님의 보호하심과 구별하심이 아니고서는 도무지 있을 수 없는 일일 것이다. 마침내 애굽 왕의 신하들은 모세에게 내려와서 그에게 절하며 굴복할 것이며 모세와 이스라엘 자손들이 떠나기를 요청할 것이다.

〔9-10절〕 여호와께서 모세에게 이르시기를 바로가 너희를 듣지 아니할지라. 그러므로 내가 애굽 땅에서 나의 기사[들]**를 더하리라 하셨고 모세와 아론이 이 모든 기사**[들]**를 바로 앞에서 행하였으나 여호와께서 바로의 마음을 강퍅케 하셨으므로 그가 이스라엘 자손을 그 나라에서 보내지 아니하였더라.**

본문은 열 가지 재앙들 전반에 대해 다시 말한 것이다. 여호와께서는 모세에게, "바로가 너희를 듣지 않을지라. 그러므로 내가 애굽 땅에서 나의 기사들을 더하리라"고 말씀하셨었고 모세와 아론은 이런 모든 기적들 곧 여러 가지 재앙들을 바로 앞에서 행했었다. 그러나 여호와께서 바로의 마음을 강퍅케 하셨으므로 그가 이스라엘 자손을 애굽에서 보내지 않았었다. 애굽 왕 바로가 심히 강퍅한 것은 하나님의 주권적 섭리 안에서 되어진 일이었다. 그러나 이제 마지막 재앙, 곧 장자 재앙의 때에 바로는 완전히 굴복하고 말 것이다.

본장의 교훈을 정리해보자. 첫째로, 모세를 통하여 애굽에 내려진 열 가지 재앙들은 다 하나님께서 내리신 것들이었고 마지막 장자 재앙도 그러하였다. 하나님께서는 살아계셔서 역사하시는 하나님이시며 능력이 많으신 하나님이시다. 그는 영원 전부터 스스로 계신 하나님이시며, 온 세상의 창조자와 섭리자이시다. 살아계시고 참되신 여호와 하나님을 아는 것이 구원이요 영생이며 현세와 내세에 참된 평안과 복이다.

둘째로, 하나님께서는 애굽 사람들에게 장자를 죽이는 재앙을 내리셨으나 이스라엘 백성에게는 그것을 피하게 하셨다. 이 세상에는 사탄과 악령들의 활동이 많고 하나님의 백성을 넘어뜨리려는 시험과 고난이 많고 하나님께서 악인들에게 내리시는 심판과 재앙도 많다. 그러나 하나님께서 자기 백성 이스라엘과 애굽 사람들을 구별하시고 이스라엘을 보호하셨듯이, 그는 오늘도 그의 백성된 우리 모두를 결코 버리지 않으시고 잊지 않으시고 구별하시고 보호하시고 도우실 것이다.

셋째로, 하나님께서는 그의 종 모세를 애굽 사람들 앞에 크게 하셨다. 3절, "여호와께서 그 백성으로 애굽 사람의 은혜를 받게 하셨고 또 그 사람 모세는 애굽 땅에서 바로의 신하와 백성에게 심히 크게 뵈었더라." 8절, "왕의 이 모든 신하가 내게 내려와서 내게 절하리라." 사람을 세우시고 파하시고 높이시고 낮추심이 하나님께 있다. 시편 75:6-7, "대저 높이는 일이 동에서나 서에서 말미암지 아니하며 남에서도 말미암지 아니하고 오직 재판장이신 하나님이 이를 낮추시고 저를 높이시느니라." 그러므로 우리는 스스로 자신을 높이는 교만한 자가 되지 말고 하나님 중심으로만 살고 하나님을 섬기며 하나님 앞에 충성해야 한다.

12장: 유월절과 출애굽

〔1-11절〕 여호와께서 애굽 땅에서 모세와 아론에게 일러 가라사대 이 달로 너희에게 달의 시작 곧 해의 첫 달이 되게 하고 너희는 이스라엘 회중에게 고하여 이르라. 이 달 열흘에 너희 매인(每人)이 어린양을 취할지니 각 가족대로 그 식구를 위하여 어린양을 취하되 그 어린양에 대하여 식구가 너무 적으면 그 집의 이웃과 함께 인수(人數)를 따라서 하나를 취하며 각 사람의 식량을 따라서 너희 어린양을 계산할 것이며 너희 어린양은 흠 없고 1년 된 수컷으로 하되 양이나 염소 중에서 취하고 이 달 14일까지 간직하였다가 해 질 때에 이스라엘 회중이 그 양을 잡고[죽이고] **그 피로 양을 먹을 집 문 좌우 설주와 인방**[상인방]**에 바르고 그 밤에 그 고기를 불에 구워 무교병과 쓴 나물과 아울러 먹되 날로나 물에 삶아서나 먹지 말고 그 머리와 정강이와 내장을 다 불에 구워 먹고 아침까지 남겨 두지 말며 아침까지 남은 것은 곧 소화하라. 너희는 그것을 이렇게 먹을지니 허리에 띠를 띠고 발에 신을 신고 손에 지팡이를 잡고 급히 먹으라. 이것이 여호와의 유월절이니라.**

하나님께서는 이스라엘 백성으로 하여금 애굽을 떠날 준비를 시키셨다. 흠 없고 1년된 숫양이나 숫염소를 취하여 그 피로 그 고기를 먹을 집 문 좌우 설주와 상인방(위 문틀)에 발라야 했고, 또 그 밤에 그 고기를 불에 구워 무교병과 쓴 나물과 함께 먹되 허리에 띠를 띠고 발에 신을 신고 손에 지팡이를 잡고 그것을 급히 먹어야 했다. 이것이 여호와의 유월절이다. 유월(逾越)은 '넘어간다'는 뜻이다.

〔12-14절〕 내가 그 밤에 애굽 땅에 두루 다니며 사람과 짐승을 무론하고 애굽 나라 가운데 처음 난 것을 다 치고 애굽의 모든 신에게 벌을 내리리라. 나는 여호와로라. 내가 애굽 땅을 칠 때에 그 피가 너희의 거하는 집에 있어서 너희를 위하여 표적이 될지라. 내가 피를 볼 때에 너희를 넘어가리니 재앙이 너희에게 내려 멸하지 아니하리라. 너희는 이 날을 기념하여 여호와의 절기를 삼아 영원한 규례로 대대에 지킬지니라.

여호와께서 애굽의 신들에게 벌을 주신다는 말씀(민 33:4에도 나옴)은 애굽인들이 섬기던 가축들의 첫 새끼를 죽이시기 때문이든지, 사무엘 선지자 때에 블레셋 사람들이 섬기던 다곤 신상을 부서뜨리신 것처럼(삼상 5:4) 애굽인들의 신상들을 파괴하시는 것을 가리킬 것이다(Poole). 유월절 어린양을 먹을 집 문 좌우 설주와 상인방에 발라진 양의 피는 재앙을 모면케 하는 표가 된다. 하나님께서는 "내가 피를 볼 때에 너희를 넘어가리라"고 말씀하셨다.

〔15-20절〕 너희는 7일 동안 무교병[누룩을 넣지 않고 만든 떡]**을 먹을지니 그 첫날에 누룩을 너희 집에서 제하라. 무릇 첫날부터 7일까지 유교병**[누룩을 넣은 떡]**을 먹는 자는 이스라엘에서 끊쳐지리라. 너희에게 첫날에도 성회요 제7일에도 성회가 되리니 이 두 날에는 아무 일도 하지 말고 각인의 식물만 너희가 갖출 것이니라. 너희는 무교절을 지키라. 이 날에 내가 너희 군대를 애굽 땅에서 인도하여 내었음이니라. 그러므로 너희가 영원한 규례를 삼아 이 날을 대대로 지킬지니라. 정월에 그 달 14일 저녁부터 21일 저녁까지 너희는 무교병을 먹을 것이요 7일 동안은 누룩을 너희 집에 있지 않게 하라. 무릇 유교물**[누룩을 넣은 떡]**을 먹는 자는 타국인이든지 본국에서 난 자든지 무론하고 이스라엘 회중에서 끊쳐지리니 너희는 아무 유교물이든지 먹지 말고 너희 모든 유하는 곳에서 무교병을 먹을지니라.**

이스라엘 백성은 정월 14일 저녁부터 21일 저녁까지 누룩을 넣지 않고 만든 떡(무교병)을 먹어야 했다(무교절). 또 그들은 그 첫날에 누룩을 집에서 제거하고 7일 동안 누룩을 집에 있지 않게 해야 했다. 또 그들은 그 첫날과 제7일에 성회로 모여야 했고 안식일로 지켰다.

〔21-28절〕 모세가 이스라엘 모든 장로를 불러서 그들에게 이르되 너희는 나가서 너희 가족대로 어린양을 택하여 유월절 양으로 잡고[죽이고] **너희는 우슬초 묶음을 취하여 그릇에 담은 피에 적시어서 그 피를 문 인방**[상인방]**과 좌우 설주에 뿌리고**(웨힉가템 וְהִגַּעְתֶּם)[바르고] **아침까지 한 사람도 자기 집 문밖에 나가지 말라. 여호와께서 애굽 사람을 치러 두루 다니실 때에 문 인방**[상인방]**과 좌우 설주의 피를 보시면 그 문을 넘으시고 멸하는 자로 너희 집에 들어가서 너희를 치지 못하게 하실 것임이니라. 너희는 이 일을 규례로 삼아 너희와 너희 자손이 영원히 지킬 것이니 너희는 여호와께서**

허락하신 대로 너희에게 주시는 땅에 이를 때에 이 예식을 지킬 것이라. 이 후에 너희 자녀가 묻기를 이 예식이 무슨 뜻이냐 하거든 너희는 이르기를 이는 여호와의 유월절 제사라. 여호와께서 애굽 사람을 치실 때에 애굽에 있는 이스라엘 자손의 집을 넘으사 우리의 집을 구원하셨느니라 하라 하매 백성이 머리 숙여 경배하니라. 이스라엘 자손이 물러가서 그대로 행하되 여호와께서 모세와 아론에게 명하신 대로 행하니라.

이스라엘 백성은 유월절 양으로 잡고 우슬초 묶음을 취하여 그릇에 담은 피에 적시어 그 피를 문 상인방과 좌우 설주에 바르고 아침까지 한 사람도 자기 집 문밖에 나가지 말게 했다. 또 그들은 이 규례를 영원히 지키고 자녀들에게 가르쳐야 했다.

〔29-36절〕 **밤중에**(바카치 할라옐라 בַּחֲצִי הַלַּיְלָה)[한밤중에, 자정에] **여호와께서 애굽 땅에서 모든 처음 난 것 곧 위(位)**[왕위]**에 앉은 바로의 장자로부터 옥에 갇힌 사람의 장자까지와 생축의 처음 난 것을 다 치시매 그 밤에 바로와 그 모든 신하와 모든 애굽 사람이 일어나고 애굽에 큰 호곡**[곡성]**이 있었으니 이는 그 나라에 사망치 아니한 집이 하나도 없었음이었더라. 밤에 바로가 모세와 아론을 불러서 이르되 너희와 이스라엘 자손은 일어나 내 백성 가운데서 떠나서 너희의 말대로 가서 여호와를 섬기며 너희의 말대로 너희의 양도 소도 몰아가고 나를 위하여 축복하라 하며 애굽 사람들은 말하기를 우리가 다 죽은 자가 되도다 하고 백성을 재촉하여 그 지경에서 속히 보내려 하므로 백성이 발교(醱酵)**[발효]**되지 못한 반죽 담은 그릇을 옷에 싸서 어깨에 메니라. 이스라엘 자손이 모세의 말대로 하여 애굽 사람에게 은금 패물과 의복을 구하매 여호와께서 애굽 사람으로 백성에게 은혜를 입히게 하사**[애굽 사람들 앞에서 그 백성에게 은혜를 주셨으므로] **그들의 구하는 대로 주게 하시므로 그들이 애굽 사람의 물품을 취하였더라**[노략하였더라](KJV, NASB, NIV).

한 밤 중에 애굽 사람들은 이스라엘 백성을 재촉하여 속히 보내려 하였으므로 이스라엘 백성은 발효되지 못한 반죽 담은 그릇을 옷에 싸서 어깨에 메었다. 또 이스라엘 자손은 모세의 말대로 애굽 사람에게 은금 패물과 의복을 구했고 여호와께서 애굽 사람 앞에서 그 백성에게 은혜를 주셔서 그들이 구하는 대로 노략물처럼 얻게 하셨다.

〔37-42절〕 이스라엘 자손이 라암셋에서 발행하여 숙곳에 이르니 유아 외에 보행하는 장정이 60만 가량이요 중다한 잡족과 양과 소와 심히 많은 생축이 그들과 함께하였으며 그들이 가지고 나온 발교(醱酵)[발효]**되지 못한 반죽으로 무교병을 구웠으니 이는 그들이 애굽에서 쫓겨남으로 지체할 수 없었음이며 아무 양식도 준비하지 못하였음이었더라. 이스라엘 자손이 애굽에 거주한 지 430년이라. 430년이 마치는 그 날에 여호와의 군대가 다 애굽 땅에서 나왔은즉 이 밤은 그들을 애굽 땅에서 인도하여 내심을 인하여 여호와 앞에 지킬 것이니 이는 여호와의 밤이라. 이스라엘 자손이 다 대대로 지킬 것이니라.**

그들은 유아 외에 보행하는 장정이 60만명 가량이었으니, 여자들과 어린아이들을 합하면 200만명 이상 되었을 것이다. 애굽에서 나올 때 지체할 수 없었고 아무 양식도 준비하지 못하였기 때문에 그들은 가지고 나온 발효되지 못한 반죽으로 무교병 즉 누룩 없이 만든 떡을 구웠다. 그때는 이스라엘 자손이 애굽에 거주한 지 430년이 되는 때이었다. 출애굽 연도는, 열왕기상 6:1에 의하면, 솔로몬 왕의 즉위 4년 즉 주전 966년으로부터 480년 전, 즉 주전 1447년경이며, 애굽의 제18 왕조 투트모세 3세(주전 1482-1447년경) 때이었다고 생각된다.

〔43-51절〕 여호와께서 모세와 아론에게 이르시되 유월절 규례가 이러하니라. 이방 사람은 먹지 못할 것이나 각 사람이 돈으로 산 종은 할례를 받은 후에 먹을 것이며 거류인과 타국 **품군은 먹지 못하리라. 한 집에서 먹되 그 고기를 조금도 집 밖으로 내지 말고 뼈도 꺾지 말지며 이스라엘 회중이 다 이것을 지킬지니라. 너희와 함께 거하는 타국인이 여호와의 유월절을 지키고자 하거든 그 모든 남자는 할례를 받은 후에야 가까이 하여 지킬지니 곧 그는 본토인과 같이 될 것이나 할례 받지 못한 자는 먹지 못할 것이니라. 본토인에게나 너희 중에 우거한 이방인에게나 이 법이 동일하니라 하셨으므로 온 이스라엘 자손이 이와 같이 행하되 여호와께서 모세와 아론에게 명하신 대로 행하였으며 그 같은 날에 여호와께서 이스라엘 자손을 그 군대대로 애굽 땅에서 인도하여 내셨더라.**

유월절 양은 뼈를 꺾지 말아야 했다. 그것은 예수 그리스도에게서 이루어졌다. 요한복음 19:33, 36, "예수께 이르러는 이미 죽은 것을 보고 다리를 꺾지 아니하고," "이 일이 이룬 것은 그 뼈가 하나도 꺾이지 아니하리라 한 성경을 응하게 하려 함이라."

본장의 교훈을 정리해보자. 첫째로, 유월절 어린양은 예수 그리스도의 속죄사역을 예표했다. 애굽 사람들의 모든 집에 장자가 죽는 재앙이 내려졌을 때, 하나님께서는 유월절 어린양의 피가 문설주와 상인방에 발라져 있는 이스라엘 백성의 집들을 넘어가셨다. 흠 없고 1년된 유월절 어린양은 구주 예수 그리스도를 예표하였다. 고린도전서 5:7, "우리의 유월절 양 곧 그리스도께서 희생이 되셨느니라." 예수 그리스도께서는 유월절 어린양이 되셨다. 고기를 불에 구워 쓴 나물과 함께 먹는 것은 예수 그리스도의 십자가 고난을 예표하였다. 무교절 7일 동안 먹는 무교병 즉 누룩을 넣지 않고 만든 떡은 그의 무죄성을 가리켰다.

둘째로, 우리는 예수 그리스도의 피를 우리 마음의 문설주와 상인방에 발라야 한다. 유월절은 예수 그리스도의 속죄의 진리와 우리의 속죄 신앙을 계시한다. 속죄 신앙은 구원 신앙이다. 예수 그리스도의 속죄의 피가 우리를 지옥에서 구원하셨다. 주 예수께서는, "내 살을 먹고 내 피를 마시는 자는 영생을 가졌고 마지막 날에 내가 그를 다시 살리리니 내 살은 참된 양식이요 내 피는 참된 음료로다"라고 속죄를 강조하셨다(요 6:53-55). 그리스도의 속죄의 피는 우리의 생명이며 우리는 구원과 영생을 위해 속죄 신앙이 필요하다. 우리는 예수님의 고난을 기억하며 그의 대속(代贖) 사역을 믿는 속죄 신앙을 가져야 한다. 우리는 속죄의 구주 예수 그리스도만을 믿고 의지해야 한다. 속죄 신앙이 생명의 길이다. 또한 교회는 때때로 예수 그리스도의 십자가 고난을 기억하며 성찬 예식을 거행하며, 모든 신자들은 예수 그리스도의 십자가 대속의 은혜에 감사하며 속죄 신앙을 가지고 성찬 예식에 참여해야 한다.

13장: 무교절, 초태생, 하나님의 인도하심

〔1-10절〕 여호와께서 모세에게 일러 가라사대 이스라엘 자손 중에 사람이나 짐승이나 무론하고 초태생은 다 거룩히 구별하여 내게 돌리라. 이는 내 것이니라 하시니라. 모세가 백성에게 이르되 너희는 애굽에서 곧 종 되었던 집에서 나온 그 날을 기념하여 유교병을 먹지 말라. 여호와께서 그 손의 권능으로 너희를 그 곳에서 인도하여 내셨음이니라. 아빕월 이 날에 너희가 나왔으니 여호와께서 너를 인도하여 가나안 사람과 헷 사람과 아모리 사람과 히위 사람과 여부스 사람의 땅 곧 네게 주시려고 네 조상들에게 맹세하신 바 젖과 꿀이 흐르는 땅에 이르게 하시거든 너는 이 달에 이 예식을 지켜 7일 동안 무교병을 먹고 제7일에는 여호와께 절기를 지키라. 7일 동안에는 무교병을 먹고 유교병을 너희 곳에 있게 하지 말며 네 지경 안에서 누룩을 네게 보이지도 말게 하며 너는 그 날에 네 아들에게 뵈어 이르기를 이 예식은 **내가 애굽에서 나올 때에 여호와께서 나를 위하여 행하신 일을 인함이라 하고 이것으로 네 손의 기호**(오스 אוֹת)[표(sign)]**와 네 미간**[이마]**의 표**(직카론 זִכָּרוֹן)[기념물]**를 삼고 여호와의 율법으로 네 입에 있게 하라. 이는 여호와께서 능하신 손으로 너를 애굽에서 인도하여 내셨음이니 연년이 기한에 이르러 이 규례를 지킬지니라.**

본장은 하나님께서 친히 이스라엘 백성을 애굽에서 인도하여 내셨음을 강조한다(3, 9, 14, 16절). 이스라엘 백성은 애굽에서 종노릇하며 온갖 압제와 학대를 받았었다(3, 14절). 그러나 하나님께서는 '그 손의 권능으로'(3, 14, 16절), '능하신 손으로'(9절) 그들을 인도하여 내셨다. 하나님께서 애굽에 내린 열 가지 재앙, 특히 마지막 장자 재앙이 아니었다면 애굽 왕 바로는 결코 그들이 떠나게 허락하지 않았을 것이다. 그들의 해방은 불가능한 일이었을 것이다.

그러므로 하나님께서는 "사람이나 가축이나 초태생은 다 거룩히 구별하여 내게 돌리라"고 말씀하셨고, 애굽에서 나오던 그 날 밤에 행하게 하셨던 규례, 즉 누룩 넣은 떡을 먹지 말고 누룩 없는 떡을 먹게 하신 규례를 이스라엘 백성으로 하여금 계속 지키게 하셨다.

하나님께서는 이스라엘 백성을 애굽에서 인도하여 내셔서 가나안 땅에 이르게 하실 것이다. 그는 이스라엘 백성의 조상 즉 아브라함과 이삭과 야곱에게 그 땅을 주겠다고 약속하셨고 맹세하셨었다. 그 땅은 '젖과 꿀이 흐르는 땅'이라고 묘사될 만한 아름다운 땅이었다.

하나님께서는 이스라엘 백성이 가나안 땅에 들어가더라도 거기서 아빕월 즉 1월 14일의 절기인 유월절과, 또 1월 15일부터 7일 동안의 무교절을 지키라고 말씀하셨다. 그들은 그때 무교병 즉 누룩 넣지 않고 만든 떡을 먹어야 했고 제7일에 여호와께 성회로 지켜야 했다. 또 그들은 7일 동안 유교병[누룩 넣은 떡]을 그들의 처소에도 있지 않게 해야 했고 누룩도 그들의 경내에서 보이지 않게 해야 했다. 또 그들은 이 절기의 뜻을 그들의 자녀들에게도 말해주어야 하였다.

하나님께서는 또 이 규례를 "네 손의 표와 네 미간의 기념물로 삼으라"고 말씀하셨다. 이스라엘 백성은 출애굽 사건과 하나님의 구속(救贖)의 은혜를 해마다 잊지 말고 기억하며 이 규례를 지켜야 했다.

〔11-16절〕 여호와께서 너와 네 조상에게 맹세하신 대로 너를 가나안 사람의 땅에 인도하시고 그 땅을 네게 주시거든 너는 무릇 초태생과 네게 있는 생축의 초태생을 다 구별하여 여호와께 돌리라. 수컷은 여호와의 것이니라. 나귀의 첫 새끼는 다 어린양으로 대속할 것이요 그렇게 아니하려면 그 목을 꺾을 것이며 너의 아들 중 모든 장자된 자는 다 대속할지니라. 장래에 네 아들이 네게 묻기를 이것이 어찜이냐 하거든 너는 그에게 이르기를 여호와께서 그 손의 권능으로 우리를 애굽에서 곧 종이 되었던 집에서 인도하여 내실새 그때에 바로가 강퍅하여 우리를 보내지 아니하매 여호와께서 애굽 나라 가운데 처음 났은 것을 사람의 장자로부터 생축의 처음 났은 것까지 다 죽이신 고로 초태생의 수컷은 다 여호와께 희생으로 드리고 우리 장자는 다 대속하나니 이것으로 네 손의 기호(오스 אוֹת)[표(sign)]**와 네 미간**[이마]**의 표**(토타폿 טוֹטָפֹת)[머리띠]**를 삼으라. 여호와께서 그 손의 권능으로 우리를 애굽에서 인도하여 내셨음이니라 할지니라.**

모세는 또, 그들이 하나님께서 그들과 그들의 조상에게 맹세하신 가나안 땅을 얻게 되면 그들은 사람이나 가축의 초태생을 다 구별하여 여호와께 돌리라고 반복하여 강조했다. 나귀의 첫 새끼는 다 어린 양으로 대속(代贖)하고 그들의 모든 장자는 다 대속하라고 했다.

또 장차 자녀들이 이것이 무슨 까닭이냐고 묻거든, 여호와께서 그 손의 권능으로 우리를 애굽에서 인도하여 내실 때 바로가 강퍅하여 우리를 보내지 아니하므로 여호와께서 애굽에서 사람의 장자로부터 가축의 첫 새끼까지 다 죽이셨기 때문이라고 말하며 이것을 너희의 손의 표와 너희의 이마의 머리띠로 삼으라고 하라고 하셨다.

〔17-22절〕 바로가 백성을 보낸 후에 블레셋 사람의 땅의 길은 가까울지라도 하나님이[께서] **그들을 그 길로 인도하지 아니하셨으니 이는 하나님이**[께서] **말씀하시기를 이 백성이 전쟁을 보면 뉘우쳐 애굽으로 돌아갈까 하셨음이라. 그러므로 하나님이**[께서] **홍해의 광야 길로 돌려 백성을 인도하시매 이스라엘 자손이 애굽 땅에서 항오를 지어 나올 때에 모세가 요셉의 해골**[뼈들]**을 취하였으니 이는 요셉이 이스라엘 자손으로 단단히 맹세케 하여 이르기를 하나님이 필연 너희를 권고하시리니 너희는 나의 해골**[뼈들]**을 여기서 가지고 나가라 하였음이었더라. 그들이 숙곳에서 발행하여 광야 끝 에담에 장막을 치니 여호와께서 그들 앞에 행하사 낮에는 구름기둥으로 그들의 길을 인도하시고 밤에는 불기둥으로 그들에게 비취사 주야로 진행하게 하시니 낮에는 구름기둥, 밤에는 불기둥이 백성 앞에서 떠나지 아니하니라.**

이스라엘 백성이 애굽을 떠나 나온 후, 하나님께서는 그들을 블레셋 길로 인도하지 않으셨다. 그 길은 몇 일이면 가나안 땅으로 갈 수 있는 가장 빠른 길이다. 하나님께서 그들을 그 길로 인도하지 않으신 것은, 그들이 블레셋 사람들과 전쟁을 치르게 될 것이며 그러면 그들이 애굽에서 나온 것을 후회하여 다시 애굽으로 돌아가리라고 염려하셨기 때문이다. 하나님께서는 그들의 연약한 몸과 마음을 아시고 그들에게 적합한 다른 길로 인도하신 것이었다. 그것은 홍해의 광야 길이었다. 또한 그 길은 뒤쫓아올 애굽 군대를 몰살시키고 하나님의 큰 영광을 나타내실 길이었고 이스라엘 백성을 단련하시는 첫 과정의 길이기도 했다. '항오를 지어'(카무쉬임 חֲמֻשִׁים)라는 원어는 '전투대형으로(in battle array)'라는 뜻이다(BDB).

야곱의 아들 요셉은 죽기 전에 그 형제들에게 하나님께서 그들을 정녕 돌아보시고 아브라함과 이삭과 야곱에게 맹세하신 땅으로 그들을 인도하시리라고 말하며 그들이 자신의 해골을 메고 올라갈 것을 맹세시켰었다(창 50:24-25). 모세는 조상들로부터 전달되어 내려온 요셉의 그 맹세를 기억하여 그의 해골을 취했다. 요셉의 유언도 놀랍지만, 그 유언을 지킨 모세는 확실히 믿음이 있는 사람이었다.

이스라엘 백성은 숙곳에서 출발하여 광야 끝 에담에 장막을 쳤다. 여호와께서는 그들 앞에 행하셔서 낮에는 구름기둥으로 그들의 길을 인도하셨고 밤에는 불기둥으로 그들에게 비추어 밤낮으로 진행케 하셨다. 낮에는 구름기둥이, 밤에는 불기둥이 이스라엘 백성 앞에서 떠나지 않았다. 그것은 참으로 신기한 인도하심이었다.

본장의 교훈을 정리해보자. 첫째로, 하나님께서는 이스라엘 백성이 애굽의 종노릇하던 상태에서 그들을 구원하신 그의 은혜를 잊지 말고 기억하기를 원하셨다. 큰 구원을 체험한 그들은 그 은혜를 항상 기억해야 했다. 사람은 무지한 짐승과 같아서 하나님의 많은 은혜를 받은 후에도 그것을 잘 잊어버린다. 사람은 하나님께서 지으신 아름다운 세계에 살면서도 창조주께 대한 감사와 영광을 돌릴 줄 모르고 산다.

하나님께서는 이스라엘 백성이 하나님의 은혜를 기억하게 하는 방법으로 그들이 사람들과 가축들의 처음 난 것을 하나님께 드리게 하셨고 또 매년 무교절을 지키게 하셨다. 사람의 맏아들이나 짐승의 첫 새끼를 거룩히 구별하여 하나님께 드리는 것은 애굽에 내리셨던 열 가지 재앙들 중 마지막 재앙인 장자 재앙을 기억하게 한다. 또 사람의 맏아들과 짐승의 첫 새끼는 가장 좋은 것이다. 모든 것이 다 하나님의 것이지만,

우리는 우리의 가장 좋은 것을 하나님께 드려야 한다. 우리는 우리를 위해 죽으시고 다시 사신 주 예수님과 하나님을 위해 살아야 한다.

또 무교절은 애굽에서 급하게 나온 일을 기억케 하는 절기이다. 유월절 어린양은 죄 없으신 예수 그리스도를 상징했다. 그들이 누룩 없는 떡을 먹었던 것은 애굽에서 바삐 나왔음을 기억케 한다. 그것은 전적으로 하나님의 은혜이었다. 또 그들은 그 절기의 7일 동안 처소에서 누룩을 제거해야 하였다. 그것은 우리가 누룩 없는 삶, 즉 죄를 멀리하는 삶, 거룩한 삶을 살아야 할 것을 보인다. 성도는 성화에 힘써야 한다.

특히, 신약 성도인 우리는 예수 그리스도의 십자가 대속 사역으로 큰 구원을 얻은 자들이다. 예수 그리스도께서 우리 죄를 위해 십자가에 못 박혀 죽으셨고 삼일 만에 다시 살아나셨다. 우리는 하나님의 은혜로 주 예수 그리스도를 믿음으로 죄씻음과 의롭다 하심을 얻었다. 우리는 이 하나님의 은혜를 잊지 말고 항상, 평생토록 기억해야 한다.

둘째로, 하나님께서는 이스라엘 백성을 애굽에서 나오게 하신 후 그들을 블레셋 사람의 길로가 아니고 홍해의 광야 길로 인도하셨고, 광야 40년 동안에도 낮에는 구름기둥으로, 밤에는 불기둥으로 그들을 인도하셨다(17-22절). 구름기둥, 불기둥은 하나님의 인도하심의 표이었다. 하나님의 목표는 그들을 애굽에서 인도해 내어 광야를 지나 가나안 땅에 들어가게 하시는 것이다. 가나안 땅은 하나님께서 이스라엘의 열조들에게 약속하신 땅이다. 이스라엘 백성은 오직 하나님의 선한 인도하심에 순응하며 따라가면 되었다. 이와 같이, 하나님께서는 예수 그리스도의 십자가 대속 사역과 그를 믿음으로 죄사함과 의롭다 하심을 얻은 신약 성도들을 가장 좋은 길로 인도하실 것이다. 성령께서는 우리 속에 영원히 거하시며 우리는 성령의 거룩하고 선한 인도하심을 얻는 자들이다(롬 8:14). 하나님께서는 우리의 모든 현실이 선을 이루도록 섭리하신다(롬 8:28). 우리는 하나님의 인도하심을 따라가면 된다. 신약 성도는 "어린양이 어디로 인도하든지 따라가는 자"가 되면 된다(계 14:4).

14장: 홍해의 기적

〔1-4절〕 여호와께서 모세에게 일러 가라사대 이스라엘 자손을 명하여 돌쳐서[돌이켜] **바다와 믹돌 사이의 비하히롯 앞 곧 바알스본 맞은편 바닷가에 장막을 치게 하라. 바로가 이스라엘 자손에 대하여 말하기를 그들이 그 땅에서 아득하여**(네부킴 נְבֻכִים)[방황하여](BDB, NASB) **광야에 갇힌 바 되었다 할지라. 내가 바로의 마음을 강퍅케 한즉 바로가 그들의 뒤를 따르리니 내가 그와 그 온 군대를 인하여 영광을 얻어 애굽 사람으로 나를 여호와인 줄 알게 하리라 하시매 무리가 그대로 행하니라.**

본절의 바다는 '홍해'를 가리킨다(13:18; 15:4, 22).[2] 본장에도 '하나님께서 바로의 마음을 강퍅케 하신다'는 표현이 두 번 나온다(4, 8절). 세상의 모든 일들은 하나님의 주권적 섭리 안에 있다. 그가 바로와 그 군대를 인해 영광을 얻으신다는 표현은 그들이 멸절될 것을 암시한다. 애굽 왕 바로가 직접 왔던 것 같다(4, 6, 8, 10, 17, 18, 28절).

〔5-9절〕 혹이 백성의 도망한 것을 애굽 왕에게 고하매 바로와 그 신하들이 백성에 대하여 마음이 변하여 가로되 우리가 어찌 이같이 하여 이스라엘을 우리를 섬김에서 놓아 보내었는고 하고 바로가 곧 그 병거를 갖추고 그 백성을 데리고 갈새 특별 병거 6백승과 애굽의 모든 병거를 발하니[데리고 가니] **장관들이 다 거느렸더라. 여호와께서 애굽 왕 바로의 마음을 강퍅케 하셨으므로 그가 이스라엘 자손의 뒤를 따르니 이스라엘 자손이 담대히 나갔음이라. 애굽 사람들과 바로의 말들, 병거들과 그 마병과 그 군대가 그들의 뒤를 따라 바알스본 맞은편 비하히롯 곁 해변 그 장막 친 데 미치니라.**

애굽 왕 자신이 그 추격을 주도하였고 직접 참여했다고 보인다.[3]

---

2) '홍해'라는 히브리어(얌 숩 יַם סוּף)는 '갈대의 바다'라는 뜻이며 헬라어로는 에뤼드라 달랏사(ἐρυθρά θάλασσα) 즉 '붉은 바다(홍해)'라는 뜻이다. 그것은 성경에서 주로 홍해 북단의 갈라진 두 개의 만, 즉 수에즈만과 아카바만을 가리킨다.

3) 바로는 그 추격 때 죽었던 것 같다. 그렇다면 그때의 왕은 투트모세

[10-12절] 바로가 가까와 올 때에 이스라엘 자손이 눈을 들어 본즉 애굽 사람들이 자기 뒤에 미친지라. 이스라엘 자손이 심히 두려워하여 여호와께 부르짖고 그들이 또 모세에게 이르되 애굽에 매장지가 없으므로 당신이 우리를 이끌어내어 이 광야에서 죽게 하느뇨? 어찌하여 당신이 우리를 애굽에서 이끌어내어 이같이 우리에게 하느뇨? 우리가 애굽에서 당신에게 고한 말이 이것이 아니뇨? 이르기를 우리를 버려 두라. 우리가 애굽 사람을 섬길 것이라 하지 아니하더뇨? 애굽 사람을 섬기는 것이 광야에서 죽는 것보다 낫겠노라.

이스라엘 백성은 그 위기 상황에서 믿음 없음을 드러내었다. 그들은 하나님의 뜻과 인도하심을 무시하였고 인도자 모세를 원망하였다.

[13-14절] 모세가 백성에게 이르되 너희는 두려워 말고 가만히 서서 여호와께서 오늘날 너희를 위하여 행하시는 구원을 보라. 너희가 오늘 본 애굽 사람을 또 다시는 영원히 보지 못하리라. 여호와께서 너희를 위하여 싸우시리니 너희는 가만히 있을지니라.

모세는 이스라엘 백성에게 몇 가지를 말했다. 첫째는 두려워 말라는 것이다. 섭리자 하나님을 믿는 자는 어떤 위기의 상황에서도 두려워 말아야 한다. 둘째는 가만히 서 있으라는 것이다. 믿음은 고요히 하나님을 앙망하는 것이다. 셋째는 하나님께서 행하시는 구원을 보라는 것이다. 하나님께서는 그들을 광야에서 죽게 하기 위해 이끌어내신 것이 아니다. 그는 이 위기에서 그들을 구원하실 것이다. 넷째는 하나님께서 그들을 위해 싸우실 것이라는 것이다. 이스라엘 백성을 대적하는 자들은 하나님을 대적하는 것이다. 하나님께서는 이스라엘 백성을 위해 그들의 대적자들과 싸우실 것이다.

[15-20절] 여호와께서 모세에게 이르시되 너는 어찌하여 내게 부르짖느뇨? 이스라엘 자손을 명하여 앞으로 나가게 하고 지팡이를 들고 손을 바다 위로 내밀어 그것으로 갈라지게 하라. 이스라엘 자손이 바다 가운데 육

3세이었을 것이며 그의 통치 연대는 주전 1482-1447년경으로 추정된다(J. B. Payne's *Outline of Hebrew History*).

지로 행하리라. 내가 애굽 사람들의 마음을 강퍅케 할 것인즉 그들이 그 뒤를 따라 들어갈 것이라. 내가 바로와 그 모든 군대와 그 병거와 마병을 인하여 영광을 얻으리니 내가 바로와 그 병거와 마병으로 인하여 영광을 얻을 때에야 애굽 사람들이 나를 여호와인 줄 알리라 하시더니 이스라엘 진 앞에 행하던 하나님의 사자가 옮겨 그 뒤로 행하매 구름기둥도 앞에서 그 뒤로 옮겨 애굽 진과 이스라엘 진 사이에 이르러 서니 저편은 구름과 흑암이 있고 이편은 밤이 광명하므로[그것이 밤에 빛을 주었으므로] **밤새도록 저편이 이편에 가까이 못하였더라.**

하나님의 뜻은 앞에 가로놓인 홍해를 통과하는 것이었다. 그 갈대바다는 갈라지며 길을 낼 것이다. '바다 가운데 육지로'라는 이 특이한 표현은 본장에 세 번 나온다(16, 22, 29절). 놀라운 기적이 일어날 것이다. 또 하나님께서는 바로와 애굽 사람들의 마음을 강퍅케 하실 것이며 그들을 인해 영광을 얻으실 것이다. 그들의 죽음을 통해 하나님의 공의의 영광이 드러날 것이며, 그 결과, 애굽 사람들이 하나님을 알게 될 것이다. 이스라엘 진 앞에 행하던 하나님의 사자는 옮겨 그 뒤로 행했고 구름기둥도 앞에서 그 뒤로 옮겨서 애굽 진과 이스라엘 진 사이에 섰다. 저편은 구름과 흑암이 있고 이편은 그것이 밤에 빛을 주었으므로 밤새도록 저편이 이편에 가까이 접근하지 못하였다.

〔21-25절〕 모세가 바다 위로 손을 내어민대 여호와께서 큰 동풍으로 밤새도록 바닷물을 물러가게 하시니 물이 갈라져 바다가 마른 땅이 된지라. 이스라엘 자손이 바다 가운데 육지로 행하고 물은 그들의 좌우에 벽이 되니 애굽 사람들과 바로의 말들, 병거들과 그 마병들이 다 그 뒤를 쫓아 바다 가운데로 들어오는지라. 새벽에 여호와께서 불 구름기둥 가운데서 애굽 군대를 보시고 그 군대를 어지럽게 하시며 그 병거 바퀴를 벗겨서 달리기에 극난하게 하시니 애굽 사람들이 가로되 이스라엘 앞에서 우리가 도망하자. 여호와가 그들을 위하여 싸워 애굽 사람들을 치는도다.

모세는 하나님의 지시대로 바다 위로 손을 내밀었다. 하나님께서는 큰 동풍으로 밤새도록 바닷물을 물러가게 하셨고 물이 갈라져 바다가 마른 땅이 되었다. 그는 큰 동풍을 사용하여 홍해를 갈라지게 하셨다. 이스라엘 백성은 바다 가운데 육지로 행했고 바닷물은 그들의 좌우에 벽이 되었다. 이것은 참으로 놀라운 기적이었다. 애굽 사람들과 바로의 말들, 병거들과 마병들은 다 그들을 따라 바다 가운데로 들어왔다. 새벽에 하나님께서는 불 구름기둥 가운데서 애굽 군대를 보시고 그것을 어지럽게 하셨고 그들의 병거 바퀴를 벗겨서 달리기에 어렵게 하셨다. 애굽 사람들은 하나님께서 이스라엘을 위해 행하심을 느끼며 이스라엘 앞에서 도망치려 하였다.

〔26-31절〕 여호와께서 모세에게 이르시되 네 손을 바다 위로 내어 밀어 물이 애굽 사람들과 그 병거들과 마병들 위에 다시 흐르게 하라 하시니 모세가 곧 손을 바다 위로 내어 밀매 새벽에 미쳐 바다의 그 세력이 회복된지라. 애굽 사람들이 물을 거스려[거슬러] **도망하나 여호와께서 애굽 사람들을 바다 가운데 엎으시니 물이 다시 흘러 병거들과 기병들을 덮되 그들의 뒤를 쫓아 바다에 들어간 바로의 군대를 다 덮고 하나도 남기지 아니하였더라. 그러나 이스라엘 자손은 바다 가운데 육지로 행하였고 물이 좌우에 벽이 되었었더라. 그 날에 여호와께서 이같이 이스라엘을 애굽 사람의 손에서 구원하시매 이스라엘이 바닷가의 애굽 사람의 시체를 보았더라. 이스라엘이 여호와께서 애굽 사람들에게 베푸신 큰 일**[큰 손=큰 능력의 일]**을 보았으므로 백성이 여호와를 경외하며 여호와와 그 종 모세를 믿었더라.**

모세는 하나님의 말씀에 순종하여 손을 바다 위로 내밀었고 새벽에 미쳐 바다의 그 세력이 회복되었다. 애굽 사람들이 물을 거슬러 도망했지만, 하나님께서는 그들을 바다 가운데서 엎으셨다. 바닷물은 다시 흘러 이스라엘 자손들의 뒤를 쫓아 바다에 들어간 바로의 군대, 그 병거들과 기병들을 다 덮었고 하나도 남기지 아니하였다. 그러나 이스라엘 백성은 바다 가운데 육지로 행하였고 물은 좌우에 벽이 되었다. 본장에는 물이 좌우에 벽이 되었다는 표현이 두 번 나온다(22, 29절). 그 날에 하나님께서는 이스라엘을 애굽 사람의 손에서 이같이 구원하셨고 이스라엘 백성은 바닷가에서 애굽 사람들의 시체를 보았다. 그들은 하나님께서 애굽 사람들에게 베푸신 큰일을 보았다. '큰 일'이라는 원어(하야드 학게돌라 הַיָּד הַגְּדֹלָה)는 '큰 손'이라는 말로 하나님의 '큰 능력의 일'을 가리킨다. 홍해 사건으로 인해 이스라엘 백성은 여호와 하나님을 경외하였고 또 여호와와 그 종 모세를 믿었다. 기적은 하나님께서 우리의 믿음을 위해 은혜로 주신 것이다.

출애굽기 14장의 교훈을 정리해보자. 첫째로, 본장은 성도에게 고난과 위기가 있음을 보인다. 이스라엘 백성은 하나님의 작정과 뜻 가운데서 그의 인도하심 속에 애굽에서 나왔음에도 불구하고 큰 고난과 위기를 직면하였었다. 그들은 광야에서 바로와 애굽 군대의 칼에 죽을 것 같은 큰 위기를 만났다. 우리는 이 세상 사는 동안 많은 고난을 당하고 위기를 만난다. 우리는 성도들에게 고난과 위기가 있음을 알아야 한다.

둘째로, 고난과 위기를 대처하는 바른 방법은 살아계신 섭리자, 구원자 하나님을 믿는 믿음으로 행하는 것이다. 이스라엘 백성은 두려워 말고 가만히 서서 하나님께서 그들을 위해 행하시는 구원을 보아야 했다. 하나님께서는 그들을 위해 싸우실 것이다. 모세는 이스라엘 자손을 명하여 앞으로 나가게 하고 손을 바다 위로 내밀어 그것이 갈라지게 하고 이스라엘 자손이 바다 가운데 육지로 행하게 해야 했다.

오늘날도 우리는 고난 중에 믿음을 가지고 하나님께 기도해야 한다. 우리가 하나님께 기도하지 않으면 아무것도 체험치 못할 것이나, 기도하는 자는 살아계신 하나님의 기도 응답과 도우심과 구원하심을 체험할 것이다. 하나님께 기도하는 자는 하나님의 큰 손, 즉 큰 능력의 일을 볼 것이다. 우리에게 닥친 고난과 위기는 하나님의 도우심을 체험하는 기회이다. 하나님께서는 살아계셔서 그의 백성된 우리에게 닥친 고난과 위기를 해결하실 수 있고 또 해결하실 전능자이시다. 그러므로 우리는 하나님께 기도하고 믿음을 가지고 가만히 서서 하나님을 바라며 그가 우리를 위해 어떻게 행하시는지, 어떻게 구원하시는지 보아야 한다.

15장: 모세의 노래

〔1절〕 **이때에 모세와 이스라엘 자손이 이 노래로 여호와께 노래하니 일렀으되 내가 여호와를 찬송하리니**[여호와께 노래하리니] **그는 높고 영화로우심이요**(가오 가아 גָּאֹה גָּאָה)[심히 높으심이요](NASB, NIV) **말과 그 탄 자를 바다에 던지셨음이로다.**

모세와 이스라엘 자손이 하나님께 노래한 이유는 그가 심히 높으시고 말과 그 탄 자를 바다에 던지셨기 때문이다. '말과 그 탄 자'는 단수명사로 애굽 왕 바로를 가리키는 것 같다. 물론, 바로 외에 그의 장관들의 병거들도 있었고 그들도 다 바다에 삼키웠다.

〔2절〕 **여호와**(야흐 יָהּ)**는**[께서는] **나의 힘이요 노래시며 나의 구원이시로다. 그는 나의 하나님이시니 내가 그를 찬송할 것이요**(안웨후 אַנְוֵהוּ)[내가 그를 영화롭게 할 것이요] **내 아비의 하나님이시니 내가 그를 높이리로다.**

"여호와는 나의 힘"이라고 말한 것은 이스라엘 백성에게는 애굽 왕 바로와 그 군대를 이길 힘이 없었으나 하나님께서 그들을 이기게 해주셨기 때문이다. 그들은 절망과 죽음에서 구원을 얻었고 기쁨으로 하나님을 노래하였다. 하나님을 아는 자들은 하나님을 '나의 하나님'으로 고백할 것이다. 하나님께서는 그들의 삶의 의미와 목적이시고 최고의 가치이시다. 또 하나님께서는 그들의 아버지의 하나님이시다. 즉 참된 신앙은 가정에서 자녀들에게로 계대(繼代)된다.

〔3절〕 **여호와는**[께서는] **용사**(이쉬 밀카마 אִישׁ מִלְחָמָה)[전사(戰士)]**시니 여호와는 그의 이름이시로다.**

여호와께서는 애굽의 군대를 파하신 전사(戰士)이시다. 그의 이름인 '여호와'는 '스스로 계신 자'라는 뜻이다(출 3:14).

〔4-5절〕 **그가 바로의 병거**[들]**와 그 군대를 바다에 던지시니 그 택한 장관이 홍해에 잠겼고 큰 물이 그들을 덮으니 그들이 돌처럼 깊음에 내렸도다.**

바로의 병거들(원문)과 장관들이 바다에서 죽은 것은, 우연이거나 재수가 없어서거나 이스라엘 자손과의 전투에서 패해서가 아니었다. 그것은 전적으로 하나님께서 하신 일이었다. 본문은 그 바다를 '홍해'라고 불렀다. 그것은, 자유주의자들이 추측하는 대로, 애굽 북동쪽 끝, 지중해의 한 해변이 아니고, '홍해'라고 불리는 애굽 동쪽의 큰 바다의 북단, 즉 수에즈만 북쪽의 어느 지점이었다고 보인다.

〔6-10절〕 여호와여, 주의 오른손이 권능으로 영광을 나타내시니이다. 여호와여, 주의 오른손이 원수를 부수시니이다. 주께서 주의 큰 위엄으로 주를 거스리는[거스르는] **자를 엎으시니이다. 주께서 진노를 발하시니 그 진노가 그들을 초개**(카쉬 קַשׁ)[겨]**같이 사르니이다. 주의 콧김에 물이 쌓이되 파도가 언덕같이 일어서고 큰 물이 바다 가운데 엉기니이다. 대적의 말이 내가 쫓아 미쳐 탈취물을 나누리라, 내가 그들로 인하여 내 마음을 채우리라, 내가 내 칼을 빼리니 내 손이 그들을 멸하리라 하였으나 주께서 주의 바람을 일으키시매 바다가 그들을 덮으니 그들이 흉용한**[거센] **물에 납같이 잠겼나이다.**

홍해 사건은 하나님의 오른손이 권능으로 영광을 나타내신 일이었다. 그의 오른손이 원수들을 부수셨다. 하나님께서는 그의 큰 위엄으로 그를 거스르는 자들, 즉 그를 대적하고 거역하는 자들을 엎으셨다. 그는 진노를 발하셨고 그의 진노는 그들을 겨같이 사르셨다. 큰물이 바다 가운데 엉기었고 이스라엘 자손들은 무사히 건넜지만, 바다는 바로와 애굽 병사들을 덮었고 그들은 거센 물결에 납같이 잠겼다.

〔11-12절〕 여호와여, 신 중에 주와 같은 자 누구니이까? 주와 같이 거룩함에 영광스러우며 찬송할 만한 위엄이 있으며 기이한 일(펠레 פֶּלֶא)[기적]**을 행하는 자 누구니이까? 주께서 오른손을 드신즉 땅이 그들을 삼켰나이다.**

홍해를 갈라지게 하시고 자기 백성을 무사히 건너게 하시고 대적자들을 다 물에 빠져 죽게 하신 일을 통해, 하나님의 능력과 위엄과 거룩하심과 영광이 밝히 증거되었다. 세상에 여호와와 같은 신은 없다. 모세는 “주께서 오른손(능력의 손)을 드신즉 땅이 그들을 삼켰나이다”라고 말한다. ‘땅이 그들을 삼켰다’는 표현은 특이하다. 실제로는 땅이 아니고 바다가 그들을 삼켰지만, 바다가 땅 위에 물이 고인 곳이며 넓게는 땅에 포함된다는 뜻에서, 즉 하늘과 땅 곧 천지(天地)라는 말 속에 우주만물이 다 포함된다는 뜻에서, 표현된 것 같다.

〔13절〕 **주께서 그 구속(救贖)하신 백성을 은혜로**(베카스데카 בְּחַסְדְּךָ) [주의 자비로] **인도하시되 주의 힘으로 그들을 주의 성결한 처소에 들어가게 하시나이다.**

이스라엘 백성은 하나님께서 구속(救贖)하셨고 그의 자비로 인도하시는 백성이다. 하나님께서 그들의 선조 아브라함 때부터 약속하시고 거룩하게 구별하신 가나안 땅이 그들이 가려는 목적지이었다. 하나님께서는 그의 힘으로 그들을 그 거룩한 땅으로 인도하신다.

〔14-16절〕 **열방이 듣고 떨며 블레셋 거민이 두려움에 잡히며 에돔 방백이 놀라고 모압 영웅이 떨림에 잡히며 가나안 거민이 다 낙담하나이다. 놀람과 두려움이 그들에게 미치매 주의 팔이 큼을 인하여 그들이 돌같이 고요하였사오되 여호와여, 주의 백성이 통과하기까지 곧 주의 사신 백성이 통과하기까지였나이다.**

홍해 사건의 소문은 애굽 주위의 여러 나라들에 널리 퍼질 것이다. 이방 나라들의 백성들과 용사들 곧 블레셋 거민들, 에돔 방백들, 모압의 영웅들, 가나안 거민들 등이 다 듣고 두려워 떨고 낙담할 것이다. 40년 후, 여리고 성의 기생 라합은 “이 땅 백성이 다 너희 앞에 간담이 녹나니 이는 너희가 애굽에서 나올 때에 여호와께서 너희 앞에서 홍해 물을 마르게 하신 일”을 들었기 때문이라고 말하였다. 모세는 이스라엘 백성을 ‘주의 백성’ ‘주의 사신 백성’이라고 표현했다. 신약 성도들도 주 예수 그리스도의 십자가 핏값으로 사신 자들이다.

〔17-18절〕 **주께서 백성을 인도하사 그들을 주의 기업의 산에 심으시리이다. 여호와여, 이는 주의 처소를 삼으시려고 예비하신 것이라. 주여, 이**

것이 주의 손으로 세우신 성소로소이다. 여호와의 다스리심이 영원무궁하시도다 하였더라.

하나님께서 이스라엘 자손들을 인도하시는 그의 기업의 산, 그의 예비하신 처소, 그의 손으로 세우신 성소는 가나안 땅을 가리킨다.

〔19절〕 **바로의 말과 병거**[들]**와 마병**[들]**이 함께 바다에 들어가매 여호와께서 바닷물로 그들 위에 돌이켜 흐르게 하셨으나 이스라엘 자손은 바다 가운데서 육지로 행한지라.**

'바로의 말'이라는 원어(סוּס פַּרְעֹה)는 단수명사이다. 바로 자신이 그때에 홍해에 빠져 죽었다고 보인다. 바로의 말과 애굽의 병거들과 마병들이 다 바다에 빠져 죽었지만, 이스라엘 백성은 '바다 가운데서 육지로' 행했다. '바다 가운데서 육지로'라는 표현은 네 번째 나왔다(출 14:16, 22, 29; 15:19). 이렇게 반복해서 증거된 대로, 홍해 사건은 역사적 사실이며 하나님의 놀랍고 은혜로운 기적의 사건이었다.

〔20-21절〕 **아론의 누이 선지자**(네비아 נְבִיאָה)[여선지자] **미리암이 손에 소고**[작은 북]**를 잡으매 모든 여인도 그를 따라 나오며 소고를 잡고 춤추니 미리암이 그들에게 화답하여 가로되 너희는 여호와를 찬송하라. 그는 높고 영화로우심이요 말과 그 탄 자를 바다에 던지셨음이로다 하였더라.**

구약시대의 미리암이나 신약시대의 전도자 빌립의 네 딸과 같이 여자가 선지자인 경우는 예외적인 일이었다. 구약시대에 제사장이나 선지자, 신약시대에 사도나 장로와 집사는 남자들 중에서 택했다.

〔22-23절〕 **모세가 홍해에서 이스라엘을 인도하매 그들이 나와서 수르 광야로 들어가서 거기서 사흘 길을 행하였으나 물을 얻지 못하고 마라에 이르렀더니 그 곳 물이 써서 마시지 못하겠으므로 그 이름을 마라라 하였더라.**

수르 광야는 시내 반도의 북서쪽, 홍해 건너편 애굽 가까이에 있는 광야이었다고 본다(창 20:1; 25:18; 삼상 15:7). 이스라엘 백성은 수르 광야에서 사흘 길을 행하면서 물을 얻지 못하여 매우 불안하고 고통스러웠고 물이 있는 한 곳에 이르렀지만 그 곳 물이 써서 마시지 못하여 그 곳 이름을 마라라고 불렀다. 마르(מָר)라는 말은 '쓰다'는 뜻이다. 인생의 여정은 고난의 연속이다. 3일 전 홍해의 기적을 체험했던 그들은 이제 물이 없거나 물이 써서 어려움을 당하였다. 하나님께서는 그들에게 홍해를 건너는 기쁨도, 물이 없거나 물이 쓴 고통도 주셨다. 그것은 다 하나님의 섭리 가운데 주신 일들이었다.

〔24-25절〕 백성이 모세를 대하여 원망[불평]**하여 가로되 우리가 무엇을 마실까 하매 모세가 여호와께 부르짖었더니 여호와께서 그에게 한 나무를 지시하시니**[보이시니] **그가 물에 던지매 물이 달아졌더라. 거기서 여호와께서 그들을 위하여 법도와 율례를 정하시고 그들을 시험하실새.**

그때 이스라엘 백성은 하나님의 종 모세를 향해 불평하였다. '원망하다'[불평하다, 투덜거리다]는 원어(룬 לוּן)는 출애굽기에 다섯 번(출 15:24; 16:2, 7, 8; 17:3), 민수기에 여덟 번 사용되었다(민 14:2, 27, 27, 29, 36; 16:11, 41; 17:5). 고난 중에 불평하는 것은 그들만의 문제가 아니고 사람들의 마음 속에 있는 공통적 연약성이다. 불평과 투덜거림은, 창조자, 섭리자 하나님을 믿지 않고 그의 모든 은혜를 잊어버리고 고난의 현실을 참지 못하는 조급한 마음에서 나온다.

그러나 그때 모세는 하나님께 부르짖었다. 기도는 믿음의 표현이다. 하나님을 믿는 자는 어려울 때 기도한다. 하나님께서는 그의 기도를 들으셨고 한 나무를 지시하셨다. 모세가 그것을 물에 던지자 놀랍게도 물맛이 달아졌다. 그것은 나무 자체의 효능 때문에 생긴 변화가 아니고 하나님의 능력에 의해 일어난 기적이었다.

〔26절〕 가라사대 너희가 너희 하나님 나 여호와의 말을 청종하고(솨모아 티쉬마 שָׁמוֹעַ תִּשְׁמַע)[진심으로 듣고] **나의 보기에 의를 행하며 내 계명에 귀를 기울이며 내 모든 규례를 지키면 내가 애굽 사람에게 내린 모든 질병의 하나도 너희에게 내리지 아니하리니 나는 너희를 치료하는 여호와임이니라.**

하나님께서는 이스라엘 백성이 하나님의 교훈의 음성에 귀를 기울이고 그의 계명들과 율례들을 힘써 지키기를 원하셨고 그렇게 순종하는 자들에게 건강과 치료를 약속하셨다. 이것은 잠언 3:7-8의 말씀과 동일하다: "여호와를 경외하며 악을 떠날지어다. 이것이 네 몸에 양약[건강, 치료]이 되어 네 골수로 윤택하게 하리라." 하나님께서는 큰 의사이시다. 몸의 건강과 병의 치료는 하나님의 손에 달려 있다.

〔27절〕 그들이 엘림에 이르니 거기 물샘 열둘과 종려 70주가 있는지라. 거기서 그들이 그 물 곁에 장막을 치니라.

엘림은 오아시스이었다. 하나님께서는 얼마간 목마름도 주셨지만 시원한 물도 주셨고, 얼마간 고난도 주셨지만 기쁨과 평안도 주셨다.

출애굽기 15장의 교훈을 정리해보자. 첫째로, 홍해의 사건은 역사적 사건이었다. 모세의 노래는 홍해 사건의 체험에 근거했다. 우리는 홍해의 사건의 역사성을 비롯해 모든 성경 내용의 진실성을 믿어야 한다.

둘째로, 하나님께서는 이스라엘 자손들의 원수들인 바로와 그 장관들을 멸하셨고 이스라엘 자손들을 그 기업의 산으로 인도하실 것이다. 하나님께서는 살아계셔서 우리 개인과 교회와 국가와 온 세계를 섭리하시고 통치하신다. 약속의 땅 가나안은 하나님께서 우리에게 허락하실 영광의 천국을 예표한다. 신약 성도는 하나님의 친 백성이 되었다. 우리는 하나님의 은혜를 감사하며 이 구원을 온 세상에 전해야 한다.

셋째로, 우리는 고난 중에 불평하거나 원망하지 말고 하나님께 기도하고 그의 계명들을 지켜야 한다. 이 세상에는 고난이 많이 있다. 우리는 어려운 일이 있을 때 영원하신 여호와 하나님, 창조자, 섭리자 하나님을 잊지 말고 그의 능력과 선하심과 신실하심을 잊지 말아야 한다. 불평과 원망이나 낙심은 하나님을 믿지 않는 데서 나온다. 무슨 문제이든지, 우리는 하나님께 기도하고 간구해야 한다. 하나님께서는 이스라엘이 하나님의 계명과 규례를 지키면 그들에게 애굽 사람들에게 내린 질병을 하나도 내리지 않겠다고 약속하셨다. 건강과 치료를 약속하신 것이다. 계명 순종은 건강뿐 아니라, 모든 평안과 행복을 위한 길이다.

16장: 만나와 메추라기

〔1-3절〕 이스라엘 자손의 온 회중이 엘림에서 떠나 엘림과 시내산 사이 신 광야에 이르니 애굽에서 나온 후 제2월 15일이라. 이스라엘 온 회중이 그 광야에서 모세와 아론을 원망하여[아론을 향해 불평하며(KJV), 투덜거리며(NASB, NIV)] **그들에게 이르되 우리가 애굽 땅에서 고기 가마 곁에 앉았던 때와 떡을 배불리 먹던 때에 여호와의 손에 죽었더면 좋았을 것을 너희가 이 광야로 우리를 인도하여 내어 이 온 회중으로 주려 죽게 하는도다.**

애굽에서 나온 후 제2월 15일, 즉 애굽에서 나온 지 한 달이 되었을 때, 이스라엘 온 회중은 모세와 아론을 향해 먹을 것이 부족하다고 불평하며 투덜거렸다. 한 달이 지나자 애굽에서 가져 나온 양식들이 다 떨어졌던 것 같다. 사람은 식량이 부족할 때 불평하기 쉬운 것 같다. 그러나 애굽에서 그들을 건져내신 하나님, 홍해를 기적으로 통과하게 하신 하나님께서 그들을 광야에서 굶겨 죽이시겠는가? 그들은 믿음으로 하나님을 바라보아야 했으나 그렇지 못하고 불평하였다.

〔4-5절〕 때에 여호와께서 모세에게 이르시되 보라, 내가 너희를 위하여 하늘에서 양식을 비같이 내리리니 백성이 나가서 일용할 것을 날마다 거둘 것이라. 이같이 하여 그들이 나의 율법을 준행하나 아니하나 내가 시험하리라. 제6일에는 그들이 그 거둔 것을 예비할지니 날마다 거두던 것의 갑절이 되리라.

하나님의 말씀은 세 가지 내용을 담고 있었다. 첫째는 하나님께서 친히 하늘로부터 양식을 내려주실 것이라는 것이고, 둘째는 그들이 일용할 양식을 날마다 거둘 것이라는 것이고, 셋째는, 하나님께서 제6일에는 그들이 다른 날의 두 배를 거두게 하셔서 그 다음날을 안식일로 지키게 하시며 이 일을 통해 그들이 율법을 준행하는지 여부를 시험하실 것이라는 것이었다.

〔6-8절〕 모세와 아론이 온 이스라엘 자손에게 이르되 저녁이 되면 너희

가 여호와께서 너희를 애굽 땅에서 인도하여 내셨음을 알 것이요 아침에는 너희가 여호와의 영광을 보리니 이는 여호와께서 너희가 자기를 향하여 원망함[불평함]**을 들으셨음이라. 우리가 누구관대 너희가 우리를 대하여 원망**[불평]**하느냐? 모세가 또 가로되 여호와께서 저녁에는 너희에게 고기를 주어 먹이시고 아침에는 떡으로 배불리시리니 이는 여호와께서 자기를 향하여 너희의 원망**[불평]**하는 그 말을 들으셨음이니라. 우리가 누구냐? 너희의 원망**[불평]**은 우리를 향하여 함이 아니요 여호와를 향하여 함이로다.**

그들은 저녁에 메추라기를 얻을 것이며(8, 12, 13절) 아침에 만나를 거두게 될 것이다. 이스라엘 백성이 모세를 향해 불평한 것은 실상 하나님을 향해 한 것이었다. 모든 일을 섭리하시는 이는 하나님이시다. 그가 우리에게 평안도 주시고 또 이런저런 어려움도 주신다.

〔9-12절〕 모세가 또 아론에게 이르되 이스라엘 자손의 온 회중에게 명하기를 여호와께 가까이 나아오라. 여호와께서 너희의 원망함[불평함]**을 들으셨느니라 하라. 아론이 이스라엘 자손의 온 회중에게 말하매 그들이 광야를 바라보니 여호와의 영광이 구름 속에 나타나더라. 여호와께서 모세에게 일러 가라사대 내가 이스라엘 자손의 원망함**[불평함]**을 들었노라. 그들에게 고하여 이르기를 너희가 해 질 때에는 고기를 먹고 아침에는 떡으로 배부르리니 나는 여호와 너희의 하나님인 줄 알리라 하라 하시니라.**

이스라엘 자손들이 광야를 바라보니 여호와의 영광이 구름 속에 나타났다. 하나님께서는 그들의 모든 생각과 말과 행위를 아셨다. 그는 그들의 믿음 없이 내뱉는 불평함과 투덜거림의 말을 다 들으셨고 근심하셨고 불쾌하게 여기셨지만, 그들의 필요대로 그들에게 일용할 양식을 주셔서 그들로 하나님을 알게 하기를 원하셨다.

〔13-16절〕 저녁에는 메추라기가 와서 진에 덮이고 아침에는 이슬이 진 사면에 있더니 그 이슬이 마른 후에 광야 지면에 작고 둥글며 서리같이 세미한 것이 있는지라. 이스라엘 자손이 보고 그것이 무엇인지 알지 못하여 서로 이르되 이것이 무엇이냐 하니 모세가 그들에게 이르되 이는 여호와께서 너희에게 주어 먹게 하신 양식이라. 여호와께서 이같이 명하시기를 너희 각 사람의 식량대로 이것을 거둘지니 곧 너희 인수대로 매 명에 한 오멜씩

취하되 각 사람이 그 장막에 있는 자들을 위하여 취할지니라 하셨느니라.

저녁에는 메추라기가 와서 진에 덮였고 아침에는 이슬이 진 사면에 있었으며 그 이슬이 마른 후에 광야 지면에 작고 둥글며 서리같이 세미한 것이 있었다. 만나이었다. 그것은 작고 둥글며 서리같이 세미한 것이었다. 이스라엘 자손은 그것을 보고 그것이 무엇인지 알지 못하여 "이것이 무엇이냐?" 하고 서로에게 말했다. "이것이 무엇이냐?"는 원어(만 후 מָן הוּא)는 "그것이 만나이다"라고도 번역된다(KJV). 그러나 '만나'라는 원어(מָן)는 아람어로 '무엇'이라는 뜻이며, 그래서 우리말처럼 번역하기도 한다(NASB, NIV). 이와 같이, '만나'라는 말은 "이것이 무엇이냐?"는 뜻에서 유래되었다고 보인다. '오멜'은 부피의 단위로 약 2.2리터(즉 한 되 한 홉)이다.

〔17-20절〕 이스라엘 자손이 그같이 하였더니 그 거둔 것이 많기도 하고 적기도 하나 오멜로 되어 본즉 많이 거둔 자도 남음이 없고 적게 거둔 자도 부족함이 없이 각기 식량대로 거두었더라. 모세가 그들에게 이르기를 아무든지 아침까지 그것을 남겨두지 말라 하였으나 그들이 모세의 말을 청종치 아니하고 더러는 아침까지 두었더니 벌레가 생기고 냄새가 난지라. 모세가 그들에게 노하니라.

하나님께서는 그들이 필요한 만큼의 양식을 항상 얻게 하셨다. 그러나 하나님의 명을 어기고 아침까지 남겨둔 것에는 벌레가 생겼다.

〔21-24절〕 무리가 아침마다 각기 식량대로 거두었고 해가 뜨겁게 쪼이면 그것이 스러졌더라[녹았더라]**. 제6일에는 각 사람이 갑절의 식물 곧 하나에 두 오멜씩 거둔지라. 회중의 모든 두목이 와서 모세에게 고하매 모세가 그들에게 이르되 여호와께서 이같이 말씀하셨느니라. 내일은 휴식이니 여호와께 거룩한 안식일이라. 너희가 구울 것은 굽고 삶을 것은 삶고 그 나머지는 다 너희를 위하여 아침까지 간수하라. 그들이 모세의 명대로 아침까지 간수하였으나 냄새도 나지 아니하고 벌레도 생기지 아니한지라.**

이스라엘 회중은 아침마다 각기 식량대로 만나를 거두었고 해가 뜨겁게 쪼이면 그것이 녹았다. 제6일에는 각 사람이 갑절의 양식 곧

한 사람에 두 오멜씩 거두었다. 안식일은 사람이 모든 일상적 일을 쉬는 휴식의 날이다. 안식일은 사람을 위해 주신 날이다(막 2:27). 그 날 사람들은 육신의 일을 쉬고 하나님과 그의 나라와 그의 일을 생각하고 그를 섬긴다. 이스라엘 백성은 그 날에 모세의 명대로 만나를 아침까지 간수하였으나 냄새도 나지 아니하고 벌레도 생기지 않았다.

〔25-30절〕 모세가 가로되 오늘은 그것을 먹으라. 오늘은 여호와께 안식일인즉 오늘은 너희가 그것을 들에서 얻지 못하리라. 6일 동안은 너희가 그것을 거두되 제7일은 안식일인즉 그 날에는 없으리라 하였으나 제7일에 백성 중 더러가 거두러 나갔다가 얻지 못하니라. 여호와께서 모세에게 이르시되 어느 때까지 너희가 내 계명과 내 율법을 지키지 아니하려느냐? 볼지어다, 여호와가 너희에게 안식일을 줌으로 제6일에는 이틀 양식을 너희에게 주는 것이니 너희는 각기 처소에 있고 제7일에는 아무도 그 처소에서 나오지 말지니라. 그러므로 백성이 제7일에 안식하니라.

제6일에 갑절로 거둔 만나를 제7일까지 먹어야 했으나, 백성 중 어떤 이들은 제7일에 만나를 거두러 나갔다가 얻지 못했다. 하나님께서는 시내산에서 십계명을 주시기 전에 안식일에 대해 명하셨다.

〔31-36절〕 이스라엘 족속이 그 이름을 만나라 하였으며 깻(갓 גַּד)[고수풀](coriander) **씨 같고도 희고 맛은 꿀 섞은 과자 같았더라. 모세가 가로되 여호와께서 이같이 명하시기를 이것을 오멜에 채워서 너희 대대 후손을 위하여 간수하라. 이는 내가 너희를 애굽 땅에서 인도하여 낼 때에 광야에서 너희에게 먹인 양식을 그들에게 보이기 위함이니라 하셨다 하고 또 아론에게 이르되 항아리를 가져다가 그 속에 만나 한 오멜을 담아 여호와 앞에 두어 너희 대대로 간수하라. 아론이 여호와께서 모세에게 명하신 대로 그것을 증거**판 **앞에 두어 간수하게 하였고 이스라엘 자손이 사람 사는 땅에 이르기까지 40년 동안 만나를 먹되 곧 가나안 지경에 이르기까지 그들이 만나를 먹었더라**(본서 저작시기를 추측할 수 있음). **오멜은 에바 10분의 1이더라.**

이스라엘 족속은 하나님께서 날마다 하늘로부터 주신 그 양식의 이름을 '만나'라고 불렀다. 그것은 갓(coriander)[고수풀]의 씨와 같고 색깔은 희고 맛은 꿀 섞은 과자 같았다. 하나님께서는 그 만나 한 오멜을 항아리에 담아 여호와 앞에 두어서 대대로 간수하게 했다. 오멜은 에바의 10분의 1이었다. 오늘날 단위로 말하면, 오멜은 약 2.2리터이다. 아론은 여호와께서 모세에게 명하신 대로 그것을 증거판 앞, 즉 법궤 안 십계명 두 돌판 앞에 두어 간수하게 하였다.

출애굽기 16장의 교훈을 정리해보자. 첫째로, 이스라엘 백성은 어려운 일을 당할 때 불평하고 원망했다. 그들은 이 점에서 부족했다. 본장에는 '원망' 혹은 '원망하다'는 말이 7번 나온다(2, 7, 7, 8, 8, 9, 12절). 본문은 그들이 모세와 아론을 원망한 것이 여호와를 향해 한 것이라고 말한다(8절). 또 본문은 하나님께서 그 원망을 들으셨다고 네 번이나 말한다(7, 8, 9, 12절). 그들이 모세와 아론을 원망한 것은 큰 잘못이었다. 하나님께서는 그것을 노하셨다. 그러므로 우리는 어려운 일을 당할 때 불평하거나 원망하지 말고 하나님을 바라고 기도하며 기다려야 한다.

둘째로, 하나님께서는 자기 백성에게 일용할 양식을 주셨다. 그는 그들에게 날마다 만나와 메추라기를 양식으로 주셨다. 이스라엘을 애굽에서 건져내신 그는 그 광야에서 그들을 인도하시는 자이셨다. 그는 그들에게 자비하셨고 은혜로우셨다. 하나님께서는 오늘날도 살아계셔서 그의 아들 예수 그리스도를 믿고 따르는 모든 성도들을 결코 버리지 않으신다. 그는 우리의 쓸 것을 아시고 공급하시는 하나님이시다. 우리는 오직 하나님만 의지하고 죄를 멀리하고 계명을 순종해야 한다.

셋째로, 하나님께서는 이스라엘 백성에게 안식을 거룩하게 구별하게 하셨다(23-30절). 안식일 준수는 그들이 하나님을 경외하고 그의 계명을 지키는지 여부를 판별하는 시금석이었다. 오늘날도 우리가 하나님을 알고 세상에 소망을 두지 않고 천국에 우리의 소망을 두는 자라면, 우리는 하나님의 계명을 즐거이 지켜야 하며 그 계명 안에 공적 예배의 날 즉 안식일을 지키는 의무도 포함된다. 신약 성도는 주일을 온종일 거룩히 구별하여 예배의 날로 지켜야 하며 또 육신의 휴식도 취한다.

17장: 르비딤 사건들

〔1-3절〕 이스라엘 자손의 온 회중이 여호와의 명령대로 신 광야에서 떠나 그 노정대로 행하여 르비딤에 장막을 쳤으나 백성이 마실 물이 없는지라. 백성이 모세와 다투어 가로되 우리에게 물을 주어 마시게 하라. 모세가 그들에게 이르되 너희가 어찌하여 나와 다투느냐? 너희가 어찌하여 여호와를 시험하느냐? 거기서 백성이 물에 갈하매 그들이 모세를 대하여 원망[불평]하여 가로되 당신이 어찌하여 우리를 애굽에서 인도하여 내어서 우리와 우리 자녀와 우리 생축으로 목말라 죽게 하느냐?

이스라엘 자손의 온 회중은 하나님의 명령대로 신 광야에서 떠나 그 노정대로 행하여 르비딤에 장막을 쳤으나 백성이 마실 물이 없었다. 하나님의 명령대로 행하였음에도 불구하고 어려운 문제가 있었다. 성도는 하나님의 명령대로 행함에도 불구하고 어려운 일을 만날 때가 있다. 우리는 이 세상 사는 동안 여러 가지 환난을 당한다.

그런데 이스라엘 백성은 마실 물이 없는 어려움을 당했을 때 모세와 다투며 그를 원망했다. 그러나 그들이 모세와 다투며 그를 원망한 것은 곧 하나님과 다투고 하나님을 원망한 것이었다. 만일 그들에게 하나님께 대한 참된 믿음과 경외심이 있었다면, 그들은 모세와 다투거나 그를 원망하지 않았을 것이며 오히려 자신을 성찰하며 조용히 하나님을 의지하고 그에게 기도하며 참고 기다렸을 것이다.

〔4-7절〕 모세가 여호와께 부르짖어 가로되 내가 이 백성에게 어떻게 하리이까? 그들이 얼마 아니면 내게 돌질하겠나이다. 여호와께서 모세에게 이르시되 백성 앞을 지나가서 이스라엘 장로들을 데리고 하수를 치던 네 지팡이를 손에 잡고 가라. 내가 거기서 호렙산 반석 위에 너를 대하여 서리니 너는 반석을 치라. 그것에서 물이 나리니 백성이 마시리라. 모세가 이스라엘 장로들의 목전에서 그대로 행하니라. 그가 그 곳 이름을 맛사라 또는 므리바라 불렀으니 이는 이스라엘 자손이 다투었음이요 또는 그들이 여호와를 시험하여 이르기를 여호와께서 우리 중에 계신가 아닌가 하였음이더라.

이스라엘 백성은 마음이 상하여 모세에게 돌질할 정도까지 되었다. 한 때는 모세를 향해 감사하게 생각하고 그를 존중하며 따랐을 그들이 어려운 일을 당하자 돌변했다. 이것이 무지하고 믿음 없는 인생의 모습이다. 모세는 마음의 큰 고통을 경험했다. 그러나 그는 하나님께 부르짖어 기도했다. 기도는 환난에 대한 최선의 대처 방법이다.

여호와께서는 모세에게 몇 가지를 말씀하셨다. 첫째는 백성들 앞을 지나가라고 하셨다. 그것은 백성 앞에서 위축되지 말고 담대히 그의 직무를 수행하라는 뜻이다. 둘째는 장로들을 데리고 가라고 하셨다. 장로들은 백성의 대표자이다. 그들이 친히 하나님의 일을 목격하는 것은 이스라엘 회중을 위해 유익했다. 셋째는 "네 지팡이를 잡고 가라"고 하셨다. 모세가 손에 든 지팡이는 하나님의 약속의 지팡이이며 하나님의 능력의 지팡이이었다. 오늘 우리에게는 모세의 지팡이보다 더 귀한 신구약성경이 있다. 신구약성경은 하나님의 약속의 책이다. 우리는 이 책을 읽고 믿고 실천하면서 담대히 살아야 한다.

넷째는 하나님의 약속이다. 하나님께서는 "내가 호렙산 반석 위에 너를 대하여 서리니 너는 반석을 치라. 그것에서 물이 나리니 백성이 마시리라"고 말씀하셨다. 하나님께서 친히 그 일에 관여하시겠다는 말씀이다. 하나님께서 관여하시면 모든 문제가 해결될 것이다. 반석에서 물이 나오는 것은 이성적으로, 상식적으로는 맞지 않지만, 하나님께는 불가능한 것이 없다. 모세는 이스라엘 장로들 앞에서 그대로 행하였다. 즉 그는 반석을 쳐서 물이 나게 했고 모든 백성으로 그 물을 마시게 했다. 이것은 놀라운 기적이었다. 하나님께서는 인류 역사 속에서 이런 기이한 능력의 일들을 많이 행하셨다. 모세는 그 곳 이름을 '맛사' 혹은 '므리바'라고 불렀다. '맛사'(מַסָּה)는 히브리말로 '시험'이라는 뜻이고, '므리바'(מְרִיבָה)는 '다툼'이라는 뜻이다.

이 반석은 영적으로 예수 그리스도를 예표했고 거기서 나오는 물은 영생의 물을 예표했다. 사도 바울은 이스라엘 백성이 신령한 반석이신 그리스도에게서 신령한 음료를 마셨다고 말했다(고전 10:4). 주 예수 그리스도께서는 우리의 영원한 생명이시요 힘과 위로이시다.

〔8-9절〕 때에 아말렉이 이르러 이스라엘과 르비딤에서 싸우니라. 모세가 여호수아에게 이르되 우리를 위하여 사람들을 택하여 나가서 아말렉과 싸우라. 내일 내가 하나님의 지팡이를 손에 잡고 산꼭대기에 서리라.

이스라엘 백성이 모세와 다투며 원망했던 때에, 아말렉 사람들이 이스라엘 백성에게 싸움을 걸어왔다. 아말렉 사람들은 에서의 손자 아말렉의 자손들이다(창 36:12, 16). 침략 전쟁은 악하지만, 방어 전쟁이나 정의와 세계 평화를 위한 전쟁은 정당성을 가진다. 아말렉은 악한 전쟁을 일으켰고 이스라엘 자손들은 방어 전쟁을 치렀다. 하나님께서는 이스라엘을 위하실 것이다. 모세는 하나님의 지팡이를 손에 잡고 산꼭대기에 서겠다고 말한다. 그것은 기도하겠다는 뜻이다.

〔10-11절〕 여호수아가 모세의 말대로 행하여 아말렉과 싸우고 모세와 아론과 훌은 산꼭대기에 올라가서 모세가 손을 들면 이스라엘이 이기고 손을 내리면 아말렉이 이기더니.

여호수아는 모세의 말대로 사람들을 모아 아말렉과 싸우러 나갔고 모세는 아론과 훌과 함께 산꼭대기에 올라갔다. 그런데 그 산꼭대기에서 모세가 손을 들면 이스라엘 자손이 이기고 손을 내리면 아말렉이 이겼다. 원문에 '손'이라는 말이 단수인 것을 보면, 모세가 양손을 든 것이 아니고 오른손과 왼손을 번갈아 들었던 것 같다. 손을 드는 것은 하나님을 의지하며 그의 능력과 도우심을 간구하는 의미가 있다고 본다. 그것은 모세의 믿음의 표시이며 믿음으로 하는 기도이었다. 전쟁은 하나님께 속하며 그 승리와 실패는 단순히 훈련된 병사들이나 뛰어난 전쟁 무기에 달려 있지 않고 하나님께 달려 있다.

〔12-13절〕 모세의 팔[손들]이 피곤하매 그들이 돌을 가져다가 모세의 아래에 놓아 그로 그 위에 앉게 하고 아론과 훌이 하나는 이편에서, 하나는

저편에서 모세의 손[손들]을 붙들어 올렸더니 그 손[손들]이 해가 지도록 내려오지 아니한지라. 여호수아가 칼날로 아말렉과 그 백성을 쳐서 파하니라.

모세의 팔이 피곤하였다. '팔'이라는 원어는 '손들'이라는 뜻이다. 모세는 오른손과 왼손을 번갈아 들었던 것 같고, 그는 그의 두 손이 다 피곤하였다. 그때 아론과 훌은 돌을 가져다가 모세의 아래에 놓아 그로 그 위에 앉게 하고 좌우에 서서 그의 피곤한 손들을 붙들어 주었다. 그래서 모세의 손은 해가 지도록 내려오지 않았다. 그의 손은 피곤할 수밖에 없었으나, 동역자들의 도움으로 계속 높이 들렸다. 주의 일에 있어서 서로 위로하며 격려하고 서로의 믿음과 기도를 돕는 것은 복되다. 마침내 그 전쟁은 승리로 끝났다. 여호수아는 아말렉을 쳐서 파하였다. 그러나 그의 승리는 자신에게서나 모세에게서 나온 것이 아니고, 하나님의 능력과 도우심으로 말미암은 것이었다.

〔14-16절〕 여호와께서 모세에게 이르시되 이것을 책에 기록하여 기념하게 하고 여호수아의 귀에 외워 들리라. 내가 아말렉을 도말하여 천하에서 기억함이 없게 하리라. 모세가 단을 쌓고 그 이름을 여호와 닛시라 하고 가로되 여호와께서 맹세하시기를 여호와가 아말렉으로 더불어 대대로 싸우리라 하셨다 하였더라.

아말렉과의 전쟁은 하나님의 뜻을 전하는 계시 사건이었다. 이것은 책에 기록되어 후대에 교훈이 될 것이고, 우리는 지금 그 내용을 읽고 교훈을 받고 있다. 모세는 단을 쌓았고 그 이름을 '여호와 닛시'라고 불렀다. '여호와 닛시'라는 원어(יְהוָה נִסִּי)는 '여호와는 나의 깃발'이라는 뜻이다. 이것은 그 전쟁에서 하나님께서 이스라엘 군대의 대장이셨고 그들이 하나님으로 인해 승리했음을 의미한다. 하나님께서는 자기 백성과 항상 함께하시며 그들을 승리케 하신다.

출애굽기 17장의 교훈을 정리해보자. 첫째로, 이스라엘 백성은 르비딤의 맛사와 므리바에서 마실 물이 없었을 때 믿음 없이 모세와 다투며 그를 원망했으나, 모세는 그런 상황에서 하나님께 부르짖어 기도하였고, 하나님께서는 응답하셔서 모세로 반석을 쳐서 물을 내게 하셨다. 그것은 모든 백성이 마실 만한 풍성한 물이었다. 불평과 원망은 하나님을 믿지 않고 그를 시험하는 죄가 된다. 우리는 어려운 일을 당할 때 낙심치 말고 하나님을 앙망하며 기도해야 한다. 혹시 생각나는 죄가 있으면, 고백하고 회개하면서 하나님의 도우심을 구하며 잠잠히 기다려야 한다. 빌립보서 4:6-7, "아무것도 염려하지 말고 오직 모든 일에 기도와 간구로, 너희 구할 것을 감사함으로 하나님께 아뢰라. 그리하면 모든 지각에 뛰어난 하나님의 평강이 그리스도 예수 안에서 너희 마음과 생각을 지키시리라." 우리는 세상에서 고난을 당할 때 사람과 다투고 사람에게 불평하며 원망하지 말고 하나님을 바라며 하나님께 기도해야 한다.

둘째로, 아말렉과의 전쟁에서 이스라엘 자손이 승리한 것은 여호수아나 이스라엘 군대의 힘이나 지혜에 있지 않고 오직 하나님의 은혜와 도우심에 있었다. 전쟁의 승패는 하나님께 달려 있다. 사무엘상 17:47, "전쟁은 여호와께 속한 것인즉." 영적 전쟁도 그렇다. 그러므로 성도는 영적 전쟁에서 하나님을 의지하며 힘써 싸워야 한다. 모세는 여호수아에게 사람들을 택하여 나가서 싸우게 하였고 자신은 산꼭대기에 올라가 손을 들어 기도했다. 땅 위의 교회는 전투하는 교회이다. 성도들은 이 세상에서 영적인 전쟁을 치루는 자들이다. 우리의 원수들은 마귀와 악령들이다(엡 6:10-20). 우리는 마귀와 악령들을 두려워하지 말고 오직 하나님의 능력을 믿고 그에게 기도하면서 이 영적 전쟁을 수행해야 한다. 하나님께서는 우리의 깃발이시며 친히 우리를 위해 싸우실 것이다. 우리는 이 세상의 영적 전쟁에서 하나님의 도우심으로 이길 것이다.

아론과 훌은 모세를 도와 그의 피곤한 손을 붙들어 주었다. 그들의 합심과 합력은 그 전쟁 승리에 필요했다. 합심기도를 한 셈이다. 오늘날도 하나님의 일을 할 때 뜻과 힘을 같이할 동역자들이 필요하며 우리는 하나님의 일을 위해 그런 동역자들이 되어야 한다. 우리는 이 세상의 영적인 전쟁에서 서로 위로하며 격려하고 합심하고 합력해야 한다.

18장: 장인 이드로의 방문

〔1-4절〕 모세의 장인(코센 חֹתֵן) **미디안 제사장 이드로가 하나님이**[께서] **모세에게와 자기 백성 이스라엘에게 하신 일 곧 여호와께서 이스라엘을 애굽에서 인도하여 내신 모든 일을 들으니라. 모세의 장인 이드로가 모세가 돌려보내었던 그의 아내 십보라**(צִפֹּרָה)[칩포라]**와 그 두 아들을 데렸으니 그 하나의 이름은 게르솜이라. 이는 모세가 이르기를 내가 이방에서 객이 되었다 함이요 하나의 이름은 엘리에셀이라. 이는 내 아버지의 하나님이 나를 도우사 바로의 칼에서 구원하셨다 함이더라.**

〔5-12절〕 모세의 장인 이드로가 모세의 아들들과 그 아내로 더불어 광야에 들어와 모세에게 이르니 곧 모세가 하나님의 산에 진 친 곳이라. 그가 모세에게 전언하되 그대의 장인 나 이드로가 그대의 아내와 그와 함께한 그 두 아들로 더불어 그대에게 왔노라. 모세가 나가서 그 장인을 맞아 절하고 그에게 입맞추고 그들이 서로 문안하고 함께 장막에 들어가서 모세가 여호와께서 이스라엘을 위하여 바로와 애굽 사람에게 행하신 모든 일과 길에서 그들의 당한 모든 고난과 여호와께서 그들을 구원하신 일을 다 그 장인에게 고하매 이드로가 여호와께서 이스라엘에게 모든 은혜(핫토바 הַטּוֹבָה)[좋은 것]**를 베푸사 애굽 사람의 손에서 구원하심을 기뻐하여 가로되 여호와를 찬송하리로다. 너희를 애굽 사람의 손에서와 바로의 손에서 건져내시고 백성을 애굽 사람의 손 밑에서 건지셨도다. 이제 내가 알았도다. 여호와는 모든 신보다 크시므로 이스라엘에게 교만히 행하는 그들을 이기셨도다**[혹은 '징벌하셨도다'] **하고 모세의 장인 이드로가 번제물과 희생을 하나님께 가져오매 아론과 이스라엘 모든 장로가 와서 모세의 장인과 함께 하나님 앞에서 떡을 먹으니라.**

모세의 장인 이드로는 애굽에서의 열 가지 재앙들이나 기적적으로 홍해를 건넌 일이나 광야에서 날마다 만나와 메추라기를 먹는 일이나 반석에서 물이 솟아나온 일이나 아말렉 전쟁을 승리한 일 등 출애굽기 앞부분에 기록된 내용들을 소문으로 들어 대략 알고 있었던 것 같으나(1절) 이제 모세를 통하여 자세히 듣게 되었다.

〔9-12절〕

모세의 장인 이드로는 하나님께서 이스라엘 백성을 대적한 자들을 징벌하셨음을 듣고 번제물과 제물들을 하나님께 드렸고 아론과 이스라엘 모든 장로들과 함께 하나님 앞에서 떡을 먹었다.

〔13-16절〕 이튿날에 모세가 백성을 재판하느라고 앉았고 백성은 아침부터 저녁까지 모세의 곁에 섰는지라. 모세의 장인이 모세가 백성에게 행하는 모든 일을 보고 가로되 그대가 이 백성에게 행하는 이 일이 어찜이뇨? 어찌하여 그대는 홀로 앉았고 백성은 아침부터 저녁까지 그대의 곁에 섰느뇨? 모세가 그 장인에게 대답하되 백성이 하나님께 물으려고 내게로 옴이라. 그들이 일이 있으면 내게로 오나니 내가 그 양편을 판단하여 하나님의 율례와 법도를 알게 하나이다.

장인 이드로는 모세가 바른 재판을 위해 많이 수고함을 보았다.

〔17-23절〕 모세의 장인이 그에게 이르되 그대의 하는 것이 선하지 못하도다. 그대와 그대와 함께한 이 백성이 필연 기력이 쇠하리니 이 일이 그대에게 너무 중함이라. 그대가 혼자 할 수 없으리라. 이제 내 말을 들으라. 내가 그대에게 방침을 가르치리니 하나님이[께서] **그대와 함께 계실지로다. 그대는 백성을 위하여 하나님 앞에 있어서 소송을 하나님께 베풀며 그들에게 율례와 법도를 가르쳐서 마땅히 갈 길과 할 일을 그들에게 보이고 그대는 또 온 백성 가운데서 재덕(才德)이 겸전한 자**(안쉐 카일 אַנְשֵׁי חַיִל)[능력 있는 자들] **곧 하나님을 두려워하며 진실무망하며 불의한 이(利)를 미워하는 자를 빼서 백성 위에 세워 천부장과 백부장과 오십부장과 십부장을 삼아 그들로 때를 따라 백성을 재판하게 하라. 무릇 큰 일이면 그대에게 베풀 것이고 무릇 작은 일이면 그들이 스스로 재판할 것이니 그리하면 그들이 그대와 함께 담당할 것인즉 일이 그대에게 쉬우리라. 그대가 만일 이 일을 하고 하나님께서도 그대에게 인가하시면 그대가 이 일을 감당하고 이 모든 백성도 자기 곳으로 평안히 가리라.**

이드로는 상황을 바르게 보았다. 재판하는 모세 자신 뿐만 아니라, 재판을 받는 이스라엘 사람들은 온종일 재판의 일로 피곤해 지치고 있었다. 이드로는 한가지 제안을 했다. 그것은 5심제 같은 것이었다.

그의 제안은 좋았다. "하나님께서 그대에게 인가하시면"이라는 말을 보면, 그는 경건하였다. '능력의 사람들'은 지혜와 덕을 겸비해 맡겨진 일을 잘 감당하는 자들을 가리킨다. 또 하나님을 두려워하고 진실하며 신실하고 돈에 깨끗한 자가 재판관의 자격이 있었다.

〔24-27절〕 이에 모세가 자기 장인의 말을 듣고 그 모든 말대로 하여 이스라엘 무리 중에서 재덕이 겸전한 자[능력 있는 자들]**를 빼서 그들로 백성의 두목 곧 천부장과 백부장과 오십부장과 십부장을 삼으매 그들이 때를 따라 백성을 재판하되 어려운 일은 모세에게 베풀고 쉬운 일은 자단(自斷)**[스스로 판결]**하더라. 모세가 그 장인을 보내니 그가 자기 고향으로 돌아가니라.**

천부장, 백부장 등은 때를 따라 백성을 재판하되 어려운 일은 모세에게 가져왔고 쉬운 일은 스스로 판결하였다. 이런 제도는 하나님의 섭리 가운데 모세와 이스라엘 백성을 위하여 유익했던 것 같다.

출애굽기 18장의 교훈을 정리해보자. 첫째로, 우리는 성경의 역사적 내용을 믿어야 한다. 출애굽의 과정들은 여러 나라들에 널리 알려져 있었다. 이드로는 그 내용을 소문으로 알고 있었으나 모세는 그에게 직접 자세히 증거했고, 그 증거를 들은 장인은 여호와 하나님을 찬송했다.

둘째로, 하나님께서는 이스라엘을 위해 애굽에서 또 광야에서 역사하셨다. 천지만물을 창조하신 영원하신 여호와 하나님께서는 지금도 살아계셔서 역사하시는 섭리자, 곧 통치자 하나님이시다. 이스라엘의 역사와 인류의 역사는 바로 하나님의 섭리의 역사이다. 하나님께서는 오늘날도 우리의 삶 속에서 우리와 함께하시고 우리를 도우신다.

셋째로, 본문은 지도자들의 자격에 대해 증거한다. 그것은 우리에게 영적 성장의 본이 된다. 첫째, 능력이 있는 자이어야 한다. 그것은 지혜와 덕이 있어서 무슨 일을 맡기든지 잘 감당하는 자를 가리킨다. 둘째, 하나님을 두려워하는 자이어야 한다. 셋째, 진실하고 신실한 자이어야 한다. 넷째, 불의한 이익을 미워하는 자이어야 한다. 사람의 인품은 돈 거래에서 잘 나타난다. 돈 셈이 흐린 자는 도덕적 결함이 있는 자이다.

19장: 하나님께서 시내산에 내려오심

〔1-6절〕 이스라엘 자손이 애굽 땅에서 나올 때부터 제3월 곧 그때에 그들이 시내 광야에 이르니라. 그들이 르비딤을 떠나 시내 광야에 이르러 그 광야에 장막을 치되 산 앞에 장막을 치니라. 모세가 하나님 앞에 올라가니 여호와께서 산에서 그를 불러 가라사대 너는 이같이 야곱 족속에게 이르고 이스라엘 자손에게 고하라. 나의 애굽 사람에게 어떻게 행하였음과 내가 어떻게 독수리 날개로 너희를 업어 내게로 인도하였음을 너희가 보았느니라. 세계[온 땅]**가 다 내게 속하였나니 너희가 내 말을 잘 듣고 내 언약을 지키면 너희는** [모든] **열국 중에서 내 소유**(세굴라 סְגֻלָּה)[특별한 보화](BDB, KJV)**가 되겠고 너희가 내게 대하여 제사장 나라가 되며 거룩한 백성이 되리라. 너는 이 말을 이스라엘 자손에게 고할지니라.**

이스라엘 자손은 애굽 땅에서 나온 후 제3월, 약 두 달 후에, 시내 광야에 이르러 거기서 산 앞에 장막을 쳤다. 전통적으로, 시내산[4]은 시내 반도 남단에 있는 제벨 무사('모세의 산')(약 2244미터)를 가리킨다고 본다(*NBD*).[5] 그 주위에는 평원이 있다. 하나님께서는 시내산에서 모세를 부르셨고 그는 하나님 앞으로 올라갔다.

하나님께서 모세에게 하신 말씀은 하나님의 백성의 특권을 보인다. 하나님께서 세상을 창조하셨고 세상의 소유주이시지만, 하나님의 옛 백성 이스라엘은 세상의 많은 민족들 중에서 하나님의 특별한 소유, 그의 특별한 보화가 될 민족이었다. 또 그들은 하나님의 제사장 나라가 되며 거룩한 민족이 될 자들이었다. 또 이 말씀은 하나님의 백성의 의무도 증거한다. 하나님께서는 "너희가 내 말을 잘 듣고 내 언약

---

4) '시내산'이라는 말이 네 번 나오고(11, 18, 20, 23절) 또 '산'이라는 말이 여덟 번 나온다(2, 3, 12, 12, 14, 16, 23, 23절).

5) 이 산 남서쪽에 제벨 캐더린('성 캐더린의 산')(약 2637미터)이 있다(*ISBE*, IV, 526).

을 지키면"이라는 조건을 붙이셨다. 하나님께 순종함은 인생의 의무이며 하나님의 백성의 의무이다. 하나님과 사람의 관계는 무엇보다 명령과 순종의 관계이다. 이스라엘 백성이 하나님의 자녀로서 특권을 누리려면 그들은 하나님의 뜻과 계명에 순종해야 한다.

〔7-15절〕 모세가 와서 백성의 장로들을 불러 여호와께서 자기에게 명하신 그 모든 말씀을 그 앞에 진술하니 백성이 일제히 응답하여 가로되 여호와의 명하신 대로 우리가 다 행하리이다. 모세가 백성의 말로 여호와께 회보하매 여호와께서 모세에게 이르시되 내가 빽빽한 구름 가운데서 네게 임함은 내가 너와 말하는 것을 백성으로 듣게 하며 또한 너를 영영히 믿게 하려함이니라. 모세가 백성의 말로 여호와께 고하였으므로 여호와께서 모세에게 이르시되 너는 백성에게로 가서 오늘과 내일 그들을 성결케 하며 그들로 옷을 빨고 예비하여 제3일을 기다리게 하라. 이는 제3일에 나 여호와가 온 백성의 목전에 시내산에 강림할 것임이니 너는 백성을 위하여 사면으로 지경을 정하고 이르기를 너희는 삼가 산에 오르거나 그 지경을 범하지 말지니 산을 범하는 자는 정녕 죽임을 당할 것이라. 손을 그에게 댐이 없이 그런 자는 돌에 맞아 죽임을 당하거나 살에 쐬어 죽임을 당하리니 짐승이나 사람을 무론하고 살지 못하리라. 나팔을 길게 불거든 산 앞에 이를 것이니라 하라. 모세가 산에서 내려 백성에게 이르러 백성으로 성결케 하니 그들이 자기 옷을 빨더라. 모세가 백성에게 이르되 예비하여 제3일을 기다리고 여인을 가까이 말라 하니라.

모세는 와서 백성들의 장로들을 불러 여호와께서 자기에게 명하신 모든 말씀을 그 앞에 진술했다. 하나님께서는 이스라엘 백성이 하나님을 영원히 믿고 그의 음성을 순종하기를 원하셨다. 그들은 하나님을 만나기 위해 오늘과 내일 자신을 성결케 하고 의복들을 빨아야 했다. 또 그들은 하나님께서 정하신 경계선을 지키고 넘어가지 말아야 했다. 그 경계선을 어기고 들어오는 자는 정녕 죽임을 당할 것이었다. 하나님의 이 지시는 죄 많은 사람들이 감히 하나님께로 나아갈 수 없음을 분명히 하신 것이다. 모세는 산에서 내려가 백성에게 와 그들로 성결케 했고 그들은 자기들의 옷을 빨았다. 이것은 오늘날에도 우리가 하나님을 섬기는 바른 태도이다.

〔16-25절〕 제3일 아침에 우뢰와 번개와 빽빽한 구름이 산 위에 있고 나팔 소리가 심히 크니 진중 모든 백성이 다 떨더라. 모세가 하나님을 맞으려고 백성을 거느리고 진에서 나오매 그들이 산기슭에 섰더니 시내산에 연기가 자욱하니 여호와께서 불 가운데서 거기 강림하심이라. 그 연기가 옹기점 연기같이 떠오르고 온 산이 크게 진동하며 나팔 소리가 점점 커질 때에 모세가 말한즉 하나님이[께서] **음성으로 대답하시더라. 여호와께서 시내산 곧 그 산꼭대기에 강림하시고 그리로 모세를 부르시니 모세가 올라가매 여호와께서 모세에게 이르시되 내려가서 백성을 신칙(申飭)하라**[경계하라]**. 백성이 돌파하고**[어기고] **나 여호와께로 와서 보려고 하다가 많이 죽을까 하노라. 또 여호와께 가까이 하는 제사장들로 그 몸을 성결히 하게 하라. 나 여호와가 그들을 돌격할까**[갑자기 칠까] **하노라. 모세가 여호와께 고하되 주께서 우리에게 명하여 이르시기를 산 사면에 지경을 세워 산을 거룩하게 하라 하셨사온즉 백성이 시내산에 오르지 못하리이다. 여호와께서 그에게 이르시되 가라. 너는 내려가서 아론과 함께 올라오고 제사장들과 백성에게는 돌파하고**[어기고] **나 여호와에게로 올라오지 못하게 하라. 내가 그들을 돌격할까**[갑자기 칠까] **하노라. 모세가 백성에게 내려가서 그들에게 고하니라.**

제3일 아침에 여호와께서는 천둥과 번개와 빽빽한 구름과 불 가운데서 시내산 위에 강림하셨다. 온 산은 크게 진동하였고 나팔 소리가 점점 커질 때 모세는 말하였고 여호와께서는 음성으로 대답하셨다. 여호와께서는 사람들의 언어로 말씀하셨다. 그는 시내산 꼭대기에 내려오셔서 모세를 부르셨고 모세는 여호와께로 올라갔다. 이스라엘 백성이 하나님의 정하신 경계선을 어기고 들어오면 하나님께서는 그들을 갑자기 치실 것이며 그들은 죽임을 당할 것이다.

본장의 교훈을 정리해보자. 첫째로, 하나님께서는 자신의 살아계심의 위엄과 영광을 생생하게 증거하셨다. 자연만물도 하나님을 증거하지만, 하나님의 특별계시는 하나님을 더욱 확실하게 증거한다. 시내산 위에는 천둥과 번개와 빽빽한 구름이 있었고 나팔 소리가 심히 컸다.

그때 하나님께서는 불 가운데 시내산 꼭대기에 강림하셨다. 이스라엘 백성은 그의 위엄과 영광을 보았고 그 앞에서 두려워 떨었다. 또 하나님께서는 이스라엘 백성들 앞에서 음성으로 모세에게 말씀하셨다. 후에 모세는 신명기 4:32-40에서 이때의 광경을 생생하게 다시 증거했다. 우리는 하나님의 살아계심과 그의 위엄과 능력과 두려우심을 알고 그를 두려움으로 섬겨야 한다.

둘째로, 하나님께서는 특히 자신의 거룩하심을 증거하셨다. 하나님께서는 모세에게 그 산에 경계선을 정하게 하셨고 이스라엘 백성이 그 산에 가까이 오르지 못하게 하셨고 하나님의 명령을 어기고 산에 가까이 오르려 하는 자는 죽임을 당케 하겠다고 경고하셨다. 21절, "백성이 어기고 나 여호와께로 와서 보려고 하다가 많이 죽을까 하노라." 22절, "나 여호와가 그들을 갑자기 칠까 하노라." 하나님께서는 거룩하신 분이시고 우리는 그를 오직 경외해야 한다. 우리는 죄성을 가진, 죄악된 행위의 발자취를 가진, 누추한 존재들이며 감히 거룩하신 하나님 앞에 나아갈 수 없는 자들이지만, 오직 예수 그리스도의 피를 힘입어 담대히 하나님의 은혜의 보좌 앞으로 나아가며(히 10:19; 4:16), 날마다 기도하고 성경을 읽고 묵상하며 실천함으로써 그를 섬겨야 한다.

셋째로, 하나님께서는 이스라엘 백성에게 의무와 특권을 주셨다. 5-6절, "세계가 다 내게 속하였나니 너희가 내 말을 잘 듣고 내 언약을 지키면 너희는 열국 중에서 내 소유가 되겠고 너희가 내게 대하여 제사장 나라가 되며 거룩한 백성이 되리라." 이것은 이스라엘 백성의 의무와 특권을 보인다. 주 예수 그리스도를 믿고 구원 얻은 신약교회 성도들에게도 의무와 특권이 있다. 우리는 로마서 6:12-13의 말씀과 같이 죄가 우리 몸을 지배하지 못하게 몸의 욕심을 순종치 말고 우리의 몸을 의의 도구로 하나님께 드려야 한다. 신약 성도들은 베드로전서 2:9의 말씀대로 하나님의 택하신 족속이요 왕 같은 제사장들이요 거룩한 나라요 그의 소유된 백성이다. 우리는 우리의 의무와 특권을 기억해야 한다.

20장: 십계명

1-11절, 하나님께 대한 의무

〔1-2절〕 하나님이[께서] **이 모든 말씀으로 일러 가라사대 나는 너를 애굽 땅, 종 되었던 집에서 인도하여 낸 너의 하나님 여호와로라.**

'이 모든 말씀'은 이어 나오는 십계명을 가리킨다. 십계명은 하나님께서 친히 말씀하신 내용으로 모든 도덕적 교훈들의 요약이다. 하나님께서는 이스라엘 백성을 애굽에서의 고된 노역과 학대로부터 그의 권능의 손으로 구원하신 후 이 십계명을 생활 규범으로 주셨다. 그는 먼저 하나님께 대한 의무를 말씀하셨다. 그것은 네 가지이다.

〔3절〕 너는 나 외에는(알파나이 עַל־פָּנָי)(벤카임판)[내 앞에](KJV, NASB, NIV) **다른 신들을 네게 있게 말지니라.**

첫 번째 계명은 "너는 나 외에는 다른 신들을 네게 있게 말라"는 것이다. 이것은 우리가 유일신(唯一神) 사상을 가져야 할 것과 다른 신들을 인정하지 말아야 할 것을 말한다. 이것은 가장 기본적 진리이다. 시편 96:5, "만방의 모든 신은 헛것이요 여호와께서는 하늘을 지으셨음이로다." 이사야 43:10, "나의 전에 지음을 받은 신이 없었느니라. 나의 후에도 없으리라." 이사야 44:6, "나는 처음이요 나는 마지막이라. 나 외에 다른 신이 없느니라." 이사야 45:5-6, "나는 여호와라. 나 외에 다른 이가 없나니 나밖에 신이 없느니라. . . . 해 뜨는 곳에서든지 지는 곳에서든지 나밖에 다른 이가 없는 줄을 무리로 알게 하리라. 나는 여호와라. 다른 이가 없느니라." 예레미야 10:10-11, "여호와는 참 하나님이시요 사시는 하나님이시요 영원한 왕이시라. . . . 너희는 이같이 그들에게 이르기를 천지를 짓지 아니한 신들은 땅 위에서, 이 하늘 아래서 망하리라 하라." 여호와께서는 유일한 하나님이시다.

〔4-6절〕 너를 위하여 새긴 우상을 만들지 말고 또 위로 하늘에 있는 것이나 아래로 땅에 있는 것이나 땅 아래 물 속에 있는 것의 아무 형상이든지 만들지 말며 그것들에게 절하지 말며 그것들을 섬기지 말라. 나 여호와 너의 하나님은 질투하는 하나님인즉 나를 미워하는 자의 죄를 갚되 아비로부터 아들에게로 3, 4대까지 이르게 하거니와 나를 사랑하고 내 계명을 지키는 자에게는 천대[수천대]**까지 은혜를 베푸느니라.**

두 번째 계명은 우상을 만들지 말고 절하지 말고 섬기지 말라는 것이다. '새긴 우상'이라는 원어(페셀 פֶּסֶל)는 '(나무나 돌에) 새긴 우상'이라는 뜻이다. 두 번째 계명은, 위로 하늘에 있는 것 즉 해나 달이나 별을 비롯하여 각종 새들이나, 아래로 땅에 있는 것 즉 나무나 짐승들이나, 땅 아래 물 속에 있는 것 즉 물고기들 등, 그 어떤 형상이든지 만들지 말라고 말한다. 그것들은 다 피조물들에 불과하다. 하나님께서는 이 모든 것들을 지으신 창조주이시다. 우리는 창조주 하나님만 섬기고 그 어떤 피조물들도 하나님처럼 섬겨서는 안 된다.

하나님께서는 우리가 우상을 섬기지 말아야 할 이유로, 그가 질투하는 하나님이시며 우상숭배의 악에 대해 징벌하실 것이기 때문이라고 말씀하셨다. 질투는 인간 관계에서 자기가 사랑하는 어떤 사람이 자기를 사랑하지 않고 다른 사람을 사랑할 때 생기는 감정이다. 하나님께서는 우리가 하나님만 사랑하고 섬기기를 원하신다.

하나님께서는 그를 미워하며 그의 계명을 지키지 않는 자에게는 아버지로부터 아들에게로 삼사 대까지 징벌할 것이라고 말씀하셨다. 하나님께서 삼사 대까지 징벌하시면 그 가문은 다 망할 것이다. 그러나 그는 그를 사랑하고 그의 계명을 지키는 자들에게는 수천 대까지 은혜를 베풀 것이라고 말씀하셨다. '천 대'라는 원어(알라핌 אֲלָפִים)는 '수천'(thousands)이라는 뜻이다(KJV, NASB). 의인들은 대대로 즉 그 자손들이 복될 것이다. 시편 37:25-26, "내가 어려서부터 늙기까지 의인이 버림을 당하거나 그 자손이 걸식함을 보지 못하였도다. 저는

종일토록 은혜를 베풀고 꾸어주니 그 자손이 복을 받는도다."

〔7절〕 너는 너의 하나님 여호와의 이름을 망령되이(랏솨웨 לַשָּׁוְא)[헛되이, 함부로] **일컫지 말라. 나 여호와는 나의 이름을 망령되이 일컫는 자를 죄 없다 하지 아니하리라.**

세 번째 계명은 "너는 너의 하나님 여호와의 이름을 망령되이 일컫지 말라"는 것이다. 이것은 우리가 하나님을 찬송할 때에나 그에게 기도하거나 맹세할 때 하나님의 이름을 진실하게, 진지하게, 두려움과 존숭함을 가지고 사용해야 한다는 뜻이다. 하나님의 이름은 농담할 때 사용해서는 안 된다. 하나님께서는 그의 이름을 헛되이, 함부로 사용하는 자들을 죄 없다고 하지 않으실 것이다.

〔8-11절〕 안식일을 기억하여 거룩히 지키라. 엿새 동안은 힘써 네 모든 일을 행할 것이나 제7일은 너의 하나님 여호와의 안식일인즉 너나 네 아들이나 네 딸이나 네 남종이나 네 여종이나 네 육축이나 네 문안에 유하는 객이라도 아무 일도 하지 말라. 이는 엿새 동안에 나 여호와가 하늘과 땅과 바다와 그 가운데 모든 것을 만들고 제7일에 쉬었음이라. 그러므로 나 여호와가 안식일을 복되게 하여 그 날을 거룩하게 하였느니라.

네 번째 계명은 "안식일을 기억하여 거룩히 지키라"는 것이다. 7일 중 하루를 거룩히 구별하여 안식일로 지켜야 하는 것이기 때문에 우리는 그 날을 잊어버리지 않도록 기억해야 한다. 또 이 계명은 엿새 동안 힘써 우리의 모든 일들을 행하는 것을 전제(前提)한다. 그러므로 우리가 이 계명을 지키려면 우리는 엿새 동안에 우리의 할 일을 부지런히, 열심히 해야 한다. 또 이 계명은 온 가족이 다 함께 안식일을 거룩히 지켜야 함을 강조한다. 안식일은 집안의 한두 사람이 대표로 지키면 되는 것이 아니고, 자녀들을 포함하여 온 가족이, 심지어 집에서 일하는 자들, 즉 본인의 책임과 권한 아래 있는 직원들이나 집에 찾아온 손님들까지도 함께 거룩히 지켜야 한다는 뜻이다.

안식일에는 세속적인 일들을 중단해야 한다. 그 날에 우리는 직업상의 일(즉 직장의 일, 사업의 일), 매매하는 일, 세상 공부, 오락(사 58:13) 등을 중단해야 한다. 출애굽기 34:21, "밭 갈 때에나 거둘 때에도 쉴지며." 느헤미야는 이 날에 술틀을 밟거나 매매하는 일을 안식일을 범하는 악한 일로 정죄하며 경계했다(느 13:15-22). 또 그 대신, 그 날은 '성회(聖會)' 즉 공적 예배의 날로 지켜야 한다(레 23:3).

안식일은 하나님께서 엿새 동안 천지만물을 창조하시고 제7일에 쉬심에 근거하였다. 그는 그 날을 복되게 하셨고 거룩하게 하셨다.

예수 그리스도께서는 구약의 안식일을 성취하셨다(골 2:16-17). 그러나 그것은 구약시대보다 더 풍성한 방향으로의 성취이다. 그러므로 우리는 초대교회의 모범을 따라 주일을 그리스도인의 안식일로 온종일 거룩히 구별하여 기쁨과 자원함으로 지키며 주 안에서 쉬며 교회로 모여 하나님께 예배드리며 성도의 교제를 나누어야 한다.

본문의 교훈을 정리해보자. 십계명은 모든 사람이 순종해야 할 도덕법의 표준이다. 첫째로, 우리는 여호와께서 살아계신 유일하신 참 하나님이심을 알고 그를 믿고 섬기며 따라야 한다. 우리는 살아계신 여호와 하나님, 삼위일체 되신 하나님 외에 다른 신을 섬겨서는 안 된다.

둘째로, 우리는 우상을 만들지 말고 그것에게 절하지 말고 또 그것을 섬기지 말아야 한다. 하나님 아닌 것에게 하나님처럼 큰 가치를 두고 사랑하는 것이 우상이다. 현대인들에게는 돈이 대표적인 우상이다.

셋째로, 우리는 하나님의 이름을 헛되이 부르지 말아야 한다. 우리는 찬송과 기도와 맹세를 할 때 하나님 이름을 헛되이 부르지 말아야 한다.

넷째로, 우리는 주일을 기억하고 거룩히 구별하여 지켜야 한다. 토요 안식일은 예수 그리스도의 대속 사역으로 주일로 성취되었다. 우리는 주일을 즐겁고 복된 날로 지킨다. 우리는 이 날에 세속적인 일을 중단하고 교회로 모여 찬송과 기도와 성경말씀의 교훈으로 하나님께 예배드린다. 주일을 거룩히 지키는 자들은 영육으로, 가정적으로 복되다.

12-26절, 다른 사람들에 대한 의무

〔12절〕 네 부모를 공경하라. 그리하면 너의 하나님 나 여호와가 네게 준 땅에서 네 생명[네 날들]**이 길리라.**

하나님께서는 다른 사람들에 대한 우리의 의무들도 말씀하셨다. 다섯 번째 계명은 "네 부모를 공경하라"는 것이다. 자녀를 낳으시고 기르신 부모를 무시하지 않고 공경하는 것은 사람으로 지극히 당연한 일이다. 부모를 공경하는 자는 그들에게 순종하고 그들의 필요를 공급할 것이다. 이 계명에는 "너의 하나님 나 여호와가 네게 준 땅에서 네 생명(야메카 יָמֶיךָ)[네 날들]이 길리라"는 약속이 첨가되어 있다. 부모를 공경하는 자는 장수(長壽)의 복을 누릴 것이다.

부모를 공경함은 가정의 질서를 세우는 것이며 그것은 사회 질서의 기본이다. '부모'는 이웃 어른들, 학교 선생님들, 직장 상사들, 교회 장로들과 국가 통치자들을 대표한다. 레위기 19:32, "너는 센머리 앞에 일어서고 노인의 얼굴을 공경하며 네 하나님을 경외하라." 에베소서 6:5, "종들아, 두려워하고 떨며 성실한 마음으로 육체의 상전에게 순종하기를 그리스도께 하듯하라." 베드로전서 2:17, "왕을 공경하라." 디모데전서 5:17, "잘 다스리는 장로들을 배나 존경할 자로 알되 말씀과 가르침에 수고하는 이들을 더할 것이니라." 부모를 공경하는 자는 이웃 어른들을 공경하고 학교 선생님들을 존경하고 직장 상사들을 존중하고 교회 장로들과 국가 통치자들을 존중할 것이다.

〔13절〕 살인하지 말지니라.

여섯 번째 계명은 "살인하지 말라"는 것이다. 이것은 타인의 생명을 존중하라는 것이다. 이것은 정당한 사형 외에 사적인 감정으로 남을 죽이는 것을 금한다. 하나님께서는 살인이 하나님의 형상을 깨뜨리는 큰 악이며 사형으로 다스려야 한다고 말씀하셨다(창 9:6).

생명은 귀한 것이다. 사람의 생명은 불멸적인 영혼의 존재를 내포

한다. 더욱이, 육신의 생명은 영생으로 나아갈 수 있는 생명이다. 그가 회개하고 예수 그리스도를 믿으면 영생을 얻을 것이다. 그러므로 사람의 생명은 천하를 주고도 바꿀 수 없는 귀한 것이다(마 16:26). 살인은 미움과 욕심에서 나온다. 미움은 살인으로 나타난다. 요한일서 3:15, "그 형제를 미워하는 자마다 살인하는 자니." 또 어떤 사람들은 돈에 대한 욕심 때문에 다른 이들의 목숨을 죽인다.

〔14절〕 간음하지 말지니라.

일곱 번째 계명은 "간음하지 말라"는 것이다. 이것은 다른 사람의 순결성과 정조(貞操)를 존중하라는 것이다. 남녀의 성관계는 결혼 관계에서만 허용된다. 그렇지 않으면 사회의 질서가 깨어지고 문란해지고 말 것이다. 그러므로 혼전 관계, 혼외 관계, 동성 관계, 매춘(賣春), 짐승과의 관계 등은 다 음란한 일이다. 또 이런 일들을 조장하는 글, 그림, 인터넷 동영상, 영화 등은 다 죄악되다. 그것들을 만들거나 유포하거나 그런 일에 종사하거나 그런 일로 돈을 버는 모든 것이 다 죄악되며 그런 것들을 보는 것, 듣는 것도 죄악되다.

마지막 때는 도덕이 해이하고 음란 풍조가 많아지고 젊은이들의 남녀관계가 문란해질 것이다. 오늘날이 그런 것 같다. T.V.나 인터넷 등이 음란 풍조의 주된 도구가 되고 있다. 그러므로 우리는 이 모든 풍조를 조심해야 한다. 또 우리와 우리의 자녀들이 이런 풍조를 배격하지 않으면 우리는 세상에 물들고 믿음을 잃고 멸망케 될 것이다.

〔15절〕 도적질하지 말지니라.

여덟 번째 계명은 "도적질하지 말라"는 것이다. 이것은 다른 사람의 재산을 존중하라는 것이다. 이것은 사유재산권을 인정하고 그것을 침해하지 말라는 뜻을 포함한다. 남의 소유물을 강제로 빼앗는 강탈과 강도짓과 토색(討索)은 죄악이다. 강압적 방식으로 경제적 평등을 실현하려는 생각도 바르지 못하고 선한 생각도 아니니다. 자유 경쟁에 의한 이익의 추구는 기본적으로 성경적이다. 가난은 빈번히 게으름에서 온다. 성경은 “손을 게으르게 놀리는 자는 가난하게 되고 손이 부지런한 자는 부하게 되느니라”고 말한다(잠 10:4). 또 성경은 “도적질하는 자는 다시 도적질하지 말고 돌이켜 빈궁한 자에게 구제할 것이 있기 위하여 제 손으로 수고하여 선한 일을 하라”고 교훈한다(엡 4:28). 부(富)의 재분배는 좋은 이상(理想)이긴 하지만 강압적으로 이루어져서는 안 된다. 혁명을 통해 경제적 평등을 실현하려는 공산주의는 많은 사람을 죽인 실패한, 악마적 이념이며 성경은 결코 그런 사상을 인정하지 않는다. 민주국가에서 부(富)의 분배는 단지 법 제정에 의한 세금 징수로써만 점진적으로 행할 수 있을 뿐이다.

〔16절〕 네 이웃에 대하여 거짓 증거하지 말지니라.

아홉 번째 계명은 “네 이웃에 대하여 거짓 증거하지 말라”는 것이다. 이것은 다른 이의 명예를 존중하라는 뜻을 내포한다. 거짓은 마귀의 속성이다. 마귀는 거짓말쟁이요 거짓의 아비이다(요 8:44). 거짓말은 지옥 갈 죄악이며 천국에 못 들어갈 죄악이다. 요한계시록 21:8, “두려워하는 자들과 믿지 아니하는 자들과 흉악한 자들과 살인자들과 행음자들과 술객들과 우상숭배자들과 모든 거짓말하는 자들은 불과 유황으로 타는 못에 참여하리니 이것이 둘째 사망이라.” 요한계시록 21:27, “무엇이든지 속된 것이나 가증한 일 또는 거짓말하는 자는 결코 그리로 들어오지 못하되 오직 어린양의 생명책에 기록된 자들뿐이라.” 요한계시록 22:15, “개들과 술객들과 행음자들과 살인자들과 우상숭배자들과 및 거짓말을 좋아하며 지어내는 자마다 성밖에 있으리라.” 에베소서 4:25는 우리에게 “거짓을 버리고 각각 그 이웃으로 더불어 참된 것을 말하라”고 교훈한다.

〔17절〕 네 이웃의 집을 탐내지 말지니라. 네 이웃의 아내나 그의 남종이나 그의 여종이나 그의 소나 그의 나귀나 무릇 네 이웃의 소유를 탐내지 말지니라.

열 번째 계명은 "네 이웃의 집을 탐내지 말라"는 것이다. 우리는 다른 사람의 집뿐 아니라, 그의 아내나 그의 종이나 가축들이나 그의 모든 소유도 탐내지 말아야 한다. 탐심과 욕심은 모든 죄악의 뿌리이다. 야고보서 1:15는 "욕심이 잉태한즉 죄를 낳는다"고 말한다. 탐심은 살인이나 간음이나 도적질의 원인이 된다. 탐심은 우상숭배이다(골 3:5). 현대인의 대표적 우상은 돈이다. 돈을 탐하는 자는 돈의 종이 된 자이다. 그러므로 탐심은 모든 죄악의 뿌리일 뿐만 아니라, 그 자체가 무서운 죄악, 곧 우상숭배의 악이다.

〔18-21절〕 뭇 백성이 우뢰와 번개와 나팔소리와 산의 연기를 본지라. 그들이 볼 때에 떨며 멀리 서서 모세에게 이르되 당신이 우리에게 말씀하소서. 우리가 들으리이다. 하나님이[께서] **우리에게 말씀하시지 말게 하소서. 우리가 죽을까 하나이다. 모세가 백성에게 이르되 두려워 말라. 하나님이**[께서] **강림하심은 너희를 시험하고 너희로 경외하여 범죄치 않게 하려 하심이니라. 백성은 멀리 섰고 모세는 하나님의 계신 암흑으로 가까이 가니라.**

모든 백성은 우뢰와 번개와 나팔소리와 산의 연기를 보았고 그것을 볼 때 떨었다. 그들은 하나님의 거룩한 위엄 앞에 심히 두려워했다. 모세는 백성을 안심시키며 그들에게 말했다. "두려워 말라. 하나님께서 강림하심은 너희를 시험하고 너희로 경외하여 범죄치 않게 하려 하심이니라." 하나님께서 엄위하신 모습으로 나타나신 것은 그들을 죽이려 하심이 아니고 그들로 하나님을 경외하고 죄 짓지 않게 하려 하심이었다. 백성은 멀리 섰고 모세는 하나님께서 계신 흑암으로 가까이 나아갔다. 그는 백성을 위해 중보자의 역할을 하였다.

〔22-26절〕 여호와께서 모세에게 이르시되 너는 이스라엘 자손에게 이같이 이르라. 내가 하늘에서부터 너희에게 말하는 것을 너희가 친히 보았으니 너희는 나를 비겨서[나 외에](NASB, NIV) **은으로 신상이나 금으로 신상을 너희를 위하여 만들지 말고 내게 토단(土壇)을 쌓고 그 위에 너의 양과 소로 너의 번제와 화목제를 드리라. 내가 무릇 내 이름을 기념하게 하는** [모든] **곳에서 네게 강림하여 복을 주리라. 네가 내게**[나를 위해] **돌로 단을 쌓거든**

다듬은 돌로 쌓지 말라. 네가 정으로 그것을 쪼면 부정하게 함이니라. 너는 층계로 내 단에 오르지 말라. 네 하체가 그 위에서 드러날까 함이니라.

하나님을 섬기는 자들에게 순수한 경건은 매우 중요하다. 우리는 하나님만 순수하게 섬겨야 하고 우상들을 경계하여야 한다. '토단'은 이스라엘 백성이 광야에서 이동하는 동안 쉽게 만들고 쉽게 부술 수 있는 흙으로 만든 단이다. 이 명령에서, 하나님께서는 허식보다 내면적 거룩이 중요함을 보이셨다. 그들이 속죄와 헌신과 교제를 상징하는 번제와 화목제를 토단(土壇) 위에 드릴 때 하나님께서는 그것을 받으시고 그들에게 복 주실 것이다. 또 이스라엘 자손들이 단을 돌로 쌓을 수 있지만, 하나님께서는 그들이 그런 일에 많은 시간을 쓰지 않게 하셨다. 또 제사장은 층계로 단에 올라가 하체가 드러나게 하지 말아야 했다. 하나님께서는 제사장의 단정함을 명하셨다.

십계명 후반부의 계명들의 뜻도 명료하다. 첫째로, 우리는 부모님을 공경해야 한다. 우리는 부모님뿐 아니라, 이웃 어른들이나 학교 선생님들, 직장 상급자들이나 교회 장로들과 국가 통치자들도 존중해야 한다.

둘째로, 우리는 살인하지 말아야 한다. 우리는 실제적 살인뿐 아니라, 살인의 원인이 될 마음의 미움과 적개심이나 욕심도 버려야 한다.

셋째로, 우리는 간음하지 말아야 한다. 우리는 결혼관계를 벗어난 모든 성행위가 죄임을 알고 이 악하고 음란한 세상에서 우리와 우리 자녀들이 음란한 풍조와 인터넷 문화에 물들지 않도록 항상 조심해야 한다.

넷째로, 우리는 도적질하지 말아야 한다. 우리는 남의 것에 손대지 말고 열심히 일해 먹고살고 도리어 어려운 이웃을 도와주어야 한다.

다섯째로, 우리는 거짓 증거하지 말아야 한다. 거짓은 마귀의 속성이다. 하나님의 자녀들은 항상 진실해야 하고 진실한 말만을 해야 한다.

여섯째로, 우리는 탐내지 말아야 한다. 탐심은 모든 죄의 뿌리이며 그 자체가 우상숭배의 죄악이다. 우리는 모든 탐심을 버려야 한다.

21장: 공의의 보응--종, 살인

1-17절, 종, 살인, 납치, 부모 공경에 대한 규례들

〔1-2절〕 **네가 백성 앞에 세울 율례**(미쉬파팀 מִשְׁפָּטִים)[판단들, 재판법]**는 이러하니라. 네가 히브리 종을 사면 그가 6년 동안 섬길 것이요 제7년에는 값없이 나가 자유할 것이며.**

'율례'라는 원어(미쉬파팀 מִשְׁפָּטִים)는 '판단들'이라는 말로 '재판법'을 가리킨다. 2-11절은 종에 관한 규례이다. 이스라엘 사람이 동족 히브리 사람을 종으로 사면 6년 동안만 자신을 섬기게 해야 하였다. 사람은 너무 가난할 때 남의 종이 된다(레 25:39). 그러나 히브리 종은 6년간만 일을 시키고 제7년에는 아무 조건 없이 자유케 해야 했다.

이것은 가난한 자에 대한 배려이다. 또 종에게 너무 엄하게 하지 말고 품꾼이나 우거하는 자같이 대해야 했다. 레위기 25:43, 46에서 하나님께서는, "너는 그를 엄하게 부리지 말라," "너희 동족 이스라엘 자손은 너희 피차 엄하게 부리지 말지니라"고 명하셨다.

〔3-6절〕 **그가 단신(單身)으로**[홀로] **왔으면 단신으로**[홀로] **나갈 것이요 장가들었으면 그 아내도 그와 함께 나가려니와 상전이 그에게 아내를 줌으로 그 아내가 자녀간 낳았으면 그 아내와 그 자식들은 상전에게 속할 것이요 그는 단신으로**[홀로] **나갈 것이로되 종이 진정으로 말하기를 내가 상전과 내 처자를 사랑하니 나가서 자유하지 않겠노라 하면 상전이 그를 데리고 재판장**(엘로힘 אֱלֹהִים)['하나님'(ASV, NASB), '재판장'(KJV, NIV)]**에게로 갈 것이요 또 그를 문이나 문설주 앞으로 데리고 가서 그것에다가 송곳으로 그 귀를 뚫을 것이라. 그가 영영히 그 상전을 섬기리라.**

귀에 구멍을 뚫는 것이 영원한 종이라는 표시가 되었다.

〔7-8절〕 **사람이 그 딸을 여종으로 팔았으면 그는 남종같이 나오지 못할지며 만일 상전이 그를 기뻐 아니하여 상관치 아니하면 그를 속신(贖身)케 할 것이나 그 여자를 속임이 되었으니 타국인에게 팔지 못할 것이요.**

부모가 그 딸을 여종으로 파는 것은 가정이 극히 어려워서 부득이 이루어지는 경우이며 다음절에 비추어 볼 때 주인에게 첩으로 드리는 조건으로 행해지는 경우이다. 이런 여종은 6년 후에도 남종같이 나오지 못했다. 만일 그 여자가 자기를 첩으로 정한 주인을 기쁘게 하지 못하면 주인은 그를 자유케 할 수 있었으나,[6] 그를 속인 것이 되었으므로 타국인에게 팔 수는 없었다. 그러나 일반적으로 여자가 스스로 종이 된 경우는 남종같이 6년 후에는 자유를 얻었다. 신명기 15:12, "네 동족 히브리 남자나 히브리 여자가 네게 팔렸다 하자. 만일 6년을 너를 섬겼거든 제7년에 너는 그를 놓아 자유하게 할 것이요."

〔9-11절〕 만일 그를 자기 아들에게 주기로 하였으면 그를 딸같이 대접할 것이요 만일 상전이 달리 장가들지라도 그의 의복과 음식과 동침하는 것은 끊지 못할 것이요 이 세 가지를 시행하지 아니하면 그는 속전(贖錢)을 내지 않고 거저 나가게 할 것이니라.

이것은 첩으로 얻은 여종에 대한 상당한 배려이었다. 또한 주인이 다른 아내를 취할지라도 그의 의복과 음식과 '동침하는 것'[7]은 끊지 말아야 했다. 하나님께서는 사람의 기본적 필요를 배려하셨다. 만일 주인이 이 세 가지(의복, 음식, 동침하는 것)를 시행하지 아니하면 그 여종은 몸값을 내지 않고 거저 나갈 수 있었다.

〔12-14절〕 사람을 쳐죽인 자는 반드시 죽일 것이나 만일 사람이 계획함

---

6) '상관치 아니하면'이라는 원어(아쉐르 로 예아다흐 אֲשֶׁר־לֹא יְעָדָהּ)는 '그를 (첩으로) 정하지 않은'(who did not designate her [as concubine])(BDB)이라는 뜻으로 쓰여 있고(케팁) 주인을 수식한다. 그러나 마소라 학자들의 제안(케레)은 아쉐르 로 예아다흐(발음은 같음) אֲשֶׁר־לוֹ יְעָדָהּ 즉 '그를 자신을 위해 (첩으로) 정한'(who designated her for himself)(NASB)이라는 뜻으로 읽는 것이다. 헬라어 70인역과 아람어 탈굼과 라틴어 벌게이트역은 후자를 따른다. KJV, "who hath betrothed her to himself"; NIV, "who has selected her for himself."

7) 오나사흐 עֹנָתָהּ, her marriage rights(BDB), marital intercourse(KB).

이 아니라 나 하나님이 사람을 그 손에 붙임이면 내가 위하여 한 곳을 정하리니 그 사람이 그리로 도망할 것이며 사람이 그 이웃을 짐짓 모살하였으면 [간교하게 죽이기 위해 뻔뻔스럽게 행하면] **너는 그를 내 단에서라도 잡아내려 죽일지니라.**

12-17절은 살인, 부모 구타, 납치, 부모 저주 등의 죄에 대한 처벌에 관한 법이다. 여기에 지적된 죄는 중죄(重罪)로서 그 형벌은 사형이었다. 12-17절에는 "반드시 죽일지니라"는 구절이 네 번 나오고, "내 단에서라도 잡아내려 죽일지니라"는 구절이 한번 나온다.

사람을 쳐죽인 자는 반드시 죽일 것이지만, 만일 사람이 계획함이 아니고 하나님께서 사람을 그 손에 붙이신 경우, 즉 고의적이지 않고 실수로 남을 죽인 경우, 예를 들어 원한 없이 우연히 사람을 밀치거나 기회를 엿봄이 없이 무엇을 던지거나 보지 못하고 사람을 죽일 만한 돌을 던져서 죽인 경우(민 35:22-23)나, 사람이 이웃과 함께 벌목하러 삼림에 들어가서 손에 도끼를 들고 벌목하려고 찍을 때에 도끼가 자루에서 빠져 그 이웃을 맞춰 그로 죽게 함 같은 경우(신 19:5) 등에는, 하나님께서 정하신 곳으로 도망하여 목숨을 유지할 수 있었다. 이런 용도로 구별된 성, 곧 '도피성'이 요단강 동쪽에 세 개의 성과 요단강 서쪽에 세 개의 성, 모두 여섯 개의 성이 있었다.

그러나 고의적인 살인의 경우는 달랐다. 고의적인 살인자는 반드시 죽여야 했다. 예컨대, 철 연장으로 사람을 쳐죽이거나 돌을 들고 사람을 쳐죽이거나 나무 연장을 들고 사람을 쳐죽이면(민 35:16-18), 그는 반드시 죽임을 당해야 했다. 고의적 살인자는 도피성으로 피신한다 할지라도 반드시 죽임을 당해야 하였다(신 19:11-13).

〔15절〕 자기 아비나 어미를 치는 자는 반드시 죽일지니라.

자기의 아버지나 어머니를 치는 것은 제5계명을 직접 어기는 죄이며 하나님의 권위를 대항하는 일이며 참으로 배은망덕한 아주 악한 일이다. 그런 자는 반드시 죽여야 하였다.

〔16절〕 **사람을 후린**(가나브 גָּנַב)[납치하는] **자가 그 사람을 팔았든지 자기 수하에 두었든지 그를 반드시 죽일지니라.**

사람을 납치하는 일은 사람을 도적질하는 것이다. 그것은 도적질 중에서도 가장 악질적인 도적질이다. 사람을 납치하고 감금 폭행하고 매매하는 일은 엄한 벌을 받아야 마땅하다. 그런 사람은 그 납치한 자를 팔았든지 그 손안에 있든지 간에 반드시 죽여야 하였다.

〔17절〕 **그 아비나 어미를 저주하는 자는 반드시 죽일지니라.**

자기 부모를 저주하는 것은 제5계명을 어기는 배은망덕하고 악한 일이다. 사람은 자기의 뿌리가 되는 부모를 공경하고 그에게 감사하는 마음을 가져야 하고 결코 그를 저주해서는 안 된다.

본문의 교훈을 정리해보자. 첫째로, 종에 관한 교훈은 오늘날에 직장 생활의 윤리를 보인다. 윗사람은 아랫사람에게 너무 엄하게 하지 말고 아랫사람은 윗사람을 순복해야 한다. 에베소서 6:5-7, 9, "종들아, 두려워하고 떨며 성실한 마음으로 육체의 상전에게 순종하기를 그리스도께 하듯하여 눈가림만 하여 사람을 기쁘게 하는 자처럼 하지 말고 그리스도의 종들처럼 마음으로 하나님의 뜻을 행하여 단 마음으로 섬기기를 주께 하듯하고 사람들에게 하듯하지 말라," "상전들아, 너희도 저희에게 이와 같이 하고 공갈[위협하기]을 그치라." 골로새서 4:1, "상전들아, 의와 공평을 종들에게 베풀지니." 의와 공평, 순종과 사랑의 교훈이다.

둘째로, 우리는 사람의 인격과 생명을 존중해야 한다. 사람을 죽이거나 납치하는 것은 사형을 받을 큰 죄악이다. 우리는 그런 일을 하지 말고 남의 인격과 생명을 하나님께서 주신 귀한 것으로 여겨야 한다.

셋째로, 우리는 부모님을 사랑하고 그의 인격과 권위를 존중해야 한다. 자녀들은 결코 부모님을 치거나 부모님을 저주해서는 안 된다. 이것은 사형 받을 큰 죄악이다. 우리는 부모님을 공경하고 순종해야 한다. 그것은 하나님의 계명이며, 인간 관계의 가장 기본적인 도덕이다.

18-36절, 살인에 대한 추가적 규례들

〔18-19절〕 사람이 서로 싸우다가 하나가 돌이나 주먹으로 그 적수를 쳤으나 그가 죽지 않고 자리에 누웠다가 지팡이를 짚고 기동하면 그를 친 자가 형벌은 면하되 기간 손해[그의 시간의 손실]**를 배상하고 그로 전치(全治)되게 할지니라.**

'형벌을 면한다'는 말은 사형의 형벌을 면한다는 뜻이다. 싸우다가 친 상대가 죽으면 고의적 살인에 해당하므로 그를 반드시 죽여야 하지만, 그가 죽지 않고 얼마간 누웠다가 일어나 거동하면 사형은 면한다는 뜻이다. 그러나 그는 부상당한 자의 시간의 손실 즉 그가 치료받는 기간 동안의 시간적, 정신적, 물질적 피해를 배상하고 그로 전치(全治)되게 해야 했다. '전치(全治)된다'는 말은 '다 낫기까지 치료한다'는 뜻이다. 이처럼 사람이 서로 싸우다가 상대방에게 부상을 입히면 그가 낫기까지 치료하고 그 기간 동안의 피해를 보상해야 하였다. 이것은 싸움으로 인한 부상을 정당하게 처리하도록 규정한 것이다.

오늘날도 사람이 서로 싸우다가 상대를 쳐죽이면 그를 사형시켜야 한다는 것이 하나님의 법이며 공의이다. 그래야 사람이 다른 사람의 생명을 존중하고 사회에서 살인의 악이 근절되거나 감소될 것이다. 그러나 상대가 죽지 않고 거동하면 그의 치료비 전액을 부담하고 그가 당한 시간적, 정신적, 물질적 피해를 보상해야 한다.

우리가 사는 사회는 법과 질서가 없는 사회가 되어서는 안 된다. 쇠파이프나 각목이 등장하고 경찰들을 구타하고 경찰 차량을 파손하는 무질서한 폭력시위는 엄하게 제재되고 징벌되어야 한다.

〔20-21절〕 사람이 매로 그 남종이나 여종을 쳐서 당장에 죽으면 반드시 형벌을 받으려니와 그가 1일이나 2일을 연명하면 형벌을 면하리니 그는 상전의 금전임이니라.

본문의 형벌은 사형으로 명시되지는 않았으나, 종은 주인이 함부로 죽여도 되는 존재가 아니고 종의 생명도 인간 생명으로 존중되어야 했다. 그러나 매를 맞은 종이 하루나 이틀 생명이 연장되면 주인은 사형을 면하게 했다. 그것은 주인이 종을 죽이려는 의도로 매를 때린 것이 아니라고 인정되기 때문이다. 주인이 종을 때릴 수는 있다. 본문은 "그는 상전의 금전(케셒 כֶּסֶף)[은, 돈]임이니라"고 말한다. 종은 주인에게 순종할 위치에 있고 순종해야 할 의무를 갖고 있다.

〔22-25절〕 사람이 서로 싸우다가 아이 밴 여인을 다쳐 낙태케 하였으나 (웨야체우 옐라데하 וְיָצְאוּ יְלָדֶיהָ)[그의 아이를 출산케 하였으나(KJV)] **다른 해가 없으면 그 남편의 청구대로 반드시 벌금을 내되 재판장의 판결을 좇아 낼 것이니라. 그러나** 다른 **해가 있으면 갚되 생명은 생명으로, 눈은 눈으로, 이는 이로, 손은 손으로, 발은 발로, 데운 것은 데움으로, 상하게 한 것은 상함으로, 때린 것은 때림으로 갚을지니라.**

'다른 해가 없다'는 말은 '조산(早産)한 아이가 죽었거나 다쳤거나 혹은 산모가 죽는 일이 없었다'는 뜻이라고 본다. 사람이 서로 싸우다가 아이 밴 여인을 다쳐 그의 아이를 조산(早産)케 하였으나 다른 해가 없으면 그 남편의 청구대로, 재판장의 판결을 좇아 반드시 벌금을 내어야 했다. 그것은 산모가 조산(早産)으로 인해 받은 정신적 충격과 아기가 일찍 나옴으로 인한 특별한 보호에 대한 보상일 것이다.

그러나 본문은 만일 아기나 산모가 죽으면 그 친 자를 죽일 것이며, 몸의 어느 부분이 다치거나 상하면 거기에 상응하는 벌을 내려야 한다는 공의의 보응을 보인다. 특히 본문은 태아의 생명이 인간 생명이며 낙태가 살인죄임을 증거하는 중요한 구절이다. 낙태는 현대 사회의 매우 심각한 죄악이며 성도들이 허용해서는 안 될 일이다.

〔26-27절〕 사람이 그 남종의 한 눈이나 여종의 한 눈을 쳐서 상하게(쉬케스 שִׁחֵת)[못쓰게] **하면 그 눈 대신에 그를 놓을 것이며 그 남종의 한 이나 여종의 한 이를 쳐서 빠뜨리면 그 이 대신에 그를 놓을지니라.**

주인이 종을 책망할 수 있고 또 필요할 때 어느 정도 때릴 수도 있지만, 그의 몸에 치명적인 해, 예컨대 눈을 못쓰게 만든다든지 이를 빠지게 하는 해를 끼쳐서는 안 된다는 것이다. 오늘날에도, 직장에서 윗사람은 아랫사람들을 인격적으로 대해야 한다. 책망이 필요할 때 윗사람이 아랫사람을 책망할 수 있겠으나, 그에게 심한 정신적 모욕이나 신체적 상처를 주어서는 안 될 것이다.

〔28-32절〕 소가 남자나 여자를 받아서 죽이면 그 소는 반드시 돌에 맞아 죽을 것이요 그 고기는 먹지 말 것이며 임자는 형벌을 면하려니와 소는 본래 받는 버릇이 있고 그 임자는 그로 인하여 경고를 받았으되 단속하지 아니하므로 남녀간에 받아 죽이면 그 소는 돌로 쳐죽일 것이고 임자도 죽일 것이며 만일 그에게 속죄금을 명하면 무릇 그 명한 것을 생명의 속(贖)으로 낼 것이요 아들을 받든지 딸을 받든지 이 율례대로 그 임자에게 행할 것이며 소가 만일 남종이나 여종을 받으면 소 임자가 은 30세겔(약 342그램, 즉 약 68데나리온)**을 그 상전에게 줄 것이요 소는 돌에 맞아 죽을지니라.**

그 고기를 먹지 않는 것은 피를 흘리지 않고 죽은 짐승이므로 피채 먹을 수 없기 때문일 것이며, 또 그것은 주인에 대한 약간의 벌칙일지도 모른다(Poole). 하지만 소 주인은 사형의 형벌을 면한다. 그러나 소의 받는 버릇으로 인해 경고를 받았으나 단속하지 않으므로 그 소가 남녀간에 받아 죽이면 그 소는 돌로 쳐죽일 것이고 주인도 죽여야 했다. 그것은 소를 관리하지 못한 책임 때문에 주인에게 부과되는 엄한 벌이다. 만일 그에게 속죄금을 명하면 무릇 그 명한 것을 생명의 속전으로 내야 했다. 또 소가 남종이나 여종을 받아 죽이면 주인은 은 30세겔을 그 종의 주인에게 주고 소는 돌로 쳐죽여야 했다. 이 경우, 소의 주인을 죽이지는 않으나 종의 주인에게 큰 손실을 입혔으므로 소의 주인은 종의 주인에게 종의 몸값을 주어야 하였다.

사람이 자기 책임을 다하지 않아 사고로 남을 죽인 것은 사형 받을 만한 잘못이다. 예컨대, 자동차 운전자가 음주 운전에 대해 경고를 받았음에도 불구하고 음주 운전을 하다가 사람을 치어 죽였다면, 그는 사형의 벌을 받아야 한다는 것이 하나님의 공의인 것이다. 그 벌이 매우 엄한 것은 사람의 생명이 귀중하기 때문이다. 우리는 다른 이의 생명을 존중해야 한다. 우리는 특히 자동차를 운전할 때 항상 기도하며 하나님의 은혜로 하고 또 교통법규를 지키면서 해야 한다.

〔33-36절〕 사람이 구덩이를 열어 두거나 구덩이를 파고 덮지 아니함으로 소나 나귀가 거기 빠지면 그 구덩이 주인이 잘 조처하여 짐승의 임자에게 돈을 줄 것이요 죽은 것은 그의 차지가 될지니라. 이 사람의 소가 저 사람의 소를 받아 죽이면 산 소를 팔아 그 값을 반분하고 죽은 것도 반분하려니와 그 소가 본래 받는 버릇이 있는 줄을 알고도 그 임자가 단속하지 아니하였으면 그는 소로 소를 갚을 것이요 죽은 것은 그의 차지가 될지니라.

이것은 소 주인의 책임 여부와 그 정도에 따른 하나님의 공의롭고 공정한 판결이며 처분이다. 모든 사람은 자기의 책임을 다해야 한다.

본문의 교훈을 정리해보자. 첫째로, 우리는 남에게 해를 끼치지 말아야 한다. 살인은 반드시 사형으로 다스려져야 한다. 이것이 사회 질서 유지에 필요한 하나님의 공의이다. 만일 우리가 남에게 몸의 해를 끼쳤다면, 우리는 그것이 완전히 치료될 때까지 모든 비용을 담당해야 하고 그의 시간적, 정신적, 물질적 손실에 대해 보상해야 한다. 매우 억울한 경우에라도, 우리는 하나님께 호소하거나 교회 법정이나 세상 법정에 호소할 뿐이고, 결코 그에게 개인적으로 보복을 하려 해서는 안 된다.

둘째로, 우리는 낙태가 살인죄임을 알고 말세에 심각한 사회적 죄악인 낙태를 조심하고 경계해야 한다. 태아도 사람이며 그것을 죽이는 것은 살인이다. 우리는 그런 죄에 빠지지 않도록 매우 조심해야 한다.

셋째로, 우리는 모든 사람을 인격적으로 대해야 한다. 윗사람은 아랫사람을 함부로 다루거나 학대하지 말고 인격적으로 대해야 한다.

넷째로, 우리는 자기의 책임을 다해야 한다. 오늘날 교통법규를 어기고 차를 운전하다가 남을 죽이는 것은 큰 잘못이며, 특히 음주운전을 하다가 남을 죽이는 행위는 사형에 해당하는 큰 잘못임을 알아야 한다.

22장: 도둑질, 음행

1-20절, 도둑질, 음행, 무당에 대한 규례

〔1-4절〕 사람이 소나 양을 도적질하여 잡거나[죽이거나] **팔면 그는 소 하나에 소 다섯으로 갚고 양 하나에 양 넷으로 갚을지니라.**

사람이 소나 양을 도둑질해 죽이거나 팔면 그는 소 하나에 소 다섯으로 갚고 양 하나에 양 넷으로 갚아야 하였다. 비싼 것을 도둑질한 것은 싼 것을 도둑질한 것보다 더 많이 보상을 해야 했다. 도둑질한 물건값이 클수록 그 도적질 행위가 더 악하다고 간주되었다.

〔2-3절〕 도적이 뚫고 들어옴을 보고 그를 쳐죽이면 피 흘린 죄가 없으나 해 돋은 후이면 피 흘린 죄가 있으리라.

도둑이 뚫고 들어옴을 보고 그를 쳐죽인다는 말은 밤에 이루어지는 일을 가리킨다. 해 돋은 후 도둑을 쳐죽이는 것은 살인죄에 해당하지만, 밤에 도둑을 막다가 그를 쳐죽이는 일은 허용되었다. 도둑을 막는 일은 정당한 일이기 때문이다. 이처럼 정당방위는 인정되었다.

〔3절〕 도적은 반드시 배상할 것이나 배상할 것이 없으면 그 몸을 팔아 그 도적질한 것을 배상할 것이요 도적질한 것이 살아 그 손에 있으면 소나 나귀나 양을 무론하고 갑절을 배상할지니라.

도둑은 그 주인에게 반드시 배상해야 하고 배상할 돈이 없으면 그 몸을 팔아서라도 배상해야 했다. 몸을 판다는 말은 다른 사람의 종이 된다는 뜻이다. 그러나 그 도둑질한 것이 살아 그 손에 있으면 그는 소나 나귀나 양의 경우를 물론하고 갑절을 배상해야 하였다.

〔5-6절〕 사람이 밭에서나 포도원에서 먹이다가 그 짐승을 놓아서 남의 밭에서 먹게 하면 자기 밭의 제일 좋은 것과 자기 포도원의 제일 좋은 것으로 배상할지니라. 불이 나서 가시나무에 미쳐 낟가리[곡식단]**나 거두지 못한 곡식이나 전원**[밭]**을 태우면 불 놓은 자가 반드시 배상할지니라.**

사람이 자기 짐승을 놓아서 남의 밭이나 포도원을 먹게 하면 자기 밭의 제일 좋은 것과 자기 포도원의 제일 좋은 것으로 배상해야 했다. 또 사람이 불을 내어 다른 사람의 곡식단이나 거두지 못한 곡식이나 밭을 태우면 불을 놓은 자가 반드시 배상해야 했다. 사람은 자기의 관리 소홀에 대한 책임을 반드시 져야 했다.

〔7-9절〕 사람이 돈이나 물품을 이웃에게 맡겨 지키게 하였다가 그 이웃의 집에서 봉적(逢賊)하였는데[도둑을 맞았는데] **그 도적이 잡히면 갑절을 배상할 것이요 도적이 잡히지 아니하면 그 집 주인이 재판장 앞에 가서 자기가 그 이웃의 물품에 손 댄 여부의 조사를 받을 것이며 어떠한 과실에든지 소에든지 나귀에든지 양에든지 의복에든지 또는 아무 잃은 물건에든지 그것에 대하여 혹이 이르기를 이것이 그것이라 하면 두 편이 재판장 앞에 나아갈 것이요 재판장이 죄 있다고 하는 자가 그 상대편에게 갑절을 배상할 지니라.**

사람이 돈이나 물품을 이웃에게 맡겨 지키게 하였다가 그 이웃의 집에서 도둑을 맞았을 때, 그 도둑이 잡히면 갑절을 배상해야 하고, 도둑이 잡히지 아니하면 그 집 주인이 재판장 앞에 가서 자기가 그 이웃의 물품에 손 댄 여부의 조사를 받아야 하고, 어떠한 문제에든지 소에든지 나귀에든지 양에든지 의복에든지 또는 아무 잃은 물건에든지 그것에 대하여 어떤 이가 말하기를 이것이 그것이라 하면 두 편이 재판장 앞에 나아갈 것이요 재판장이 죄 있다고 하는 자가 그 상대편에게 갑절을 배상해야 했다. 8-9절에 3번 나오는 '재판장'이라는 원어(엘로힘 אֱלֹהִים)는 '하나님'이라는 말로 재판장이 하나님의 공의를 시행하는 하나님의 대리자이기 때문에 그렇게 불리었다고 보인다.

〔10-15절〕 사람이 나귀나 소나 양이나 다른 짐승을 이웃에게 맡겨 지키게 하였다가 죽거나 상하거나 몰려가도 본 사람이 없으면 두 사람 사이에 맡은 자가 이웃의 것에 손을 대지 아니하였다고 여호와로 맹세할 것이요 그 임자[주인]**는 그대로 믿을 것이며 그 사람은 배상하지 아니하려니와 만일 자기에게서**[그가 있을 때] **봉적하였으면**[도둑을 맞았으면] **그 임자**[주인]**에게**

배상할 것이며 만일 찢겼으면 그것을 가져다가 증거할 것이요 그 찢긴 것에 대하여 배상하지 않을지니라. 만일 이웃에게 빌어온[빌려온] **것이 그 임자**[주인]**가 함께 있지 아니할 때에 상하거나 죽으면 반드시 배상하려니와 그 임자**[주인]**가 그것과 함께하였으면 배상하지 않을지며 세 낸 것도 세를 위하여 왔은즉** 배상하지 않을지니라.

사람이 나귀나 소나 양이나 다른 짐승을 이웃에게 맡겨 지키게 하였다가 죽거나 상하거나 몰려가도 본 사람이 없으면 두 사람 사이에 맡은 자가 이웃의 것에 손을 대지 않았다고 여호와로 맹세할 것이요 그 주인은 그대로 믿을 것이며 그 사람은 배상하지 않아도 되었다. 맹세는 갈등의 최후의 해결책이었다. 그것은 하나님께 호소하는 것이며 하나님께서는 거짓 맹세하는 자를 벌하실 것이기 때문이다.

그러나 만일 그가 있을 때 도둑을 맞았으면 그 주인에게 배상해야 하고, 만일 찢겼으면 그것을 가져다가 증거할 것이며 그 찢긴 것에 대해 배상하지 않아도 되었다. 만일 이웃에게 빌려온 것이 그 주인이 함께 있지 않았을 때 상하거나 죽으면 반드시 배상해야 하고 그 주인이 그것과 함께하였으면 배상하지 않아도 되었다. 세 낸 것도 세를 위해 왔은즉 배상하지 않아도 되었다. "세 낸 것도 세를 위해 왔다"는 말은 그 손실이 그 세 안에 포함되어 있다는 뜻인 것 같다(NIV).

〔16-17절〕 사람이 정혼하지 아니한 처녀를 꾀어 동침하였으면 빙폐[신부 부모에게 예물]**를 드려 아내로 삼을 것이요 만일 그 아비가 그로 그에게 주기를 거절하면 그는 처녀에게 빙폐하는 일례로 돈을 낼지니라.**

사람이 약혼하지 않은 처녀를 꾀어 동침하였으면 신부 부모에게 예물을 드리며 아내로 삼아야 하였다. 신명기 22:29는 신부 부모에게 은 50세겔을 드려야 한다고 말한다. 만일 그 아비가 딸을 그에게 주기를 거절하면 그는 처녀에게 예물을 주는 뜻으로 돈을 내어야 했다.

〔18절〕 너는 무당을 살려 두지 말지니라.

무당의 활동은 악령들의 감동을 받은 잘못된 신비주의에 속한다.

사탄과 악령들도 상당히 신비한 일들을 행한다. 그러나 하나님께서는 그런 잘못된 신비주의를 용납하지 않으신다. 신명기 18:9-14, "네 하나님 여호와께서 네게 주시는 땅에 들어가거든 너는 그 민족들의 가증한 행위를 본받지 말 것이니 그 아들이나 딸을 불 가운데로 지나게 하는 자나 복술자나 길흉을 말하는 자나 요술하는 자나 무당이나 진언자나 신접자나 박수나 초혼자를 너의 중에 용납하지 말라. 무릇 이런 일을 행하는 자는 여호와께서 가증히 여기시나니 이런 가증한 일로 인하여 네 하나님 여호와께서 그들을 네 앞에서 쫓아내시느니라. 너는 네 하나님 여호와 앞에 완전하라. 네가 쫓아낼 이 민족들은 길흉을 말하는 자나 복술자의 말을 듣거니와 네게는 네 하나님 여호와께서 이런 일을 용납지 아니하시느니라." 우리는 오늘날 교회들에도 만연해 있는 거짓된 신비주의와 은사주의를 경계해야 한다.

〔19절〕 짐승과 행음하는 자는 반드시 죽일지니라.

짐승과 교합하거나 교접하는 것은 하나님의 뜻을 저버린 '문란한 일'이다. 레위기 18:23, "너는 짐승과 교합하여 자기를 더럽히지 말며 여자가 된 자는 짐승 앞에 서서 그것과 교접하지 말라. 이는 문란한 일(테벨 תֶּבֶל)[성적 도착, perversion(NASB, NIV)]이니라." 그런 행위는 사형에 해당하는 악한 행위이다. 레위기 20:15-16, "남자가 짐승과 교합하면 반드시 죽이고 너희는 그 짐승도 죽일 것이며 여자가 짐승에게 가까이 하여 교합하거든 너는 여자와 짐승을 죽이되 이들을 반드시 죽일지니 그 피가 자기에게로 돌아가리라."

〔20절〕 여호와 외에 다른 신에게 희생을 드리는 자는 멸할지니라.

여호와 하나님 외에 다른 신에게 제사를 드리는 것은 십계명의 제1계명을 어기는 것이며 그런 자는 사형을 시켜야 했다.

본문의 교훈을 정리해보자. 첫째로, 우리는 도둑질하지 말아야 한다. 도둑질한 자는 엄격하게 배상해야 하였다. 신약 성도도 도둑질하지 말아야 한다. 에베소서 4:28, "도적질하는 자는 다시 도적질하지 말고 돌이켜 빈궁한 자에게 구제할 것이 있기 위하여 제 손으로 수고하여 선한 일을 하라." 교인들도 범하기 쉬운 도둑질들 중, 남의 물건을 빌려가고 돌려주지 않는 것, 도서관에서 자기에게 필요한 책을 가져가는 것, 나라에 낼 세금을 내지 않는 것, 석박사들의 논문표절, 컴퓨터 소프트웨어 불법복제 등도 하지 말아야 한다. 우리는 모든 도둑질을 멀리해야 한다.

둘째로, 우리는 성적 탈선을 조심해야 한다. 사람이 약혼하지 않은 처녀를 꾀어 동침하면 그를 아내로 삼아야 했다. 자신의 실수에 대해 책임을 져야 한다는 것이다. 세상에는 어느 시대에나 성적 문란이 있었겠지만, 오늘날에는 그 정도가 매우 심각한 것 같다. 인터넷 문명과 더불어 현대 사회가 부도덕하고 음란한 풍조가 점점 심해지는 때일수록 성도는 더욱 단정하고 성결해야 한다. 우리는 음란성이 있는 TV 채널들을 멀리해야 하고 락 음악도 멀리해야 한다. 우리의 복장도 단정해야 하고 우리가 듣는 음악도 단정해야 한다. 빌립보서 1:9-11, "내가 기도하노라. 너희 사랑을 지식과 모든 총명으로 점점 더 풍성하게 하사 너희로 지극히 선한 것을 분별하며 또 진실하여 허물 없이 그리스도의 날까지 이르고 예수 그리스도로 말미암아 의의 열매가 가득하여 하나님의 영광과 찬송이 되게 하시기를 구하노라."

셋째로, 우리는 거짓된 신비주의를 조심해야 한다. 무당은 악령들과 교제하는 자이다. 다른 신에게 제사드리는 자도 그러하다. 오늘날 교회들 안에는 거짓된 신비주의가 많이 들어와 있다. 오늘날 은사주의 풍조가 그러하다. 이것은 성경에 예언된 말세의 한 징조이다. 그러므로 우리는 영을 다 믿지 말고 오직 영들이 하나님께 속하였나 시험해야 한다(요일 4:1). 그러므로 말세를 사는 우리는 은사주의를 경계하고 교회들과 목사들을 분별하고 신구약 66권의 성경말씀의 바른 교훈 안에 거해야 한다. 그것이 하나님께서 지시하시고 교훈하신 옛 길, 바른 길이다. 모든 진실한 성도들은 바른 목사들과 바른 교회들을 선택해야 한다.

21-31절, 나그네, 과부와 고아, 가난한 자에 대한 규례

〔21절〕 너는 이방 나그네를 압제하지 말며 그들을 학대하지 말라. 너희도 애굽 땅에서 나그네이었었음이니라.

'이방 나그네'라는 원어(게르 גֵּר)는 이방인을 포함해 객과 나그네를 가리키는 일반적인 말이다. 출애굽기 23:9에도 "너는 이방 나그네를 압제하지 말라. 너희가 애굽 땅에서 나그네 되었었은즉 나그네의 정경[심정]을 아느니라"고 말씀하셨고, 레위기 19:33에서도 "타국인(게르 גֵּר)이 너희 땅에 우거하여 함께 있거든 너희는 그를 학대하지 말라"고 하셨다. 그 외에도, 하나님께서는 성경 여러 곳에서 나그네를 압제하지 말라고 말씀하셨다(신 24:17; 렘 7:6; 슥 7:10; 말 3:5).

하나님께서는 이스라엘 백성도 애굽 땅에서 나그네이었음을 상기시키셨다. 그들은 애굽에서 나그네로 압제와 학대를 당한 경험이 있으므로 동족이든 이방인이든 나그네에게 악하게 행하지 말고 자비를 베풀라는 뜻이다. 더욱이, 신명기 10:18은 하나님께서 나그네를 사랑하신다고 말하였고, 시편 146:9는 하나님께서 객(게르 גֵּר)[나그네]을 보호하신다고 말했다. 이방 나그네는 대체로 언어나 풍습이나 길에 서툴고 친한 사람도 없는 자이다. 그런 자를 압제하고 학대하는 것은 나쁜 일이다. 우리는 하나님의 성품을 따라 그런 자에게 친절과 사랑을 베풀고 그를 도와주고 필요하면 길도 안내해주어야 한다.

〔22-24절〕 너는 과부나 고아를 해롭게 하지 말라. 네가 만일 그들을 해롭게 하므로 그들이 내게 부르짖으면 내가 반드시 그 부르짖음을 들을지라. 나의 노가 맹렬하므로 내가 칼로 너희를 죽이리니 너희 아내는 과부가 되고 너희 자녀는 고아가 되리라.

과부는 그가 사랑하고 의지하는 남편을 하나님께서 먼저 불러가신 자요, 고아는 그를 보호하고 양육할 부모를 하나님께서 일찍 불러가신 미성년자를 가리킨다. 그들은 자신의 기본적 생활을 자기 스스로 해결해 나가야 할 자들이다. 그들은 다른 이들의 배려와 위로와 도움이 필요한 자들이다. 우리는 그런 자를 해롭게 해서는 안 된다.

신명기 24:17은 "너는 고아의 송사를 억울하게 말며 과부의 옷을 전집하지[담보로 취하지] 말라"고 말했고, 또 신명기 27:19는 "고아나 과부의 송사를 억울케 하는 자는 저주를 받을 것이라 할 것이요 모든 백성은 아멘 할지니라"고 말했다. 선지자 이사야는 이스라엘의 부패한 방백들이 "고아를 위해 신원치[원통함을 풀지] 아니하며 과부의 송사를 수리치 않는다"고 지적했다(사 1:23). 또 그는 "과부에게 토색[강탈]하고 고아의 것을 약탈하는 자는 화 있을진저"라고 말했다(사 10:2). 신명기 10:18은 하나님께서 "고아와 과부를 위하여 신원하시며 나그네를 사랑하사 그에게 식물과 의복을 주신다"고 말했다. 시편 68:5는 "하나님은 고아의 아버지시며 과부의 재판장이시라"고 말했고, 시편 146:9는 여호와께서 "고아와 과부를 붙드신다"고 말했다.

우리는 과부와 고아에 대해 해를 끼치지 말고 하나님의 마음을 품고 그들에게 친절을 베풀고 배려하고 도와주고 가르쳐주고 위로하고 격려해야 한다. 우리는 모든 사람을 사랑하고 그들에게 선을 베풀어야 한다. 만일 어떤 사람이 과부나 고아를 해롭게 하므로 그가 하나님께 부르짖으면 하나님께서는 그 부르짖음을 듣고 그에게 노하셔서 그를 죽이시고 그의 아내가 과부가 되고 그의 자녀가 고아가 되게 하겠다는 무서운 저주의 경고도 하셨다. 그것은 과부나 고아를 해롭게 하는 것이 얼마나 큰 악인지를 잘 증거해준다.

〔25절〕 네가 만일 너와 함께한 나의 백성 중 가난한 자에게 돈을 꾸이거든[빌려주면] **너는 그에게 채주(債主)같이 하지 말며 변리를 받지 말 것이며.**

'변리'라는 원어(네쉐크 נֶשֶׁךְ)는 '이자'(interest)(NASB, NIV)라는 뜻보다 '고리대금'(usury)(KJV)이라는 뜻이라고 한다(TWOT). 하나님께서는 이스라엘 백성이 상호간에 고리대금하는 일을 금하셨다. 레위기 25:35-37, "네 동족이 빈한하게 되어 빈손으로 네 곁에 있거든 너는 그를 도와 객이나 우거하는 자처럼 너와 함께 생활하게 하되 너는 그에게 이식을 취하지[고리대금하지] 말고 네 하나님을 경외하여 네 형제로 너와 함께 생활하게 할 것인즉 너는 그에게 이식을 위하여 돈을 꾸이지 말고 이익을 위하여 식물을 꾸이지 말라." 신명기 23:19-20, "네가 형제에게 꾸이거든 이식을 취하지[고리대금하지] 말지니 곧 돈의 이식, 식물의 이식, 무릇 이식을 낼 만한 것의 이식을 취하지 말 것이라. 타국인에게 네가 꾸이면 이식을 취하여도 가하거니와 너의 형제에게 꾸이거든 이식을 취하지 말라." 시편 15:5는 하나님의 성산에 거할 만한 자를 여러 말로 표현하는 중 "변리로 [고리]대금치 아니하는" 자라는 말도 포함하였다. 선지자 에스겔은 이스라엘 백성이 고리대금하는 것을 악한 행위로 여겼다(겔 18:8, 13, 17; 22:12).

〔26-27절〕 네가 만일 이웃의 옷을 전당잡거든 해가 지기 전에 그에게 돌려보내라. 그 몸을 가릴 것이 이뿐이라. 이는 그 살의 옷인즉 그가 무엇을 입고 **자겠느냐? 그가 내게 부르짖으면 내가 들으리니 나는 자비한**[자비로운] **자임이니라.**

신명기 24:12-13도 "그가 가난한 자여든 너는 그의 전집물을 가지고 자지 말고 해 질 때에 그 전집물을 반드시 그에게 돌릴 것이라. 그리하면 그가 그 옷을 입고 자며 너를 위하여 축복하리니 그 일이 네 하나님 여호와 앞에서 네 의로움이 되리라"고 말했다. 가난한 자의 옷이 담보물일 경우 해 질 때 그것을 돌려주어 잘 때 추위를 피하게 하라는 뜻이다. 신명기 24:6은 맷돌의 전부나 그 위짝을 담보물로 받지 말라고도 하셨는데, 그것도 생활필수품이기 때문이다.

하나님께서는 "나는 자비한 자니라"고 말씀하셨다. 하나님께서는 "자비롭고 은혜롭고 노하기를 더디하고 인자와 진실이 많은 하나님"이시다(출 34:6; 시 86:15; 103:8). 하나님의 형상으로 지음받은 사람의 본래의 모습은 선하고 은혜롭고 자비로운 인격이었다. 그러므로 우리는 하나님의 성품을 본받아 자비로운 자가 되어야 한다. 그것은 나그네와 과부와 고아를 압제하거나 학대하거나 해롭게 하지 않고 가난한 자에게 이자를 받지 않는 행위로 나타날 것이다.

〔28절〕 너는 재판장을 욕하지 말며 백성의 유사를 저주하지 말지니라.

'재판장'이라는 원어(엘로힘 אֱלֹהִים)는 '하나님'(God)(NASB, NIV) 혹은 '신들'(gods)(KJV) 즉 '재판장들'이라고 번역된다. 이 말은 본장 8절과 9절에서는 '재판장들(judges)'이라고 번역하였다(KJV, NASB, NIV). 본문은 재판에서 진 사람이 인간적 감정으로 재판장을 향하여 욕하고 저주하지 말라는 뜻이라고 본다. 또 누구든지 백성의 유사(有司) 즉 관리들이 행하는 일들에 불만하여 그를 저주하지 말아야 한다. 사회의 질서는 잘 지켜져야 한다. 로마서 13:1, "각 사람은 위에 있는 권세들에게 굴복하라. 권세는 하나님께로 나지 않음이 없나니 모든 권세는 다 하나님의 정하신 바라." 사회의 평안은 질서에서부터 시작되며, 폭력과 보복은 사회의 무질서와 혼란을 가져오고 그러한 사회는 결국 쇠약해지고 패망할 것이다.

〔29-30절〕 너는 너의 추수한 것과 너의 짜낸 즙을 드리기에 더디게 말지며 너의 처음 난 아들들을 내게 줄지며 너의 소와 양도 그 일례로 하되 7일 동안 어미와 함께 있게 하다가 8일만에 내게 줄지니라.

출애굽기 23:19는 "너의 토지에서 처음 익은 열매의 첫것을 가져다가 너의 하나님 여호와의 전에 드리라"고 말씀했다. 출애굽기 34:26도 같은 내용이다. 레위기 23:10은 "너희는 내가 너희에게 주는 땅에 들어가서 너희의 곡물을 거둘 때에 우선 너희의 곡물의 첫 이삭 한 단을 제사장에게로 가져가라"고 말한다. 이스라엘 백성은 매년 곡식과 기름과 포도주의 첫 소산을 하나님께 드려야 했고 그것은 제사장들에게 돌려졌다(민 18:12-13; 신 26:2, 10; 느 10:35; 겔 44:30). 잠언 3:9-10도 "네 재물과 네 소산물의 처음 익은 열매로 여호와를 공경하라. 그리하면 네 창고가 가득히 차고 네 즙틀에 새 포도즙이 넘치리라"고 말씀하였다.

이스라엘 백성은 처음 난 아들들도 하나님께 드려야 했고 소와 양도 그러했다. 출애굽기 13:2는, "이스라엘 자손 중에 사람이나 짐승이나 무론하고 초태생은 다 거룩히 구별하여 내게 돌리라. 이는 내 것이니라"고 말씀하였다. 사람의 경우는 그를 제물로 드리지 않고 속전(대신하는 금액)으로 드려야 했다. 신명기 15:19는 "너의 우양의 처음 난 수컷은 구별하여 네 하나님 여호와께 드리라"고 말씀하였다.

단지, 소와 양의 첫 새끼를 하나님께 드릴 때에 그것을 7일 동안 어미와 함께 있게 하다가 제8일에 하나님께 드려야 했다. 일반 짐승 제물도 제8일 후에 드려야 했다. 레위기 22:27도 "수소나 양이나 염소가 나거든 7일 동안 그 어미와 같이 있게 하라. 제8일 이후로는 여호와께 화제로 예물을 드리면 열납되리라"고 말씀하였다. 그것은 새끼에 대한 어미의 모성적 본능을 배려하신 일일 것이다.

〔31절〕 너희는 내게 거룩한 사람이 될지니 들에서 짐승에게 찢긴 것의 고기를 먹지 말고 개에게 던질지니라.

하나님께서는 레위기 22:8에서도 "절로 죽은 것이나 들짐승에게 찢긴 것을 먹음으로 자기를 더럽히지 말라"고 말씀하셨다. 그 이유는, 그런 고기는 피 있는 고기이며 또 불결한 고기이기 때문일 것이다.

본문의 교훈을 정리해보자. 첫째로, 우리는 이웃에게 자비를 베풀어야 한다. 우리는 나그네와 과부와 고아를 압제하지 말고 학대하지 말고 가난한 형제에게 선을 베풀고 돈을 빌려줄 때 이자를 받지 말아야 한다.

둘째로, 우리는 세속사회의 통치자들을 존중해야 한다. 우리는 판사들을 욕하지 말고 백성의 관리들을 저주하지 말아야 하고 그들의 판단을 존중하고 따라야 한다. 신약성경도 그것을 밝히 교훈한다(롬 13:1).

셋째로, 우리는 하나님을 정성껏 섬겨야 한다. 우리는 밭의 소산의 첫 열매와 첫 아들과 짐승의 첫 새끼를 하나님께 드려야 한다(잠 3:9-10). 즉 우리는 우리의 삶의 가장 귀한 것을 하나님께 드려야 한다.

23장: 공정함, 절기 등의 법

1-9절, 공정한 재판에 대한 법

〔1절〕 **너는 허망한 풍설**[헛된 소문, 거짓된 소문]**을 전파하지 말며 악인과 연합하여 무함(誣陷)하는**(카마스 חָמָס)[남을 해치는] **증인이 되지 말며.**

우리는 헛된 소문을 전파하지 말아야 한다. 레위기 19:16은 "너는 네 백성 중으로 돌아다니며 사람을 논단하지 말라"고 말했는데, 그것은 이웃에게 돌아다니며 헛된 소문, 거짓된 소문을 퍼뜨리지 말라는 뜻이다. 잠언 20:19는 "두루 다니며 한담[중상]하는 자는 남의 비밀을 누설하나니 입술을 벌린 자를 사귀지 말지니라"고 말씀했다. 우리는 사실이라도 남의 말은 안 하는 것이 좋다. 하물며 사실이 아닌 것을 전하는 것은 남의 마음에 상처를 주고 남의 명예를 훼손하고 거짓말하는 죄를 짓는 것이다. 그것은 하나님 앞에서 큰 죄이다.

우리는 또 악인과 연합하여 무함(誣陷)하는[남을 해치는] 증인이 되지 말아야 한다. '무함(誣陷)'이라는 말은, 없는 일을 거짓으로 꾸며서 남을 나쁜 구덩이에 빠뜨리는 것을 말한다. 우리는 악인과 연합하여 거짓말로 남을 해치는 증인이 되어서는 안 된다. 그것은 참으로 악하고 죄악된 일이다.

〔2절〕 **다수(多數)를 따라 악을 행하지 말며 송사에 다수를 따라 부정당한**[정의를 왜곡하는] **증거를 하지 말며.**

하나님께서는 '다수를 따라'라는 말을 반복하시며 다수를 이용한 악을 경계하셨다. 좋은 일을 널리 전달하는 것은 좋은 일이지만 나쁜 것을 좋은 것처럼 포장하여 널리 퍼뜨리고 대중을 선동하고 여론을 조성하는 것은 매우 나쁜 일이다. 또 법정에서 다른 사람들을 의식해 양심적으로 옳지 않은 일을 증거하는 일도 매우 나쁜 일이다.

〔3절〕 가난한 자의 송사라고 편벽되이 두호하지 말지니라.

하나님께서는 레위기 19:15에서도 "너희는 재판할 때에 불의를 행치 말며 가난한 자의 편을 들지 말며 세력 있는 자라고 두호하지 말고 공의로 사람을 재판할지니라"고 말씀하셨다. 가난한 자는 사람들의 배려가 필요한 자이긴 하지만, 그렇다고 하여서 그가 행한 악이 정당화될 수 없다. 가난한 자의 편을 무조건 두둔하는 것은 잘못이다. 우리는 모든 판단을 공정하게 하고 편벽되지 않게 해야 한다.

〔4-5절〕 네가 만일 네 원수의 길 잃은 소나 나귀를 만나거든 반드시 그 사람에게로 돌릴지며 네가 만일 너를 미워하는 자의 나귀가 짐을 싣고 엎드러짐을 보거든 삼가 버려두지 말고 그를 도와 그 짐을 부리울지니라.

우리는 원수에게 긍휼을 베풀어야 하고 그에게 어떤 어려운 문제가 생긴 것을 볼 때 못 본 체하지 말고 도와줄 수 있는 것은 도와주어야 한다. 우리가 원수까지도 사랑하고 그에게 선을 베푸는 것이 하나님의 뜻이다. 로마서 12:20, "네 원수가 주리거든 먹이고 목마르거든 마시우라. 그리함으로 네가 숯불을 그 머리에 쌓아 놓으리라." 데살로니가전서 5:15, "삼가 누가 누구에게든지 악으로 악을 갚지 말게 하고 오직 피차 대하든지 모든 사람을 대하든지 항상 선을 좇으라."

〔6절〕 너는 가난한 자의 송사라고 공평치 않게 하지 말며.

우리는 가난한 자의 송사라고 공평치 않게 하지 말아야 한다. 3절에서는 가난한 자의 송사라고 편벽되이 두호하지 말라고 명하셨다. 재판은 공정해야 한다. 재판에서 가난한 자를 무시하고 그에게 부당하고 억울한 판결을 내려서도 안 되지만, 무조건 가난한 자의 편을 들어서도 안 된다. 재판은 공의롭게, 공명정대하게 이루어져야 한다.

〔7절〕 거짓 일을 멀리하며 무죄한 자와 의로운 자를 죽이지 말라. 나는 악인을 의롭다 하지 아니하겠노라.

우리는 거짓된 일을 멀리해야 하고 무죄한 자와 의로운 자를 죽이지 말아야 한다. 하나님께서는 진실하시며 진실한 말을 권장하시고 거짓을 미워하신다. 그러므로 하나님을 경외하는 모든 성도는 거짓된 일을 멀리해야 한다. 하나님께서는 또 의로우시며 의를 권장하시고 불의를 미워하신다. 그러므로 모든 성도는 결코 무죄한 자와 의로운 자를 죽이지 말아야 한다. 그것은 매우 악한 일이다. 하나님께서는 악인을 의롭다 하지 않으신다. 그는 공의로우시며 공의로운 재판장이시다. 그는 의는 의라고 판단하시며 불의는 불의라고 판단하신다. 또 그는 의인에게는 영원한 생명을 주시고 악인에게는 영원한 지옥 형벌을 주실 것이다. 우리는 그의 성품을 본받아야 하고, 선한 자를 죽이는 일이나 악한 자를 칭찬하는 일이 없어야 한다.

〔8절〕 너는 뇌물을 받지 말라. 뇌물은 밝은 자의 눈을 어둡게 하고 의로운 자의 말을 굽게 하느니라.

뇌물은 순수하지 못한 목적과 의도가 있는 선물을 가리킨다. 뇌물은 밝은 자의 눈을 어둡게 하고 의로운 자의 말을 굽게 만든다. 그러므로 성도는 뇌물을 주지도 말고 받지도 말아야 한다.

〔9절〕 너는 이방 나그네를 압제하지 말라. 너희가 애굽 땅에서 나그네 되었었은즉 나그네의 정경(네페쉬 נֶפֶשׁ)[영혼, 심정]**을 아느니라.**

우리는 이방 나그네들을 압제하지 말아야 한다. 이스라엘 백성은 옛날 애굽에서 종살이하였을 때 나그네의 심정이 어떠함을 체험했었다. 그러므로 그들은 그들 나라에 들어와 살고 있는 이방 나그네들의 어려운 심정을 생각하고 그들을 압제하지 말아야 했다. 하나님께서는 출애굽기 22:21에서도 "너는 이방 나그네를 압제하지 말며 그들을 학대하지 말라. 너희도 애굽 땅에서 나그네이었었음이니라"고 말씀하셨다. 하나님께서는 반복하여 이 법을 강조하셨다. 하나님께서는 우리가 이웃에 대하여 선한 마음을 품고 살며 이방 나그네들에게도 선함과 긍휼함이 있는 마음을 가지고 대하기를 원하신다.

본문의 교훈을 정리해보자. 첫째로, 우리는 거짓과 악을 행치 말아야 한다. 1절, "너는 헛된 소문을 전파하지 말며 악인과 연합하여 남을 해치는 증인이 되지 말라." 사람이 자기의 이익을 위해 남을 해치려는 뜻이 없다면 그에게 거짓말을 할 필요가 없을 것이다. 특히 헛된 소문을 내는 것은 남을 해치고 남의 명예를 손상시키는 거짓말을 하는 것이다. 요한계시록은 거짓말을 지어내는 자가 천국에 못 들어갈 것이며 지옥 불못에 던지울 것이라고 경고하였다(계 22:15; 21:8). 특히 사람이, 없는 일을 거짓으로 꾸며 남을 함정에 빠뜨리는 것은 큰 악이다. 하나님께서는 그런 일을 매우 미워하신다. 우리는 범사에 진실하고 진실한 말을 해야 하며 특히 남에게 해를 끼치는 거짓말을 결코 해서는 안 된다.

둘째로, 우리는 공정한 태도를 가지고 공의롭게 행해야 한다. 2절, "다수를 따라 악을 행하지 말며 송사에 다수를 따라 정의를 왜곡하는 증거를 하지 말라." 우리는 무조건 부자를 지지하고 가난한 자를 무시하고 해쳐서도 안 되지만, 가난한 자의 송사라고 편벽되이 두호하거나 부자를 무조건 정죄해서도 안 된다. 우리는 부자에게든지, 가난한 자에게든지 범사에 공정하고 공평하게 생각하고 공의롭게 판단해야 한다. 잠언은 "악인을 의롭다 하며 의인을 악하다 하는 이 두 자는 다 여호와의 미워하심을 입느니라," "율법을 버린 자는 악인을 칭찬하나 율법을 지키는 자는 악인을 대적하느니라"고 말하였다(잠 17:15; 28:4).

셋째로, 우리는 선과 사랑을 실천해야 한다. 우리는 이방 나그네를 압제하지 말고 원수까지도 사랑해야 한다. 우리는 외국인 노동자들이나 탈북자들에게 따뜻하게 대하고 그들이 우리나라에서 사는데 어려움이 없도록 도와주어야 한다. 또 우리는 교회에서 친한 교우들과만 인사하지 말고 신입교인들에게, 아니 모든 사람에게 따뜻한 인사를 나누어야 한다. 우리는 특히 교회에 처음 나온 이들에게 관심을 가지고 배려해야 한다. 우리는 모든 교우들에게 밝은 얼굴로 인사하고 친절히 대해야 한다. 그러면 우리 모두의 마음도 기쁘고 더욱 평안할 것이다. 우리는 모든 사람에게 선을 베풀고 모든 사람을 사랑해야 한다.

10-19절, 절기에 대한 법

〔10-11절〕 너는 6년 동안은 너의 땅에 파종하여 그 소산을 거두고 제7년에는 갈지 말고 묵여[묵혀] **두어서 네 백성의 가난한 자로 먹게 하라. 그 남은 것은 들짐승이 먹으리라. 너의 포도원과 감람원도 그리할지니라.**

이것은 땅의 안식년에 대한 법이다. 논이나 밭, 포도원이나 감람원은 6년 동안 파종하고 제7년에는 묵혀 두어야 했다. 이것은 가난한 자들과 들짐승들이 먹도록 배려하신 법이기도 했다. 또 그것은 땅의 생산력을 높이는 데도 유익할 것이다. 우리는 하나님의 너그러우심을 본받아 가난한 자들을 배려하고 들짐승들에게도 그러해야 한다.

〔12절〕 너는 6일 동안에 네 일을 하고 제7일에는 쉬라. 네 소와 나귀가 쉴 것이며 네 계집종의 자식과 나그네가 숨을 돌리리라.

안식일 계명은 이스라엘 백성뿐 아니라, 가축들과 종들도 배려하신 계명이다. 집에서 일하는 소와 나귀도 안식일에 쉴 것이며 여종의 자녀들과 나그네들도 숨을 돌릴 것이다. 하나님께서는 짐승들과 종들과 집에 거하는 나그네들을 배려하셨다. 하나님께서는 너그러우신 분이시다. 그는 피조물들의 수고로움을 아시는 하나님이시다.

〔13절〕 내가 네게 이른 모든 일을 삼가 지키고 다른 신들의 이름은 부르지도 말며 네 입에서 들리게도 말지니라.

하나님의 법은 일차적으로는 하나님과의 관계에 대한 것이다. 우리는 먼저 하나님을 경외하고 그를 섬겨야 한다. 모든 법들은 하나님께서 주신 것이다. 우리는 하나님께서 만드신 세상에서 그가 주신 법을 지키는 것이다. 온 우주에 여호와 외에는 다른 신이 없다. 우리는 다른 신의 이름을 부르거나 우리의 입에 올리지도 말아야 한다.

〔14절〕 너는 매년 3차 내게 절기를 지킬지니라.

모세의 율법은 열 가지 절기들을 규정한다. 안식일, 월삭, 유월절-무교절, 보리 초실절, 맥추절, 나팔절, 속죄일, 초막절, 안식년, 희년

등 열 가지이다. 그 중 연중 절기가 여섯이고, 또 그 여섯 중 세 가지가 대표적인데, 그 셋은 다음에 명령된 무교절, 맥추절, 수장절이다.

〔15절〕 너는 무교병의 절기를 지키라. 내가 네게 명한 대로 아빕월의 정한 때에 7일 동안 무교병을 먹을지니 이는 그 달에 네가 애굽에서 나왔음이라. 빈손으로 내게 보이지 말지니라.

연중 3대 절기 중, 첫 번째는 무교절이다. 무교절은 유대인의 달력으로 아빕월(출 13:4; 23:15; 34:18; 신 16:1) 즉 1월에 지키는 절기이다. 1월 14일 저녁은 유월절이며, 1월 15일부터 7일 동안이 무교절이다(레 23:5-6). 그것은 양력으로 3월 중순쯤 된다. 무교절은 7일 동안 누룩 없이 만든 떡을 먹기 때문에 무교병[누룩 없이 만든 떡]의 절기 혹은 무교절이라고 불린다. 무교절의 첫날인 1월 15일과 제7일인 1월 21일은 안식일이며 성회(聖會)로 모였다(레 23:7-8). 유월절과 무교절은 시간적으로 붙어 있기 때문에 동의어로 쓰이기도 한다. 신약시대에는 더욱 그러하였다(마 26:17; 막 14:1, 12; 눅 22:1, 7).

유월절과 무교절은 출애굽 사건을 기념하는 의미가 있었다. 이때 흠 없고 1년된 숫양을 죽이고 그 피를 문틀 위와 좌우에 바르고 그 고기를 구워 무교병과 쓴나물과 함께 먹되, 허리에 띠를 띠고 발에 신을 신고 손에 지팡이를 잡고 급히 먹었다. 무교병은 옛날에 애굽에서 급하게 나온 사실과 흠 없는 제물을 상징했다. 쓴나물은 애굽에서의 고통스런 생활을 상징했다. 어린양은 예수 그리스도를 상징했다. 고린도전서 5:7, "우리의 유월절 양 곧 그리스도께서 희생이 되셨느니라." 유대인들이 어린양의 피를 집 문틀 위와 좌우에 발라 하나님의 재앙을 피했듯이, 우리는 예수 그리스도의 십자가의 대속의 피를 믿음으로 하나님의 진노의 심판을 피할 수 있게 되었다.

이스라엘의 연중 3대 절기 때에는 하나님께 빈손으로 보이지 말고 정성의 예물을 드려야 했다. 신명기 16:16-17도, "공수(空手)로 여호와께 보이지 말고 각 사람이 네 하나님 여호와의 주신 복을 따라 그

힘대로 물건을 드릴지니라"고 말했다. 이스라엘 백성은 절기 때마다 하나님께 감사의 예물을 드려야 하였다.

〔16절〕 맥추절을 지키라. 이는 네가 수고하여 밭에 뿌린 것의 첫 열매를 거둠이니라. 수장절을 지키라. 이는 네가 수고하여 이룬 것을 연종에 밭에서부터 거두어 저장함이니라.

연중 3대 절기 중, 두 번째는 맥추절이다. 맥추절은 '밀 초실절'(출 34:22)이라고도 불린다. 그것은 밀 추수를 시작할 때 첫 열매를 드리는 절기이다. 유대 땅에서 곡식 추수는 무교절 기간의 보리 추수로 시작하여 맥추절 기간의 밀 추수로 끝난다. 무교절의 7일 중에 보리 추수의 첫 열매를 하나님께 드리는 또 하나의 절기가 있는데, 그것이 '보리 초실절'이다. 그 날은 보리 추수의 첫 단을 안식일 다음날 하나님께 흔들어 드리는 날이며(레 23:10-11), 전통적으로 1월 16일이다. 보리 초실절로부터 일곱 안식일을 지난 그 다음날이 맥추절이다. 그래서 맥추절을 '칠칠절'(신 16:16) 혹은 '오순절'이라고도 부른다.

유월절은 예수 그리스도의 대속사역을 예표했다. 예수 그리스도께서는 유월절 어린양이라고 불리신다(고전 5:7). 무교절 기간에 있는 보리 초실절(1월 16일)은 예수 그리스도의 부활을 예표했다고 본다. 주께서 잠자는 자들의 부활의 첫 열매가 되셨다(고전 15:20). 이것들과 비교하여, 맥추절은 성도들의 중생과 구원을 예표했다고 본다. 그 날 성령께서 강림하셨고(행 2:1-4) 신약교회의 구원운동이 본격적으로 시작되었다. 그 날 3천명의 사람들이 회개하고 세례를 받았다(행 2:41). 레위기 23:17에 보면, 맥추절에는 누룩을 넣어 구운 떡 두 개를 하나님께 드렸는데, 그것들은 '성령의 처음 익은 열매들'(롬 8:23), 즉 구원은 얻었으나 아직 죄성이 남아 있는 자들을 상징했다고 본다. 또 떡 두 덩이는 유대인들과 이방인들을 상징한 것일 것이다.

연중 3대 절기 중, 세 번째는 수장절(收藏節)이다. 수장절은 연말에 밭에서 거둔 것들, 곡식들을 비롯하여 각종 열매들, 기름, 포도주 등을 저장하는 절기이다. 수장(收藏)이라는 말은 '거두어 저장한다'는 뜻이다. 이것은 오늘날 우리가 가을에 지키는 추수감사절에 해당한다. 수장절은 초막절이라고도 불리는데(레 23:34; 신 16:13), 그것은 이스라엘 백성이 애굽에서 나와 광야 40년 동안 초막에 거하였던 것을 기억케 하는 뜻이 있었다. 수장절 혹은 초막절은 연중 3대 절기 중 가장 기쁘고 즐거운 절기이다(레 23:39-40; 신 16:13-15). 이 세상은 광야와 같고 성도의 삶은 순례자의 생활과 같다. 또 우리의 몸은 영구적 집이 아니고, 임시적 초막과 같다. 세상은 우리의 영원한 거주지가 아니다. 우리의 본향은 장차 올 천국이다. 사도 바울은 고린도후서 5:1에서, "만일 땅에 있는 우리 장막 집이 무너지면 . . . 하늘에 있는 영원한 집이 우리에게 있는 줄 아나니"라고 말했다.

〔17절〕 너의 모든 남자는 매년 세 번씩 주 여호와께 보일지니라.

이스라엘의 모든 남자는 매년 세 번씩 주 여호와 앞에 다함께 모여야 했다. 구약시대의 절기들은 출애굽과 추수와 관계된 뜻이 있었고 그것들은 예수 그리스도의 구원을 예표했다. 또 절기는 모든 시간이 하나님의 것임을 보인다. 오늘날 신약 성도들은 우리의 모든 시간이 하나님의 것이며 하나님의 구원의 은혜와 영육의 공급하심을 항상 감사하며 힘써 모여 하나님께 예배 드려야 할 것이다.

〔18절〕 너는 내 희생의 피를 유교병과 함께 드리지 말며 내 절기 희생**의 기름을 아침까지 남겨 두지 말지니라.**

누룩 없는 떡은 죄 없으신 구주 예수 그리스도를 예표한다. 또 그것은 예배하는 자의 거룩한 마음가짐도 내포한다. 우리가 마음에 죄를 품고 회개치 않은 채 하나님께 예배하거나 기도하면, 하나님께서는 그것을 받지 않으실 것이다. 시편 66:18, "내가 내 마음에 죄악을 품으면 주께서 듣지 아니하시리라." 또 절기 희생의 기름을 아침까지 남겨두지 말라는 말씀은 유월절 제물을 가리킨 것 같다. 유월절 어린양은 그 날 불에 구워 먹고 다음날 아침까지 남겨 두지 말아야 했다(출 12:9-10). 출애굽기 34:25, "유월절 희생을 아침까지 두지 말라."

〔19절〕 너의 토지에서 처음 익은 열매의 첫 것[가장 좋은 것](NASB)**을 가져다가 너의 하나님 여호와의 전에 드릴지니라. 너는 염소 새끼를 그 어미의 젖으로 삶지 말지니라.**

우리는 가장 좋은 것으로 하나님을 섬겨야 한다. 민수기 18:12-13, "그들이 여호와께 드리는 첫 소산 곧 제일 좋은 기름과 제일 좋은 포도주와 곡식을 네게 주었은즉 그들이 여호와께 드리는 그 땅 처음 익은 모든 열매는 네 것이니 네 집에 정결한 자마다 먹을 것이라."

또 염소 새끼를 그 어미의 젖으로 삶는 것은 이스마엘 사람의 풍습이었다고 보인다. 하나님께서 이스라엘 백성에게 그것을 금하게 하신 까닭은 그것이 하나님께서 짐승의 어미와 새끼 간에 세우신 관계를 멸시하는 것으로 간주되기 때문일 것이다(카일-델리취).

본문의 교훈을 정리해보자. 첫째로, 우리는 가난한 자나 들짐승이나 가축까지도 배려하는 자가 되어야 한다. 안식년과 안식일 계명도 가난한 자를 배려하고 들짐승이나 가축까지도 배려하는 뜻이 있었다. 우리는 남을 배려하는 자가 되고 특히 가난한 자와 짐승까지도 배려하는 자가 되어야 하며, 결코 무심한 자나 잔인한 자가 되지 말아야 한다.

둘째로, 우리는 하나님의 은혜를 기억하고 감사해야 한다. 절기법은 하나님의 은혜를 감사하는 뜻이 있다. 유월절과 무교절은 출애굽 사건을 상기시키며, 초막절은 광야 40년 생활을 상기시킨다. 연중 삼대절기는 그리스도의 구속(救贖)의 은혜와 추수감사의 뜻을 가지고 있다.

셋째로, 우리는 정성껏 하나님을 섬겨야 한다. 우리는 마음과 정성과 힘을 다해 하나님을 사랑하고 섬겨야 하고(신 6:5) 처음 익은 열매를 그에게 드려야 한다(잠 3:9-10). 우리가 하나님께 복 받기를 원한다면, 우리는 가장 좋은 것으로 또 지극한 정성으로 하나님을 섬겨야 한다.

20-33절, 내가 사자를 네 앞서 보내리라

〔20-21절〕 내가 사자를 네 앞서 보내어 길에서 너를 보호하여 너로 내가 예비한 곳에 이르게 하리니 너희는 삼가 그 목소리를 청종하고 그를 노엽게 하지 말라. 그가 너희 허물을 사하지 아니할 것은 내 이름이 그에게 있음이니라.

천사는 눈에 보이지 않지만 하나님의 창조물로서 세상에 존재한다. 하나님께서는 하늘과 땅에서 보이는 것들과 보이지 않는 것들을 다 예수 그리스도로 말미암아 창조하셨다(골 1:16). 본문의 사자는 23절에서 '나의 사자'라고 불린다. 하나님께서는 그 사자를 이스라엘 백성 앞서 보내실 것이다. 그는 길에서 그들을 보호하시며 그들로 하나님께서 예비하신 곳에 이르게 하실 것이다.

이스라엘 백성은 하나님께서 그들 앞서 보내실 그 사자의 목소리를 듣고 순종해야 했다. 그들은 그를 노엽게 하지 말아야 했다. 왜냐하면 하나님의 이름이 그에게 있고 만일 그들이 그 사자의 목소리를 듣지 않으면 그 사자는 그들의 허물을 사하지 않으실 것이기 때문이다. 이런 사실들은 우리로 하여금 그 사자가 단지 한 천사가 아니고 특별한 인물이라고 생각하게 만든다.

본문의 하나님의 사자는 구약시대에 나타나신 예수 그리스도를 가리킨 것 같다. 아브라함이 하나님의 명령대로 독자 이삭을 모리아 산에서 번제로 드리려 할 때 여호와의 사자가 하늘에서 그를 불렀는데 그는 하나님이셨다(창 22:11-12). 야곱은 꿈에 하나님의 사자가 나타나 "나는 벧엘 하나님이라"고 말씀하셨다고 말하였다(창 31:11, 13). 야곱은 요셉의 아들들을 축복할 때 "나를 모든 환난에서 건지신 사자께서 이 아이에게 복을 주소서"라고 말하였다(창 48:16). 이런 구절들에서 하나님의 사자는 하나님 자신과 동일시되었는데, 그는 구약시대에 나타나신 하나님의 아들 예수 그리스도이시라고 보인다.

[22절] 네가 그 목소리를 잘 청종하고 나의 모든 말대로 행하면 내가 네 원수에게 원수가 되고 네 대적에게 대적이 될지라.

이것은 하나님의 말씀을 순종할 때 약속된 복이다. 하나님께서는 전능자이시며 이 세상에서 가장 힘있는 왕이시다. 그는 천둥과 벼락, 태풍과 지진을 주장하신다. 이 세상에는 그와 다투어 이길 자가 아무도 없다. 그런데 그 하나님께서 "내가 네 원수에게 원수가 되고 네 대적에게 대적이 될지라"고 약속하신 것이다. 그는 우리편이시며 우리를 위하신다. 단지 그의 말씀에 대한 순종이 우리에게 요구된다. 그러므로 우리는 세상을 두려워 말고 하나님의 말씀만 지켜야 한다.

[23-26절] 나의 사자가 네 앞서 가서 너를 아모리 사람과 헷 사람과 브리스 사람과 가나안 사람과 히위 사람과 여부스 사람에게로 인도하고 나는 그들을 끊으리니[완전히 멸하리니] **너는 그들의 신을 숭배하지 말며 섬기지 말며 그들의 소위를 본받지 말고 그것들을 다 훼파하며 그 주상을 타파하고 너의 하나님 여호와를 섬기라. 그리하면 여호와가 너희의 양식과 물에 복을 내리고 너희 중에 병을 제하리니 네 나라에 낙태하는 자가 없고 잉태치 못하는 자가 없을 것이라. 내가 너의 날 수를 채우리라.**

하나님의 사자께서는 이스라엘 백성을 앞서 가서 그들을 가나안 족속들에게로 인도하실 것이며 하나님께서는 그들을 완전히 멸하실 것이다. 그의 사자께서 앞서 행하시는 것은 하나님께서 앞서 행하시는 것이다. 그가 그들 앞에 행하시면 대적들은 완전히 멸망할 것이다.

그러나 하나님께서는 그들에게 단지 "그들의 신을 숭배하지 말며 섬기지 말며 그들의 행위를 본받지 말고 그것들을 다 훼파하며 그 주상(柱像)을 타파하고 너의 하나님 여호와를 섬기라"고 말씀하셨다. 원문에 '. . . 말며 . . . 말며 . . . 말고'라는 말은 강한 부정을 나타낸다.[8] 또 '그것들을 다 훼파하며 그 주상(柱像)을 타파하라'는 원어는

8) 히브리어에서 보통 명령법의 부정은 알 אַל을 사용하지만, 강한 부정에는 로 לֹא를 사용한다. 본문은 세 번 로 לֹא를 사용하였다.

'그것들을 완전히 훼파하며 그 주상(柱像)을 완전히 타파하라'는 강한 뜻을 가진다.[9] 하나님께서는 자신을 '너의 하나님 여호와'라고 말씀하셨다. 여호와께서는 영원히 스스로 계신 하나님이시며 천지 만물을 창조하신 자, 섭리하시는 자, 심판하시는 자, 이스라엘 백성을 애굽에서 구원하신 자이시다. 그는 지금도 살아계신 참 하나님이시다.

이스라엘 백성이 모든 우상을 버리고 하나님만 섬기면, 즉 그들이 참된 믿음과 순종의 생활을 하면, 그들의 양식과 물의 복이 약속되었다. 양식과 물, 즉 먹고 마시는 것은 사람의 생존에 필수 요건이다. 하나님께서는 그 필수 요건인 양식과 물을 보장하셨을 뿐만 아니라 또한 건강도 약속하셨다. 병에 걸리지 않고 건강하게 사는 것도 행복한 삶의 중요한 요소이다. 또 자녀 출산과 인구 증가도 가정과 사회의 복이다. '내가 너의 날 수를 채우리라'는 말씀은 '충분하게 살게 하겠다, 장수하게 하겠다'는 뜻이다. 악인들은 그들의 날의 반도 살지 못할 것이지만(시 55:23), 의인들은 충분하게 장수할 것이다.

〔27-28절〕 **내가 내 위엄**(에마시 אֵימָתִי)[나의 두려움]**을 네 앞서 보내어 너의 이를 곳의 모든 백성을 파하고 너의 모든 원수로 너를 등지게 할 것이며 내가 왕벌을 네 앞에 보내리니 그 벌이 히위 족속과 가나안 족속과 헷 족속을 네 앞에서 쫓아내리라.**

하나님께서는 그의 두려움을 앞서 보내셔서 가나안 땅의 백성들을 두렵게 하시고 그들을 파하시고 그들의 모든 원수로 그들을 등지게 하실 것이다. 원수들은 이스라엘 앞에서 패하고 다 도망칠 것이다.

하나님께서는 또 왕벌을 보내겠다고 말씀하셨다. 이 표현은 성경 다른 곳에서도 나온다(신 7:20; 수 24:12). 왕벌은 사람들에게 해를 끼치는 곤충을 가리킨다. 고대 이방인들의 글에는 가나안 거주자들이 개구리나 이나 벌 등 때문에 그 거주지를 버렸다는 기록이 있다고 한

9) 원문은 강의형(Piel) 동사 명령어에 절대부정사가 함께 사용되었다.

다(Poole). 그러나 성경에서 여호수아나 사사기에 그런 기록이 없는 것을 보면, 본문에서 하나님께서 말씀하신 왕벌은 그가 가나안 족속들에게 내리실 여러 재앙들을 상징하는 것 같다.

〔29-33절〕 그러나 그 땅이 황무하게 되어 들짐승이 번성하여 너희를 해할까 하여 1년 안에는 그들을 네 앞에서 쫓아내지 아니하고 네가 번성하여 그 땅을 기업으로 얻을 때까지 내가 그들을 네 앞에서 조금씩 쫓아내리라. 내가 너의 지경을 홍해에서부터 블레셋 바다까지, 광야에서부터 하수까지 정하고 그 땅의 거민을 네 손에 붙이리니 네가 그들을 네 앞에서 쫓아낼지라. 너는 그들과 그들의 신과 언약하지 말라. 그들이 네 땅에 머무르지 못할 것은 그들이 너로 내게 범죄케 할까 두려움이라. 네가 그 신을 섬기면 그것이 [참으로] **너의 올무가 되리라.**

하나님께서는 그 땅이 황폐하게 되어 들짐승이 번성하여 이스라엘을 해할까 하여 1년 안에는 그들을 이스라엘 앞에서 쫓아내지 아니하시고 이스라엘이 번성하여 그 땅을 기업으로 얻을 때까지 그들을 이스라엘 앞에서 조금씩 쫓아내리라고 말씀하셨다.

또 하나님께서는 그들의 땅 경계를 홍해(아마 홍해의 동쪽 북단 엘랏)에서부터 블레셋 바다까지, 광야[아라비]에서부터 하수 곧 유프라테스 강까지 정하고 그 땅의 거민들을 그들의 손에 붙이실 것이며 하나님께서 그들을 이스라엘 앞에서 쫓아내실 것이라고 말씀하셨다.

하나님께서는 특히, "너는 그들과 그들의 신들과 언약하지 말라"고 말씀하셨다. 그것은 교제의 문제로서 이스라엘의 순수한 신앙을 위해 매우 중요한 문제이다. 이스라엘 자손들이 이방의 신들과 언약하고 그들을 허용한다면 그들은 범죄하게 될 것이며 그것이 그들에게 올무가 될 것이다. 잘못된 교제는 신앙생활에 큰 시험거리이다. 그것은 참된 경건의 변질인 배교와 영적 부패의 첫걸음이 된다.

본문의 교훈을 정리해보자. 첫째로, 하나님께서는 자기 백성과 함께 하시고 그들 앞에 행하신다. 하나님께서는 그의 사자와 왕벌을 이스라엘 백성 앞에 보내실 것을 약속하셨다. 그것은 하나님께서 그들과 함께 하심을 보증하는 것이었다. 신약 성도들에게도 그러하다. 예수께서는 제자들에게, "볼지어다 내가 세상 끝날까지 너희와 항상 함께 있으리라"고 말씀하셨다(마 28:20). 또 성령께서는 우리 안에 항상, 영원히 거하신다. 요한복음 14:16, "내가 아버지께 구하겠으니 그가 또 다른 보혜사를 너희에게 주사 영원토록 너희와 함께 있게 하시리니."

둘째로, 하나님의 백성은 오직 하나님의 음성을 잘 듣고 순종하며 그 명령대로 행해야 한다. 성경 교훈의 핵심은 우리가 하나님의 음성을 잘 듣고 그것을 깨닫고 믿고 그 말씀대로 순종하여 행하는 것이다. 모세는 신명기 10:12-13에서 하나님의 뜻을 요약하여 말했다. "이스라엘아, 네 하나님 여호와께서 네게 요구하시는 것이 무엇이냐? 곧 네 하나님 여호와를 경외하여 그 모든 도를 행하고 그를 사랑하며 마음을 다하고 성품을 다하여 네 하나님 여호와를 섬기고 내가 오늘날 네 행복을 위하여 네게 명하는 여호와의 명령과 규례를 지킬 것이 아니냐?" 주 예수님을 믿고 구원 얻은 신약 성도인 우리는 오직 신구약성경에 기록된 하나님의 음성을 잘 듣고 믿고 순종하며 그 명령대로 행하기를 힘써야 한다.

셋째로, 우리가 성경말씀을 잘 듣고 순종하면 우리는 평안과 승리를 누릴 것이다. 22절, "내가 네 원수에게 원수가 되고 네 대적에게 대적이 될지라." 25-26절, "그리하면 여호와가 너희의 양식과 물에 복을 내리고 너희 중에 병을 제하리니 네 나라에 낙태하는 자가 없고 잉태치 못하는 자가 없을 것이라. 내가 너의 날 수를 채우리라." 이것은 율법의 약속이요 합당한 법칙이다. 하나님께서는 선지자 이사야를 통해 "슬프다, 네가 나의 명령을 듣지 아니하였도다. 만일 들었더면 네 평강이 강과 같았겠고 네 의가 바다 물결 같았을 것이라"고 말씀하셨다(사 48:18). 사도 바울도 "너희는 내게 배우고 받고 듣고 본 바를 행하라. 그리하면 평강의 하나님이 너희와 함께 계시리라"고 말했다(빌 4:9). 오늘날도 하나님의 평안과 승리를 원하는 자마다, 성경말씀에 순종하며 살아야 한다.

24장: 언약서

〔1-3절〕 또 모세에게 이르시되 너는 아론과 나답과 아비후와 이스라엘 장로 70인과 함께 여호와에게로 올라와 멀리서 경배하고 너 모세만 여호와에게 가까이 나아오고 그들은 가까이 나아오지 말며 백성은 너와 함께 올라오지 말지니라. 모세가 와서 여호와의 모든 말씀과 그 모든 율례(미슈파팀 מִשְׁפָּטִים)[판단들]**를 백성에게 고하매 그들이 한 소리로 응답하여 가로되 여호와의 명하신 모든 말씀을 우리가 준행하리이다.**

아론과 그의 두 아들과 이스라엘 장로 70인은 모세와 함께 시내산에 올라와 아마 산 중턱에 멀리서 하나님께 경배해야 했고 모세는 산꼭대기로 올라가고 백성은 산밑에 머물러 있어야 했다. 모세가 와서 여호와의 모든 말씀과 그 모든 율례[판단들]를 백성에게 고하자 그들은 한 목소리로 "여호와의 명하신 모든 말씀을 우리가 준행하리이다"라고 대답했다. 하나님의 말씀을 '판단들'이라고 부른 것은 하나님의 말씀이 우리 삶에서 의와 불의, 선과 악을 판단하는 내용이기 때문이라고 본다. 하나님의 말씀을 준행하겠다는 대답은 올바른 것이었다. 그러나 그들은 그들의 부패성과 무능력함 때문에 그 대답대로 실천치 못할 것이다. 사람은 하나님의 은혜가 아니면 하나님의 법을 실천하지 못한다. 성도는 오직 성령을 따라 행함으로 몸의 죄악된 욕구와 행실을 죽일 수 있고(롬 8:13; 갈 5:16) 계명을 순종할 수 있다.

〔4-8절〕 모세가 여호와의 모든 말씀을 기록하고 이른 아침에 일어나 산 아래 단을 쌓고 이스라엘 12지파대로 열두 기둥을 세우고 이스라엘 자손의 청년들을 보내어 번제와[그들이 번제를 드리게 했고](KJV, NASB, NIV) **소로 화목제를 여호와께 드리게 하고**[했고] **모세가 피를 취하여 반은 여러 양푼에 담고 반은 단에 뿌리고 언약서를 가져 백성에게 낭독하여 들리매 그들이 가로되 여호와의 모든 말씀을 우리가 준행하리이다. 모세가 그 피를 취하여 백성에게 뿌려 가로되 이는 여호와께서 이 모든 말씀에 대하여 너희와 세우신 언약의 피니라.**

모세는 여호와의 모든 말씀을 기록하였다. 오늘날 고고학은 모세 시대 이전에 문자가 있었고 글을 쓰고 책을 만들 수 있었다는 것을 증거한다. 모세는 아침에 일찍 일어나 산 아래에서 단을 쌓고 이스라엘 열두 지파대로 열두 기둥을 세우고 번제를 드렸고 소로 화목제를 여호와께 드렸다. 번제는 속죄와 헌신의 뜻이 있고, 화목제는 속죄와 교제의 뜻이 있다고 본다. 모세는 피를 취해 반은 여러 그릇에 담고 반은 단에 뿌리고 언약서를 가져 백성에게 낭독하여 들려주었다. 그 언약서는 출애굽기 21장부터 23장까지의 내용일 것이다. 그러자 그들은 "여호와의 모든 말씀을 우리가 준행하리이다"라고 말했다. 모세는 그 피를 취해 백성에게 뿌리며 "이는 여호와께서 이 모든 말씀에 대하여 너희와 세우신 언약의 피니라"라고 말하였다.

〔9-11절〕 모세와 아론과 나답과 아비후와 이스라엘 장로 70인이 올라가서 이스라엘 하나님을 보니 그 발 아래에는 청옥을 편 듯하고 하늘같이 청명하더라. 하나님이 **이스라엘의 존귀한 자들에게 손을 대지 아니하셨고 그들은 하나님을 보고 먹고 마셨더라.**

모세와 아론과 나답과 아비후와 이스라엘 장로 70인은 하나님의 말씀대로 시내산에 올라가서 이스라엘 하나님을 보았고 그 앞에서 음식을 먹고 마셨다. 그들은 하나님 앞에서 즐거움을 얻었을 것이다.

〔12-14절〕 여호와께서 모세에게 이르시되 너는 산에 올라 내게로 와서 거기 있으라. 너로 그들을 가르치려고 내가 율법과 계명을 친히 기록한 돌판을 네게 주리라. 모세가 그 종자[수종자, 조력자] **여호수아와 함께 일어나 하나님의 산으로 올라가며 장로들에게 이르되 너희는 여기서 우리가 너희에게로 돌아오기까지 기다리라. 아론과 훌이 너희와 함께하리니 무릇 일이 있는 자는 그들에게로 나아갈지니라 하고.**

〔15-18절〕 모세가 산에 오르매 구름이 산을 가리며 여호와의 영광이 시내산 위에 머무르고 구름이 6일 동안 산을 가리더니 제7일에 여호와께서 구름 가운데서 모세를 부르시니라. 산 위의 여호와의 영광이 이스라엘 자손의 눈에 맹렬한 불같이 보였고 모세는 구름 속으로 들어가서 산 위에 올랐

으며 40일(日) 40야(夜)를 산에 있으니라.

하나님께서는 때때로 구름과 함께 자신의 영광을 나타내셨다. 출애굽기 16:10, "아론이 [원망하는] 이스라엘 자손의 온 회중에게 말하매 그들이 광야를 바라보니 여호와의 영광이 구름 속에 나타나더라." 출애굽기 40:34, "[성막 건립 후] 그 후에 구름이 회막에 덮이고 여호와의 영광이 성막에 충만하매." 민수기 16:42, "회중이 모여 모세와 아론을 칠 때에 회막을 바라본즉 구름이 회막을 덮었고 여호와의 영광이 나타났더라." 산 위의 여호와의 영광은 이스라엘 자손의 눈에 맹렬한 불같이 보였고 모세는 산 위에 구름 속으로 올라갔고 40일을 밤낮 거기에 있었다. 그는 금식하며 하나님과 대화했다고 보인다.

본장의 교훈을 정리해보자. 첫째로, 모세는 여호와의 모든 말씀들과 판단들을 백성에게 고하였고 그것들을 책에 기록했고 그것은 언약서라고 불리었다. 성경은 하나님의 언약의 말씀이다. 우리는 성경의 참 가치를 알아야 한다. 성경은 천천금은보다 가치가 있다(시 119:72). 우리는 성경의 가치를 알고 성경을 사랑하고 그 말씀을 밤낮 묵상해야 한다.

둘째로, 이스라엘 백성은 하나님의 모든 말씀을 준행하겠다고 말했다. 하나님의 뜻은 우리가 하나님의 말씀을 믿고 행하는 것이다. 신명기 4:2, "내가 너희에게 명하는 말을 너희는 가감하지 말고 내가 너희에게 명하는 너희 하나님 여호와의 명령을 지키라." 우리는 성경에 기록된 하나님의 명령과 교훈을 힘써 행해야 한다. 그러나 우리는 오직 성령을 따라 행함으로 몸의 죄성을 극복하고 그렇게 할 수 있다(갈 5:16).

셋째로, 모세는 번제와 화목제의 피의 절반을 단에 뿌리고 언약서를 낭독하고 피의 나머지 절반을 백성에게 뿌리며 언약의 피라고 불렀다. 언약의 피는 속죄의 뜻이 있다. 사람은 죄성을 가지고 있어서 행위로 하나님 앞에 설 자가 없다. 우리는 오직 우리의 의가 되시는 예수 그리스도의 새 언약의 피를 의지함으로 하나님 앞에 설 수 있을 뿐이다.

25장: 성막 건립 지시--법궤, 떡상, 등대

〔1-2절〕 여호와께서 모세에게 일러 가라사대 이스라엘 자손에게 명하여 내게 예물을 가져오라 하고 무릇 즐거운 마음으로 내는 자에게서 내게 드리는 것을 너희는 받을지니라.

하나님께서는 성막 건립을 지시하시기 전에 이스라엘 백성이 자원하는 예물을 가져오게 하셨다. 오늘날도 하나님의 교회는 성도들의 자원하는 봉사와 헌신과 헌금으로 세워진다. 하나님께서는 즐거움으로 봉사하며 헌신하며 헌금하는 자들을 사랑하신다(고후 9:7).

〔3-7절〕 너희가 그들에게서 받을 예물은 이러하니 금과 은과 놋[청동]**과 청색**(테켈렛 תְּכֵלֶת)[보라색] **자색 홍색**실**과 가는 베**실**과 염소**털**과 붉은 물들인 수양**[숫양]**의 가죽과 해달의 가죽**(타카쉬 תַּחַשׁ)[돌고래 가죽](KB, NASB)**과 조각목**(아체 쉿팀 עֲצֵי שִׁטִּים)[아카시아 나무](NASB)**과 등유와 관유에 드는 향품과 분향할 향을 만들 향품과 호마노며 에봇과 흉패에 물릴 보석이니라.**

〔8-9절〕 내가 그들 중에 거할 성소를 그들을 시켜 **나를 위하여 짓되 무릇 내가 네게 보이는 대로 장막의 식양과 그 기구의 식양을 따라 지을지니라.**

모세의 성막과 후에 솔로몬의 성전은 하나님께서 이스라엘 백성 중에 거하실 성소이었다. 하나님께서는 이스라엘 백성과 함께 거하기를 원하셨다(출 29:45-46; 왕상 6:11-13). 구약 시대의 성막은 신약 교회의 모형일 뿐 아니라, 또한 마지막 날 보게 될 천국의 모형이라고 보인다. 고린도전서 3:16, "너희가 하나님의 성전인 것과 하나님의 성령이 너희 안에 거하시는 것을 알지 못하느뇨?" 요한계시록 21:3, "내가 들으니 보좌에서 큰 음성이 나서 가로되 보라, 하나님의 장막이 사람들과 함께 있으매 하나님이 저희와 함께 거하시리니."

〔10-16절〕 그들은 조각목으로 궤를 짓되 장이 2규빗 반, 광이 1규빗 반, 고가 1규빗 반이 되게 하고 너는 정금으로 그것을 싸되 그 안팎을 싸고 윗가로 **돌아가며 금테를 두르고 금고리 넷을 부어만들어 그 네 발에 달되**

이편에 두 고리요 저편에 두 고리며 조각목으로 채[장대]를 만들고 금으로 싸고 그 채를 궤 양편 고리에 꿰어서 궤를 메게 하며 채를 궤의 고리에 꿴 대로 두고 빼어내지 말지며 내가 네게 줄 증거판을 궤 속에 둘지며.

하나님께서는 먼저, 궤 즉 **법궤**를 짓는 일에 대해 말씀하셨다. 모세는 법궤를 조각목, 즉 아카시아 나무로 짓되, 길이가 2규빗 반,[10] 즉 약 113센티미터, 너비가 1규빗 반, 즉 약 68센티미터, 높이가 1규빗 반, 즉 약 68센티미터가 되게 지으며, 금으로 그것의 안팎을 싸고 윗가로 돌아가며 금테를 둘러야 했다. 또 그는 금고리 넷을 부어만들어 그 네 발에 달되 이편에 두 고리와 저편에 두 고리를 달며, 또 조각목으로 장대를 만들고 금으로 싸고 그 장대를 법궤의 양편 고리에 꿰어서 궤를 메게 하고 그 장대는 고리에 꿴 대로 두고 빼어내지 말아야 했다. 또 그는 하나님께서 주실 증거판 즉 십계명의 돌판을 그 궤 속에 넣어두어야 했다. 율법을 '증거'(하에둣 הָעֵדֻת)라고 부르는 것은 그것이 하나님의 뜻과 계명과 진리를 증거하기 때문이다.

〔17-21절〕 정금으로 속죄소를 만들되 장이 2규빗 반, 광이 1규빗 반이 되게 하고 금으로 그룹 둘을 속죄소 두 끝에 쳐서 만들되 한 그룹은 이 끝에, 한 그룹은 저 끝에 곧 속죄소 두 끝에 속죄소와 한 덩이로 연하게 할지며 그룹들은 그 날개를 높이 펴서 그 날개로 속죄소를 덮으며 그 얼굴을 서로 대하여 속죄소를 향하게 하고 속죄소를 궤 위에 얹고 내가 네게 줄 증거판을 궤 속에 넣으라.

하나님께서는 또 모세에게 금으로 **속죄소**를 만들라고 말씀하셨다. '속죄소'라는 원어(캅포렛 כַּפֹּרֶת)는 '덮개' 혹은 '속죄소'라는 뜻을 가진다. 영어성경들은 '자비의 보좌'(시은좌 施恩座, mercy seat)라고 번역하기도 했다(KJV, NASB). 그것은 길이가 2규빗 반, 즉 약 113센티미터, 너비가 1규빗 반, 즉 약 68센티미터가 되게 하고, '그룹'이라는 천사의 모양 둘을 속죄소 두 끝에 금으로 쳐서 만들되, 한 그룹은

10) 1규빗은 약 45cm로 볼 수 있음. *NBD*는 46cm, *ISBE*는 44.5cm로 봄.

이 끝에, 한 그룹은 저 끝에 곧 속죄소 두 끝에 속죄소와 한 덩이로 붙여서 만들고 그룹들은 그 날개를 높이 펴서 그 날개로 속죄소를 덮으며 그 얼굴을 서로 대하게 하였다. 후에, 솔로몬의 성전에서는 그 그룹들의 얼굴들을 외소로 향하게 하였다(대하 3:13). 모세는 또 하나님께서 주실 증거판을 궤 속에 넣고 속죄소를 궤 위에 얹어야 했다.

〔22절〕 거기서 내가 너와 만나고 속죄소 위 곧 증거궤 위에 있는 두 그룹 사이에서 내가 이스라엘 자손을 위하여 네게 명할 모든 일을 네게 이르리라.

증거궤, 곧 법궤와 그 덮개인 속죄소는 성막 제도에서 핵심적 요소이다. 그것은 하나님의 공의의 율법과 예수 그리스도의 속죄를 암시하는 중요한 뜻이 있었다. 율법과 속죄는 하나님의 구원 진리의 핵심이다. 사람은 율법으로 죄를 깨닫는다. 이제는 율법과 별개로 예수 그리스도를 믿음으로 모든 믿는 자에게 미치는 하나님의 의가 나타났다. 모든 사람이 죄를 범하였으므로 하나님의 영광에 이르지 못하였으나, 예수 그리스도를 믿은 사람은 그의 십자가 대속으로 하나님의 은혜로 값없이 의롭다 하심을 얻은 자들이 되었다(롬 3:19-24). 죄인들은 예수 그리스도의 속죄의 십자가 아래서 하나님을 뵈올 수 있게 되었고 지극히 거룩하고 존귀하신 하나님과 교제할 수 있게 되었다.

〔23-30절〕 너는 조각목으로 상을 만들되 장이 2규빗, 광이 1규빗, 고가 1규빗 반이 되게 하고 정금으로 싸고 주위에 금테를 두르고 그 사면에 손바닥 넓이만한 턱을 만들고 그 턱 주위에 금으로 테를 만들고 그것을 위하여 금고리 넷을 만들어 그 네 발 위 네 모퉁이에 달되 턱 곁에 달라. 이는 상 멜 채를 꿸 곳이며 또 조각목으로 그 채를 만들고 금으로 싸라. 상을 이것으로 멜 것이니라. 너는 대접과 숟가락과 병과 붓는 잔을 만들되 정금으로 만들지며 상 위에 진설병을 두어 항상 내 앞에 있게 할지니라.

하나님께서는 또 모세에게 상 즉 **떡상**을 만들라고 말씀하셨다. 그는 조각목으로 상을 만들되, 길이가 2규빗, 즉 약 90센티미터, 너비가 1규빗, 즉 약 45센티미터, 높이가 1규빗 반, 즉 약 68센티미터가 되게 하고, 금으로 싸고 주위에 금테를 두르고 그 사면에 손바닥 넓이만한 턱을 만들고 그 턱 주위에 금으로 테를 만들고 그것을 위하여 금고리 넷을 만들어 그 네 발 위 네 모퉁이에 달되 턱 곁에 달아야 했다. 이것은 떡상을 멜 채 곧 장대를 꿸 곳이며 또 그는 조각목으로 그 장대를 만들고 금으로 싸야 했다. 그것은 떡상을 멜 장대이다. 또 모세는 대접과 숟가락과 병과 붓는 잔을 만들되 금으로 만들어야 했고, 떡상 위에 '진설병'(陳設餠, 레켐 파님 לֶחֶם פָּנִים) 즉 '하나님 앞에 차려놓은 떡'을 두어 하나님 앞에 항상 있게 해야 했다.

떡상과 진설병은 예수 그리스도와 하나님의 말씀을 상징하였다고 본다. 예수께서는 "나는 하늘로서 내려온 산 떡이니 사람이 이 떡을 먹으면 영생하리라. 나의 줄 떡은 곧 세상의 생명을 위한 내 살이로라"고 말씀하셨다(요 6:51). 또 그는 "사람이 떡으로만 살 것이 아니요 하나님의 입으로 나오는 모든 말씀으로 살 것이라"고 말씀하셨다(마 4:4). 예수 그리스도께서는 우리 모두의 영원한 생명의 양식이 되시며 또 성경말씀도 우리에게 날마다 영혼의 양식이 된다. 하나님께 대한 예배의 가장 중요한 요소도 성경을 읽고 그 뜻을 해석하는 것과 그것을 묵상하고 그 교훈을 받고 실천하기를 결심하는 것이다.

〔31-40절〕 너는 정금으로 등대를 쳐서 만들되 그 밑판과 줄기와 잔과 꽃받침과 꽃을 한 덩이로 연하게 하고 가지 여섯을 등대 곁에서 나오게 하되 그 세 가지는 이편으로 나오고 그 세 가지는 저편으로 나오게 하며 이편 가지에 살구꽃 형상의 잔 셋과 꽃받침과 꽃이 있게 하고 저편 가지에도 살구꽃 형상의 잔 셋과 꽃받침과 꽃이 있게 하여 등대에서 나온 여섯 가지를 같게 할지며 등대 줄기에는 살구꽃 형상의 잔 넷과 꽃받침과 꽃이 있게 하고 등대에서 나온 여섯 가지를 위하여 꽃받침이 있게 하되 두 가지 아래 한 꽃받침이 있어 줄기와 연하게 하며 또 두 가지 아래 한 꽃받침이 있어 줄기와 연하게 하며 또 두 가지 아래 한 꽃받침이 있어 줄기와 연하게 하고 그 꽃받침과 가지를 줄기와 연하게 하여 전부를 정금으로 쳐 만들고 등잔 일곱을 만들어 그 위에 두어 앞을 비추게 하며 그 불집게와 불똥 그릇도 정금으

로 만들지니 등대와 이 모든 기구를 정금 한 달란트(30킬로그램)(NBD)**로 만들되 너는 삼가 이 산에서 네게 보인 식양대로 할지니라.**

하나님께서는 또 모세에게 **등대**를 만들라고 말씀하셨다. 등대는 예수 그리스도와 하나님의 말씀 그리고 성령을 상징하였다고 본다. 성경에서 빛은 지식과 기쁨과 행복을 상징한다. 예수께서는 참 빛으로 세상에 오셨다(요 1:9). 그는 "나는 세상의 빛이니 나를 따르는 자는 어두움에 다니지 아니하고 생명의 빛을 얻으리라"고 말씀하셨다(요 8:12). 또 하나님의 말씀은, 시편 119:105의 말씀대로, 우리 발에 등이요 우리 길에 빛이시다. 또 성경은 성령께서 온 땅을 살피시는 하나님의 일곱 영이시라고 증거한다. 요한계시록 5:6, "내가 또 보니 보좌와 네 생물과 장로들 사이에 어린양이 섰는데 일찍 죽임을 당한 것 같더라. 일곱 뿔과 일곱 눈이 있으니 이 눈은 온 땅에 보내심을 입은 하나님의 일곱 영이더라."

본장의 교훈을 정리해보자. 첫째로, 하나님께서는 자원하는 예물들로 성소를 지으라고 말씀하셨다(2절). 신약교회는 하나님의 성전이다. 사도 바울은 우리가 예수 그리스도 안에서 하나님의 거하실 성전이 되어간다고 표현했다(엡 2:21-22). 하나님의 뜻은 세상에 참 교회를 건립하는 것이다. 우리는 참 교회의 건립을 위해 즐거이 봉사하며 헌신하며 헌금해야 한다. 하나님께서는 그런 자들을 기뻐하시고 받으신다.

둘째로, 하나님께서는 속죄소에서 자기 백성과 만나실 것을 약속하셨다(22절). 죄인은 예수 그리스도의 속죄로 하나님과 교제할 수 있다. 우리는 예수 그리스도만 믿고 그의 속죄의 의만 굳게 붙잡아야 한다.

셋째로, 하나님께서는 성막에 떡상과 등대를 두게 하셨다. 그것들은 성경말씀과 성령의 인도하심을 상징했다고 본다. 우리는 날마다 육신의 양식을 먹듯이 날마다 성경말씀을 읽고 묵상하며 실천해야 하고 또 날마다 성령의 인도하심을 받아 선을 행하며 성화를 이루어야 한다.

26장: 성막, 띠, 휘장

본장은 성막과 그 덮개들과 널판과 띠와, 또 지성소의 문 휘장과 성소의 문 휘장을 어떻게 만들 것인지를 지시하신 말씀이다.

〔1-6절〕 **너는 성막을 만들되 앙장**(예리아 יְרִיעָה)[휘장] **열 폭을 가늘게 꼰 베실과 청색**(테켈렛 תְּכֵלֶת)[보라색(violet)(BDB)][11] **자색**[자주색] **홍색**[주홍색]실**로 그룹을 공교히 수놓아 만들지니 매 폭의 장은 28규빗, 광은 4규빗으로 각 폭의 장단을 같게 하고 그 앙장 다섯 폭을 서로 연하며 다른 다섯 폭도 서로 연하고 그 앙장의 연락**[연결]**할 말폭 가에 청색**[보라색] **고**[고리]**를 만들며 다른 연락할 말폭 가에도 그와 같이 하고 앙장 말폭 가에 고 50을 달며 다른 앙장 말폭 가에도 고 50을 달고 그 고들을 서로 대하게 하고 금 갈고리 50을 만들고 그 갈고리로 앙장을 연합하여 한 성막을 이룰지며.**

하나님께서는 모세에게 **성막**을 만들라고 지시하셨는데 휘장 열 폭을 가늘게 꼰 베실과 보라색 자주색 주홍색실로 그룹 천사들의 모양을 공교히 수놓아 만들라고 하셨다. 보라색 자주색 주홍색실은 피의 색깔을 상징하는 것 같다. 휘장은 매 폭의 길이가 28규빗 즉 약 12.6미터(1규빗은 약 45센티미터임), 너비는 4규빗 즉 약 1.8미터로 하고 그와 똑같은 휘장 다섯을 서로 잇고 다른 휘장 다섯을 또 서로 잇는다. 그러면 길이는 28규빗이며 너비는 20규빗인 큰 휘장이 두 개가 된다. 각 휘장의 끝에 보라색 고리 50개를 만들어 서로 연결하여 한 성막을 이루게 한다. 그러면 성막 휘장은 길이가 40규빗 즉 약 18미터이며, 너비가 28규빗 즉 약 12.6미터가 된다. 성막이 너비가 10규빗, 길이가 30규빗, 높이가 10규빗이기 때문에, 성막 휘장은 좌우로 바닥에서 1규빗 높고 앞면에는 위에서 1규빗쯤 내려온다고 보인다.

〔7-14절〕 **그 성막을 덮는 막 곧 앙장을 염소털로 만들되 열 한 폭을 만**

11) LXX--ὑάκινθος(hyacinth)[보라색], Vg--hyacinthus[파랑색].

들지며 각 폭의 장은 30규빗, 광은 4규빗으로 열 한 폭의 장단을 같게 하고 그 앙장 다섯 폭을 서로 연하며 또 여섯 폭을 서로 연하고 그 여섯째 폭 절반**은 성막 전면에 접어 드리우고 앙장을 연락할 말폭 가에 고 50을 달며 다른 연락할 말폭 가에도 고 50을 달고 놋**[청동] **갈고리 50을 만들고 그 갈고리로 그 고를 꿰어 연합하여 한 막이 되게 하고 그 막 곧 앙장의 나머지 그 반 폭은 성막 뒤에 드리우고 막 곧 앙장의 길이의 남은 것은 이편에 한 규빗, 저편에 한 규빗씩 성막 좌우 양편에 덮어 드리우고 붉은 물 들인 수양의 가죽으로 막의 덮개를 만들고 해달**(테카쉼 תְּחָשִׁים)[아마, 돌고래(porpoise)](KB, NASB)**의 가죽으로 그 웃덮개를 만들지니라.**

성막을 **덮는 막들**로 먼저 염소털로 덮는 막을 만들어야 했다. 각 폭의 길이는 30규빗 즉 13.5미터이며 너비가 4규빗 즉 약 1.8미터인 열한 개의 휘장을 만들어, 다섯 폭을 서로 잇고 또 여섯 폭을 서로 이어야 했다. 여섯째 폭의 절반은 성막 앞면에 접어 내리고 나머지 절반은 성막 뒷면에 내리게 하였다. 또 그는 연결할 휘장 끝에 고리 50개를 만들고 청동 갈고리 50개를 만들어 서로 연결하여 한 막이 되게 하라고 지시하셨다. 그러면 염소털로 만든 덮는 막은 길이가 44규빗 즉 약 19.8미터이며, 너비가 30규빗 즉 약 13.5미터가 된다. 덮는 막은 좌우로는 성막 널판과 휘장을 다 덮고, 전면으로는 2규빗(약 90센티미터) 내려오고 바닥에서는 8규빗(약 3.6미터) 높다고 보인다.

그 다음은 붉은 물들인 숫양 가죽으로 덮는 막을 또 만들어야 했다. 마지막으로 해달 혹은 아마 돌고래의 가죽으로 맨위에 덮을 막을 또 만들어야 했다. 이와 같이, 성막의 덮개는 삼중이었다. 첫째는 염소털로 만든 것이며, 둘째는 붉은 물들인 숫양의 가죽으로 만든 것이며, 셋째는 돌고래의 가죽으로 만든 것이었다. 붉은 물들인 숫양의 가죽은 예수 그리스도의 속죄의 피를 상징하였다고 보인다.

〔15-25절〕 너는 조각목(아체 쉿팀 עֲצֵי שִׁטִּים)**으로 성막을 위하여 널판을 만들어 세우되 각 판의 장은 10규빗, 광은 1규빗 반으로 하고 각 판에 두 촉**(tenon, 장부)**씩 내어 서로 연하게 하되 너는 성막 널판을 다 그와 같이**

하라. 너는 성막을 위하여 널판을 만들되 남편을 위하여 널판 스물을 만들고 스무 널판 아래 은받침 마흔을 만들지니 이 널판 아래에도 그 두 촉을 위하여 두 받침을 만들고 저 널판 아래에도 그 두 촉을 위하여 두 받침을 만들지며 성막 다른 편 곧 그 북편을 위하여도 널판 스물로 하고 은받침 마흔을 이 널판 아래에도 두 받침, 저 널판 아래에도 두 받침으로 하며 성막 뒤 곧 그 서편을 위하여는 널판 여섯을 만들고 성막 뒤 두 모퉁이 편을 위하여는 널판 둘을 만들되 아래에서부터 위까지 각기 두 겹 두께로 하여 윗고리에 이르게 하고 두 모퉁이 편을 다 그리하며 그 여덟 널판에는 은받침이 열 여섯이니 이 판 아래에도 두 받침이요 저 판 아래에도 두 받침이니라.

하나님께서는 성막의 벽이 될 **널판**을 만들라고 지시하셨다. 그는 아카시아 나무로 널판을 만들되, 각 판의 길이는 10규빗 즉 약 4.5미터, 너비는 1규빗 반 즉 약 68센티미터로 하고 각 판에 두 촉(tenon, 장부)씩 내어 서로 연결하라고 지시하셨다. 남쪽과 북쪽을 위해 각각 널판 20개를 만들고, 각 널판에 은받침 2개씩, 도합 40개를 만들게 하셨다. 각 판은 옆으로 두 촉씩 만들어 서로 연결했고 또 널판 아래에도 두 촉씩 내어 은받침에 끼게 했다고 보인다. 성막 뒤(서쪽)를 위해서는 널판 여섯을 만들고 양쪽 모퉁이를 위해 또 널판 둘을 더 만들어 두 겹 두께로 하게 하셨고 또 그 널판 여덟을 위해 은받침 열 여섯을 만들게 하셨다. 성막의 크기는 길이는 30규빗(약 13.5미터), 너비는 약 10규빗(약 4.5미터), 높이는 10규빗(약 4.5미터)이었다고 본다.

〔26-30절〕 너는 조각목으로 띠를 만들지니 성막 이편 널판을 위하여 다섯이요 성막 저편 널판을 위하여 다섯이요 성막 뒤 곧 서편 널판을 위하여 다섯이며 널판 가운데 있는 중간 띠는 이 끝에서 저 끝에 미치게 하고 그 널판들을 금으로 싸고 그 널판들의 띠를 꿸 금고리를 만들고 그 띠를 금으로 싸라. 너는 산에서 보인 식양대로 성막을 세울지니라.

하나님께서는 또 널판을 연결할 **띠**를 만들라고 지시하셨다. 그는 아카시아 나무로 띠를 만들되, 성막의 북쪽과 남쪽의 널판들을 위해 각각 다섯 개씩을 만들고 성막의 뒷쪽 즉 서쪽의 널판들을 위해 역시

다섯 개를 만들라고 지시하셨고 중간 띠는 이끝에서 저끝까지 미치게 하라고 하셨다. 이 중간띠는 성막 전체를 하나로 묶게 된다. 또 그는 그 모든 널판을 금으로 싸게 하셨고 그 널판들의 띠를 꿸 금고리를 만들고 그 띠를 금으로 싸라고 지시하셨다. 그는 모세에게 "너는 산에서 보인 식양대로 성막을 세울지니라"고 말씀하셨다.

〔31-33절〕 너는 청색[보라색] **자색 홍색**실**과 가늘게 꼰 베실로 짜서 장**(파로켓 פָּרֹכֶת)(veil(KJV, NASB), curtain(NIV))[휘장]**을 만들고 그 위에 그룹들을 공교히 수놓아서 금 갈고리로 네 기둥 위에 드리우되 그 네 기둥을 조각목으로 만들고 금으로 싸서 네 은받침 위에 둘지며 그 장**[휘장]**을 갈고리 아래 드리운 후에 증거궤를 그 장**[휘장] **안에 들여 놓으라. 그 장**[휘장]**이 너희를 위하여 성소와 지성소를 구별하리라.**

하나님께서는 또 지성소와 성소를 막는 **휘장**을 만들라고 지시하셨다. 그는 보라색 자주색 주홍색실과 가늘게 꼰 베실로 짜서 휘장을 만들고 그 위에 그룹 천사들의 모양을 공교히 수놓고 금 갈고리로 네 기둥 위에 내리라고 지시하셨다. 또 그 네 기둥은 아카시아 나무로 만들고 금으로 싸서 네 은받침 위에 두라고 하셨다. 그 휘장은 성소와 지성소를 구별하였고 증거궤는 그 휘장 안에 들여놓게 하셨다.

〔34-37절〕 너는 지성소에 있는 증거궤 위에 속죄소를 두고 그 장 바깥 북편에 상을 놓고 남편에 등대를 놓아 상과 대하게 할지며 청색 자색 홍색실과 가늘게 꼰 베실로 수놓아 짜서 성막문을 위하여 장을 만들고 그 문장을 위하여 기둥 다섯을 조각목으로 만들어 금으로 싸고 그 갈고리도 금으로 만들지며 또 그 기둥을 위하여 받침 다섯을 놋[청동]**으로 부어 만들지니라.**

지성소의 증거궤 위에 속죄소를 두고 그 휘장 바깥 북쪽에 떡상을, 남쪽에 등대를 놓게 하셨다. 성막문 즉 성소 문도 보라색 자주색 주홍색실과 가늘게 꼰 베실로 수놓아 짜게 하셨고 그 휘장을 위해 기둥 다섯을 아카시아 나무로 만들어 금으로 싸게 하셨다.

본장의 교훈을 정리해보자. 첫째로, 하나님께서는 이스라엘 백성에게 성막을 만들라고 지시하셨다. 구약 백성인 이스라엘은 성막 중심의 생활을 해야 하였다. 구약의 성막은 예수 그리스도를 상징한다. 그것은 오늘 우리가 예수 그리스도 중심의 생활을 해야 함을 보인다. 구약의 성막은 보라색, 자주색, 주홍색실로 그룹 천사의 모양을 공교히 수놓아 만들어졌고 붉은 물들인 숫양의 가죽으로 덮개를 만들었고, 지성소와 성소의 문 휘장도 보라색, 자주색, 주홍색실로 만들었다. 그것들은 구주 예수 그리스도께서 십자가 위에서 흘리신 속죄의 피를 상징했다고 본다. 기독교 복음의 핵심은 주 예수 그리스도의 대속 사역으로 말미암아 그를 믿음으로 죄사함과 의롭다 하심을 얻는 것이다. 우리는 우리 죄를 대속하신 속죄의 주 예수 그리스도를 굳게 믿고 의지해야 한다.

둘째로, 성막의 입구 곧 성소 입구와 지성소 입구에는 휘장이 있었다. 그것은 그리스도의 속죄의 피가 없이는 죄인들이 하나님의 보좌 앞으로 나아갈 수 없음을 보인다. 그러나 우리 구주 예수 그리스도께서 그 휘장을 여셨다. 그가 십자가에 죽으셨을 때 성소 휘장이 위로부터 아래까지 찢어져 둘이 되었다(마 27:51). 히브리서 10:19-20, "그러므로 형제들아, 우리가 예수의 피를 힘입어 성소에 들어갈 담력을 얻었나니 그 길은 우리를 위하여 휘장 가운데로 열어 놓으신 새롭고 산 길이요 휘장은 곧 저의 육체니라." 우리는 예수 그리스도의 대속 사역과 그의 이름으로 휘장 안으로 들어가 은혜의 보좌 앞에 담대히 나아가야 한다.

셋째로, 성막은 널판들과 덮는 덮개들과 한 띠로 연결되어 있었다. 온 세계 교회는 하나다. 에베소서 4:3, "평안의 매는 줄로 성령의 하나되게 하신 것을 힘써 지키라." 골로새서 3:12-14, "너희는 하나님의 택하신 거룩하고 사랑하신 자처럼 긍휼과 자비와 겸손과 온유와 오래 참음을 옷입고 . . . 이 모든 것 위에 사랑을 더하라. 이는 온전하게 매는 띠니라." 빌립보서 2:3, "아무 일에든지 다툼이나 허영으로 하지 말고 오직 겸손한 마음으로 각각 자기보다 남을 낫게 여기라." 우리는 주 안에서 서로 사랑하며 사랑의 매는 띠로 항상 하나가 되어야 한다.

27장: 번제단, 성막뜰, 등불

〔1-8절〕 **너는 조각목**(아체 쉿팀 עֲצֵי שִׁטִּים)[쉿팀 나무, 아카시아 나무]**으로 장이 5규빗, 광이 5규빗의 단을 만들되 네모 반듯하게 하며 고는 3규빗으로 하고 그 네 모퉁이 위에 뿔을 만들되 그 뿔이 그것에 연하게 하고 그 단을 놋**(네코쉣 נְחֹשֶׁת)[청동, bronze](NASB, NIV)**으로 쌀지며 재를 담는 통과 부삽과 대야와 고기 갈고리와 불 옮기는 그릇을 만들되 단의 그릇을 다 놋**[청동]**으로 만들지며 단을 위하여 놋**[청동]**으로 그물을 만들고 그 위 네 모퉁이에 놋**[청동]**고리 넷을 만들고 그물은 단 사면 가장자리 아래 곧 단 절반에 오르게 할지며 또 그 단을 위하여 채**[장대]**를 만들되 조각목으로 만들고 놋**[청동]**으로 쌀지며 단 양편 고리에 그 채를 꿰어 단을 메게 할지며 단은 널판으로 비게 만들되 산에서 네게 보인 대로 그들이 만들지니라.**

하나님께서는 모세에게 아카시아 나무로 **번제단**을 만들라고 명하셨다. 번제단은 길이와 너비가 5규빗 즉 약 2.3미터로 네모 반듯하게 만들며, 높이는 3규빗 즉 약 1.4미터로 하고, 그 네 모퉁이 위에 뿔을 만들어 붙이고 그 단을 청동으로 싸야 했다. 번제단은 청동단이다. 뿔은 하나님께 드려짐을 상징하는 것 같다. 또 재를 담는 통과 부삽과 대야와 고기 갈고리와 불 옮기는 그릇을 청동으로 만들고, 또 청동으로 그물을 만들고 그 그물 네 모퉁이에 청동고리 넷을 만들어 그물을 단 사면 가장자리 아래, 단 절반에 오르게 해야 했다.

〔9-19절〕 **너는 성막의 뜰을 만들지니 남을 향하여 뜰 남편에 광**[너비]**이 100규빗의 세마포장을 쳐서 그 한 편을 당하게 할지니 그 기둥이 스물이며 그 받침 스물은 놋**[청동]**으로 하고 그 기둥의 갈고리와 가름대**[끈]**는 은으로 할지며 그 북편에도 광이 100규빗의 포장을 치되 그 기둥이 스물이며 그 기둥의 받침 스물은 놋으로 하고 그 기둥의 갈고리**(hooks)**와 가름대**(bands)[끈]**는 은으로 할지며 뜰의 옆 곧 서편에 광 50규빗의 포장을 치되 그 기둥이 열이요 받침이 열이며 동을 향하여 뜰 동편의 광도 50규빗이 될지며 문 이편을 위하여 포장이 15규빗이며 그 기둥이 셋이요 받침이 셋이요 문 저**

편을 위하여도 포장이 15규빗이며 그 기둥이 셋이요 받침이 셋이며 뜰 문을 위하여는 청색[보라색] **자색 홍색실과 가늘게 꼰 베실로 수놓아 짠 20규빗의 장이 있게 할지니 그 기둥이 넷이요 받침이 넷이며 뜰 사면 모든 기둥의 가름대와 갈고리는 은이요 그 받침은 놋이며 뜰의 장**[길이]**은 100규빗이요 광**[너비]**은 50규빗이요 세마포장의 고**[높이]**는 5규빗이요 그 받침은 놋이며 성막에서 쓰는 모든 기구와 그 말뚝과 뜰의 포장 말뚝을 다 놋**[청동]**으로 할지니라.**

하나님께서는 또 **성막뜰**을 만들라고 명하셨다. 성막뜰은 남쪽과 북쪽에 동일하게 길이 100규빗, 즉 약 45미터의 세마포 천으로 만들되, 기둥이 20개(5규빗에 1개), 청동받침이 20개이며, 또 그 기둥 갈고리와 끈을 은으로 만들어야 했다. 10절, 11절의 '가름대'는 '(묶는) 끈'을 가리킨다. 서쪽 즉 성막의 뒷쪽은 길이가 50규빗, 즉 약 22.5미터의 세마포 천으로 만들되, 기둥이 10개, 청동받침이 10개이어야 했다.

동쪽 즉 성막뜰의 앞쪽도 너비가 50규빗, 즉 약 22.5미터이다. 가운데 20규빗 즉 약 9미터 너비의 출입문이 있고, 문 좌우로 15규빗 즉 약 6.8미터씩 천을 치되 각각 기둥 셋과 받침 셋이 있어야 했다. 출입문은 보라색 자주색 주홍색실과 가늘게 꼰 베실로 수놓아 짠 천을 치고 기둥 넷과 받침 넷을 세워야 했다. 뜰 사면 모든 기둥의 갈고리와 끈은 은으로 만들고 받침은 청동(구리와 주석의 합금)으로 만들어야 했다. 그러면 성막뜰은 폭이 50규빗 즉 약 22.5미터, 길이가 100규빗 즉 약 45미터이며, 세마포 천의 높이는 5규빗 즉 약 2.3미터이다. 성막뜰의 기둥 받침은 청동이며, 성막에서 쓰는 모든 기구와 그 말뚝과 뜰의 휘장 말뚝은 다 청동으로 만들어야 했다.

〔20-21절〕 너는 또 이스라엘 자손에게 명하여 감람으로 찧어낸 순결한 기름을 등불을 위하여 네게로 가져오게 하고 끊이지 말고 등불을 켜되 아론과 그 아들들로 회막안 증거궤 앞 휘장 밖에서 저녁부터 아침까지 항상 여호와 앞에 그 등불을 간검[준비, 정돈, 관리]**하게 하라. 이는 이스라엘 자손의 대대로 영원한 규례니라.**

이스라엘 자손들은 감람 열매들 즉 올리브 열매들로 찧어낸 순결한 **기름**을 가져와야 했고 그들은 그것으로 끊이지 말고 등불을 켜야 했다. 대제사장 아론과 그 아들들은 회막 안 증거궤 앞 휘장 밖에서 저녁부터 아침까지 항상 여호와 앞에 그 등불을 준비하고 정돈하고 관리해야 했다. 이것은 영원한 규례이었다.

본장의 교훈을 정리해보자. 첫째로, 번제단은 우리에게 교훈을 준다. 번제단은 우리에게 두 가지를 알려준다. 그것은 우리에게 첫째, 제사장이 필요하다는 것과 둘째, 제사가 필요하다는 것을 알려준다. 모든 사람에게는 제사장 즉 중보자가 필요했다. 이스라엘 백성은 반드시 제사장을 통해서만 하나님께 나아갈 수 있었다. 그것은 모든 사람이 죄인이기 때문에 스스로 거룩하신 하나님 앞에 나아갈 수 없음을 알려준다. 죄인인 우리에게는 중보자가 필요했다. 구약의 성막과 성전 제도는 이 사실을 계시하였다. 이제 하나님께서 예비하신 대제사장이시며 중보자이신 이가 오셨다. 그가 주 예수 그리스도이시다(딤전 2:4; 히 4:14; 10:15). 또 모든 사람에게 제사가 필요했다. 제사의 근본적 의미는 속죄이다. 죄인은 속죄를 통해서만 하나님 앞에 나아갈 수 있다. 예수 그리스도께서는 우리를 위해 한 영원한 속죄제사를 하나님 앞에 드리셨다(히 10:12). 우리는 예수 그리스도께서 우리를 위해 자신을 영원한 속죄제물로 드리신 영원한 대제사장이심을 하나님께 감사하고 그를 믿음으로 죄사함과 의롭다 하심을 얻는 것을 알고 속죄 신앙을 굳게 지켜야 한다.

둘째로, 성막뜰도 우리에게 교훈을 준다. 성막뜰은 하나님을 경외하며 섬기는 자들이 모여 하나님께 예배하는 장소이었다. 그것은 이스라엘 백성의 공적 예배 장소이었다. 하나님께서는 이스라엘 백성이 시시때때로 성막뜰에 나아와 하나님을 섬기기를 원하셨다. 성막뜰은 우리에게 공적 예배의 필요성을 교훈한다. 성막뜰은 교회의 공적 집회 장소이었다. 우리는 하나님을 섬기는 개인적 경건 시간과 더불어 공예배가 필요하다. 우리는 그 모임을 귀중히 여겨야 한다. 신약 성도들이 공예배를 드리는 것은 하나님의 뜻이다. 그것은 구원 얻은 자들에게 유익하다.

그러므로 사도행전 2:42, 46은 초대 예루살렘 교회가 사도들의 가르침을 받아 서로 교제하며 떡을 떼며 기도하기를 전혀 힘썼고, 날마다 마음을 같이하여 성전에 모이기를 힘썼다고 증거하였다(행 2:42, 46). 또 히브리서 저자는 권면하기를, "서로 돌아보아 사랑과 선행을 격려하며 모이기를 폐하는 어떤 사람들의 습관과 같이 하지 말고 오직 권하여 그 날이 가까움을 볼수록 더욱 그리하자"라고 하였다(히 10:24-25).

하나님을 믿고 섬기는 자들, 곧 하나님의 보내신 구주 예수 그리스도를 감사히 받고 믿음으로 죄사함과 의롭다 하심을 얻고 구원과 영생을 얻은 모든 성도들은 하나님의 뜻과 성경의 교훈대로 모이기를 힘써야 한다. 우리는 일주일에 교회에 한두 번 나오는 것으로 만족해서는 안 된다. 우리는 더 많은 시간 모이지 못하는 것을 안타깝게 여겨야 한다. 우리는 할 수 있는 대로 자주 모여 하나님께 찬송하고 성경말씀을 읽고 배우고 복습하고 기도하고 교제하며 하나님의 일을 받들어야 한다.

셋째로, 본장 마지막에 기록된 등불의 관리에 대한 명령도 우리에게 교훈을 준다. 구약의 제사장들은 성막의 등불을 잘 준비하고 정돈하고 관리해야 했다. 등대와 그 등불은 예수 그리스도의 빛 되심과, 하나님의 말씀과 성령의 빛 되심을 상징한다. 예수께서는 참 빛으로 세상에 오셨다(요 1:9). 그는 친히 자신을 증거하셨다(요 12:46). 또 성경말씀 곧 하나님의 말씀은 우리의 발에 등이시요 우리의 길에 빛이시다(시 119:105). 사도 요한은 환상 중에 하나님의 보좌 앞에 일곱 등불 켠 것을 보았는데, 그 일곱 등불은 하나님의 일곱 영을 가리켰다(계 4:5). 이처럼, 등불은 예수 그리스도와 하나님의 말씀 곧 성경말씀과 성령을 상징하였다고 보인다. 오늘날 우리는 하나님을 섬길 때, 구약 제사장들이 성소에서 등불을 끊임없이 켜고 관리했듯이, 항상 빛 되신 예수 그리스도를 믿고 오직 성경말씀의 교훈을 받고 성령의 감동으로 하나님을 섬겨야 한다.

28장: 대제사장의 옷

〔1-5절〕 너는 이스라엘 자손 중 네 형 아론과 그 아들들 곧 나답과 아비후와 엘르아살과 이다말을 그와 함께 네게로 나아오게 하여 나를 섬기는 제사장 직분을 행하게 하되 네 형 아론을 위하여 거룩한 옷을 지어서 영화롭고 아름답게 할지니 너는 무릇 마음에 지혜 있는 자 곧 내가 지혜로운 영으로 채운 자들에게 말하여 아론의 옷을 지어 그를 거룩하게 하여 내게 제사장 직분을 행하게 하라. 그들의 지을 옷은 이러하니 곧 흉패와 에봇과 겉옷(메일 מְעִיל)[(소매 없는) 두루마기 겉옷(robe)](BDB, KJV, NASB)**과 반포(斑布) 속옷**(케도넷 כְּתֹנֶת)[(체크무늬의) 속옷(tunic)](BDB, NASB)**과 관과 띠라. 그들이 네 형 아론과 그 아들들을 위하여 거룩한 옷을 지어 아론으로 내게 제사장 직분을 행하게 할지며 그들의 쓸 것은 금**실**과 청색**(테켈렛 תְּכֵלֶת)[보라색](BDB, KB, Langenscheidt) **자색 홍색**실**과 가늘게 꼰 베실이니라.**

대제사장의 거룩한 옷을 만드는 법에 대해 말씀하셨다. 대제사장의 영화롭고 아름다운 옷은 예수 그리스도의 신성(神性)의 영광과 그의 완전한 인성(人性)의 영광을 상징한다. 그 옷들을 만드는 금실은 그의 신성을 나타내고, 보라색, 자주색, 주홍색 실은 그의 속죄사역을 나타낼 것이다. 하나님의 아들 우리 주 예수 그리스도께서는 우리를 위하여 십자가 위에서 속죄의 피를 흘리신 속죄의 구주이시다.

〔6-14절〕 그들이 금실**과 청색 자색 홍색**실**과 가늘게 꼰 베실로 공교히 짜서 에봇을 짓되 그것에 견대 둘을 달아 그 두 끝을 연하게 하고 에봇 위에 매는 띠는 에봇 짜는 법으로 금**실**과 청색 자색 홍색**실**과 가늘게 꼰 베실로 에봇에 공교히 붙여 짤지며 호마노 두개를 취하여 그 위에 이스라엘 아들들의 이름을 새기되 그들의 연치**[출생]**대로 여섯 이름을 한 보석에, 나머지 여섯 이름은 다른 보석에 보석을 새기는 자가 인에 새김같이 너는 이스라엘 아들들의 이름을 그 두 보석에 새겨 금테에 물리고 그 두 보석을 에봇 두 견대에 붙여 이스라엘 아들들의 기념 보석을 삼되 아론이 여호와 앞에서 그들의 이름을 그 두 어깨에 메어서 기념이 되게 할지며 너는 금으로 테를 만들고 정금으로 노끈처럼 두 사슬을 땋고 그 땋은 사슬을 그 테에 달지니라.**

먼저, 하나님께서는 **에봇**을 만드는 법에 대해 말씀하셨다. 에봇은 조끼이다. 에봇의 특이한 점은 그것에 견대 둘을 달아 에봇에 붙이고 거기에 호마노라는 보석 두 개를 금테에 물려 붙이는 것이다. 그 두 보석에는 이스라엘 아들들의 이름을 나이 순서대로 새겨야 하는데, 한 보석에 여섯 명씩 도장 새기듯이 새겨야 했다. 아론은 그 두 보석을 에봇 두 견대에 붙여 여호와 앞에서 이스라엘 열두 아들들의 이름을 그 두 어깨에 메어 기념이 되게 해야 했다. 에봇과 견대의 규정은 하나님께서 이스라엘 백성을 보석같이 귀히 여기시는 것(신 26:18)과 대제사장이 그 백성의 죄를 대신 담당함을 나타낸다고 본다.

〔15-21절〕 너는 판결 흉패를 에봇 짜는 법으로 금실과 청색[보라색] **자색 홍색실과 가늘게 꼰 베실로 공교히 짜서 만들되 장광이 한 뼘씩 두 겹으로 네모 반듯하게 하고 그것에 네 줄로 보석을 물리되 첫 줄은 홍보석 황옥 녹주옥이요 둘째 줄은 석류석 남보석 홍마노요 셋째 줄은 호박 백마노 자수정이요 넷째 줄은 녹보석 호마노 벽옥으로 다 금테에 물릴지니 이 보석들은 이스라엘 아들들의 이름대로 열 둘이라. 매 보석에 열두 지파의 한 이름씩 인을 새기는 법으로 새기고.**

그 다음, 하나님께서는 **판결 흉패**를 만드는 법에 대해 말씀하셨다. 판결 흉패는 길이와 너비가 한 뼘씩 두 겹으로 네모 반듯하게 만들며 거기에 네 줄로, 한 줄에 세 개씩 열두 개의 보석을 물리며, 그것들에 열두 지파의 이름을 하나씩 도장을 새기는 방식으로 새겨야 했다.

〔22-29절〕 정금으로 노끈처럼 땋은 사슬을 흉패 위에 붙이고 또 금고리 둘을 만들어 흉패 위 곧 흉패 두 끝에 그 두 고리를 달고 땋은 두 금사슬로 흉패 두 끝 두 고리에 꿰어 매고 두 땋은 사슬의 다른 **두 끝을 에봇 앞 두 견대의 금테에 매고 또 금고리 둘을 만들어 흉패** 아래 **양편 가 안쪽 곧** 에봇**에 닿은 곳에 달고 또 금고리 둘을 만들어** 에봇 **앞 두 견대 아래 매는 자리 가까운 편 곧 공교히 짠 띠 윗편에 달고 청색**[보라색] **끈으로 흉패 고리와 에봇 고리에 꿰어 흉패로 공교히 짠 에봇 띠 위에 붙여 떠나지 않게 하라. 아론이 성소에 들어갈 때에는 이스라엘 아들들의 이름을 기록한 이 판결 흉**

패를 가슴에 붙여 여호와 앞에 영원한 기념을 삼을 것이니라.

흉패의 위의 두 끝에는 금고리 둘을 만들어 두 견대의 금테와 연결되게 하였다. 대제사장 아론이 성소에 들어갈 때는 이스라엘 아들들의 이름을 기록한 이 판결 흉패를 가슴에 붙여 여호와 앞에 영원한 기념을 삼아야 했다. 이것도 역시 하나님께서 이스라엘 백성을 보석같이 귀히 여기심을 보이며 또 보석의 다양한 색깔과 같이 그들이 각각 받은 은사와 재능이 다양함을 보인다. 또 그것은 우리의 대제사장이신 예수 그리스도께서 자기의 백성을 극진히 사랑하시고 그들을 보배와 같이 가슴에 품으신다는 것도 예표한다.

〔30절〕 너는 우림과 둠밈을 판결 흉패 안에 넣어 아론으로 여호와 앞에 들어갈 때에 그 가슴 위에 있게 하라. 아론이 여호와 앞에서 이스라엘 자손의 판결을 항상 그 가슴 위에 둘지니라.

하나님께서는 모세에게 판결 흉패 안에 우림과 둠밈을 넣게 하셨다. '우림'(הָאוּרִים)은 '빛'이라는 뜻이고, '둠밈'(הַתֻּמִּים)은 '완전함'이라는 뜻이다. 그것이 무엇이었는지는 알려져 있지 않으나, 그것은 하나님의 뜻을 판단하기 위해 사용된, 아마 제비 같은 어떤 물건이었을 것으로 추측된다. 아론은 여호와 앞에 들어갈 때 우림과 둠밈을 그의 가슴에 두어야 했다. 그것은 그가 항상 하나님의 빛과 완전함을 사모해야 함을 보일 것이다. 아론은 하나님의 완전한 지식과 분별력으로 이스라엘의 소송 사건들을 판결해야 했다.

〔31-35절〕 너는 에봇 받침 겉옷[두루마기 겉옷](robe)**을 전부 청색**[보라색]**으로 하되** 두 어깨 **사이에 머리 들어갈 구멍을 내고 그 주위에 갑옷깃같이 깃을 짜서 찢어지지 않게 하고 그 옷 가장자리로 돌아가며 청색**[보라색] **자색 홍색실로 석류를 수놓고 금방울을 간격하여 달되 그 옷 가장자리로 돌아가며 한 금방울, 한 석류, 한 금방울, 한 석류가 있게 하라. 아론이 입고 여호와를 섬기러 성소에 들어갈 때와 성소에서 나갈 때에 그 소리가 들릴 것이라. 그리하면 그가 죽지 아니하리라.**

하나님께서는 또 에봇 받침 **두루마기**를 만드는 법에 대해 말씀하셨다. '겉옷'이라는 원어(메일 מְעִיל)는 '두루마기 겉옷'(robe)을 가리킨다고 본다.

〔36-39절〕 너는 또 정금으로 패를 만들어 인을 새기는 법으로 그 위에 새기되 '여호와께 성결'이라 하고 그 패를 청색 끈으로 관 위에 매되 곧 관 전면에 있게 하라. 이 패가 아론의 이마에 있어서 그로 이스라엘 자손의 거룩하게 드리는 성물의 죄건[죄]**을 담당하게 하라. 그 패가 아론의 이마에 늘 있으므로 그 성물을 여호와께서 받으시게 되리라. 너는 가는 베실로 반포 속옷을 짜고 가는 베실로 관을 만들고 띠를 수놓아 만들지니라.**

그 다음, 하나님께서는 **패**를 만드는 법을 말씀하셨다. 모세는 정금으로 패를 만들고 도장을 새기는 방식으로 그 위에 "여호와께 성결"이라는 글자를 새겨야 했다. '반포 속옷'이라는 원어(케소넷 כְּתֹנֶת)는 '(체크무늬의) 속옷(tunic)'을 가리킨다고 본다(BDB, NASB).

〔40-43절〕 너는 아론의 아들들을 위하여 속옷을 만들며 그들을 위하여 띠를 만들며 그들을 위하여 관을 만들어서 영화롭고 아름답게 하되 너는 그것들로 네 형 아론과 그와 함께한 그 아들들에게 입히고 그들에게 기름을 부어[발라] **위임하고 거룩하게 하여 그들로 제사장 직분을 내게 행하게 할지며 또 그들을 위하여 베로 고의(袴衣)**[반바지]**를 만들어 허리에서부터 넓적다리까지 이르게 하여 하체를 가리게 하라. 아론과 그 아들들이 회막에 들어갈 때에나 제단에 가까이 하여 거룩한 곳에서 섬길 때에 그것들을 입어야 죄를 지어서 죽지 아니하리니 그와 그의 후손의 영원히 지킬 규례니라.**

하나님께서는 또한 아론의 아들들을 위해서도 '**속옷**'을 만들라고 말씀하셨다. '속옷'이라는 원어는 '반포 속옷'이라는 말과 같고, 그것은 '(체크무늬의) 속옷'이라는 뜻이라고 본다(BDB, NASB). 하나님께서는 마지막으로 그들을 위해 베로 고의[반바지]를 만들어 허리에서부터 넓적다리까지 이르게 하여 하체를 가리게 하라고 명령하셨다. 이것은 아론과 그 후손이 영원히 지킬 규례이었다.

본장의 교훈을 정리해보자. 첫째로, 대제사장의 옷은 영화롭고 아름답게 만들어야 하였다(2절). 대제사장의 옷이 영화롭고 아름다운 것은 주 예수 그리스도의 영광을 상징하였다. 주 예수 그리스도의 영광은 그의 신성(神性)의 영광이며 또한 그의 완전한 인성의 영광이다. 요한복음 1:14, "우리가 그 영광을 보니 아버지의 독생자의 영광이요." 우리는 그의 신성의 영광을 찬송하고 그의 인성의 영광을 본받기를 원한다. 빌립보서 3:21, "그가 만물을 자기에게 복종케 하실 수 있는 자의 역사로 우리의 낮은 몸을 자기 영광의 몸의 형체와 같이 변케 하시리라." 우리는 예수 그리스도의 영화롭고 아름다우심을 찬송하고 또 본받아야 한다.

둘째로, 대제사장의 옷은 '거룩한 옷'이라고 불렸고(2절) 대제사장의 관 전면에는 "여호와께 성결"이라는 글자가 새겨진 패가 매여 있었고(36절) 또 제사장들은 다 기름부음을 받고 거룩하게 구별되었다(41절). 이 모든 말씀은 주 예수 그리스도의 죄 없으시고 거룩하신 인격과 사역을 나타낸다. 하나님과 주 예수 그리스도를 믿는 우리 모두들도 제사장들(벧전 2:9)로서 거룩해야 한다(벧전 1:15). 우리는 하나님과 구주 예수 그리스도의 거룩하심을 본받아 거룩한 자들이 되어야 한다.

셋째로, 대제사장의 견대에 있는 두 개의 보석에는 이스라엘 아들들의 이름들, 아마 레위를 포함하여 열두 아들들의 이름들을 한쪽에 여섯씩 새겨 넣었고(9절), 또 에봇 위에 걸치는 판결 흉패에는 한 줄에 세 개씩 네 줄, 즉 열두 개의 각종 보석이 있었고 거기에는 이스라엘 열두 지파들의 이름들이 한 보석에 한 이름씩 새겨졌다고 보인다(21절). 하나님께서는 자기 백성 이스라엘 열두 지파들을 보석같이 여기시고 어깨에 메시고 가슴에 품으심을 상징하였다. 마태복음 13장에 기록된 예수님의 비유에서도, 하나님께서는 우리를 밭에 감추인 값비싼 보화같이(마 13:44), 극히 값진 진주같이(마 13:46) 여기셨다. 우리는 우리를 보석같이, 보화같이 여기시고 사랑하셔서 우리 죄를 위해 십자가에 죽으신 구주 예수님을 믿고 사랑하고 감사하며 그 은혜에 보답해야 한다.

29장: 제사장 임직식

〔1-9절〕 너는 그들에게 나를 섬길 제사장 직분을 위임하여 그들로 거룩하게 할 일이 이러하니 곧 젊은 수소 하나와 흠 없는 숫양 둘을 취하고 무교병과 기름 섞인 무교 과자와 기름 바른 무교 전병을 모두 고운 밀가루로 만들고 그것들을 한 광주리에 담고 그것을 광주리에 담은 채 그 송아지와 두 양과 함께 가져오고 너는 아론과 그 아들들을 회막 문으로 데려다가 물로 씻기고 의복을 가져다가 아론에게 속옷과 에봇 받침 겉옷과 에봇을 입히고 흉패를 달고 에봇에 공교히 짠 띠를 띠우고 그 머리에 관을 씌우고 그 위에 성패를 더하고 관유를 가져다가 그 머리에 부어 바르고 그 아들들을 데려다가 그들에게 속옷을 입히고 아론과 그 아들들에게 띠를 띠우며 관을 씌워서 제사장의 직분을 그들에게 맡겨 영원한 규례가 되게 하라. 너는 이같이 아론과 그 아들들에게 위임하여 거룩하게 할지니라.

하나님께서는 모세에게 제사장 임직에 대해 명령하셨다. 무교병(無酵餠)은 누룩 넣지 않은 떡이며 전병은 부꾸미(부침개)이다. '속옷'이라는 원어(쿳토넷 כֻּתֹּנֶת)는 '일상적으로 주로 입는 옷'을 가리키며(BDB), 또 에봇 받침 '겉옷'이라는 원어(메일 מְעִיל)는 '(소매 없는) 두루마기(robe) 겉옷'을 가리킨다고 한다(KB). 아론의 머리에 부어 바르는 관유(灌油)는 성령의 기름부음을 상징한다. 하나님께서는 대제사장 되신 예수 그리스도께 성령을 한량없이 주셨다(요 3:34).

〔10-14절〕 너는 수송아지를 회막 앞으로 끌어오고 아론과 그 아들들은 그 송아지 머리에 안수할지며 너는 회막문 여호와 앞에서 그 송아지를 잡고 그 피를 네 손가락으로 단 뿔들에 바르고 그 피 전부를 단 밑에 쏟을지며 내장에 덮인 모든 기름과 간 위에 있는 꺼풀과 두 콩팥과 그 위의 기름을 취하여 단 위에 불사르고 그 수소의 고기와 가죽과 똥을 진 밖에서 불사르라. 이는 속죄제니라.

제사하는 자가 제물의 머리에 안수하는 것은 그것에게 그의 죄를 전가(轉嫁)시킨다는 뜻이 있다. 속죄제 의식은 죄씻음을 상징한 제사의식으로서 죄인들이 하나님께 드려야 할 중요한 제사이었다.

〔15-18절〕 너는 또 숫양 하나를 취하고 아론과 그 아들들은 그 숫양의 머리 위에 안수할지며 너는 그 숫양을 잡고 그 피를 취하여 단 위의 주위에 뿌리고 그 숫양의 각을 뜨고[토막을 내고] **그 장부**[내장]**와 다리는 씻어 각 뜬 고기와 그 머리와 함께 두고 그 숫양의 전부를 단 위에 불사르라. 이는 여호와께 드리는 번제요 이는 향기로운 냄새**(레아크 니코아크 רֵיחַ נִיחוֹחַ) [유화(속죄)의 향기](NASB, NIV)**니 여호와께 드리는 화제니라.**

숫양 하나는 번제로 드려져야 했다. 제물을 온전하게 불태워 드리는 번제는 속죄와 온전한 헌신을 상징하는 뜻이 있었다고 본다.

〔19-21절〕 너는 다른 숫양을 취하고 아론과 그 아들들은 그 숫양의 머리 위에 안수할지며 너는 그 숫양을 잡고 그 피를 취하여 아론의 오른 귓부리[귓불]**와 그 아들들의 오른 귓부리**[귓불]**에 바르고 그 오른손 엄지와 오른 발 엄지에 바르고 그 피를 단 주위에 뿌리고 단 위의 피와 관유를 취하여 아론과 그 옷과 그 아들들과 그 아들들의 옷에 뿌리라. 그와 그 옷과 그 아들들과 그 아들들의 옷이 거룩하리라.**

다른 한 숫양은 위임식 숫양인데, 그것의 피를 아론의 오른 귓불과 그 아들들의 오른 귓불과 그들의 오른손 엄지와 오른발 엄지에 바르는 것은 그들이 듣는 것과 만지는 것과 행하는 것에서 거룩해야 함을 보인다. 거룩하신 하나님을 섬기는 사람은 자신을 거룩케 해야 한다. 아무도 죄로 더러워진 채 하나님을 섬겨서는 안 된다.

〔22-25절〕 또 너는 그 숫양의 기름과 기름진 꼬리와 그 내장에 덮인 기름과 간 위의 꺼풀과 두 콩팥과 그것들 위의 기름과 우편 넓적다리를 취하라. 이는 위임식의 숫양이며 또 여호와 앞에 있는 무교병 광주리에서 떡 한 덩이와 기름 바른 과자 하나와 전병 하나를 취하고 그 전부를 아론의 손과 그 아들들의 손에 주고 그것을 흔들어 여호와 앞에 요제를 삼을지며 너는 그것을 그들의 손에서 취하여 단 위에서 번제물을 더하여 불사르라. 이는 여호와 앞에 향기로운 냄새[유화의 향기]**니 곧 여호와께 드리는 화제니라.**

요제(搖祭)는 '흔드는 제사'(wave offering)이다.

〔26-28절〕 너는 위임식 숫양의 가슴을 취하여 여호와 앞에 흔들어 요제

를 삼으라. 이는 너의 분깃이니라. 너는 그 흔든 요제물 곧 아론과 그 아들들의 위임식 숫양의 가슴과 넓적다리를 거룩하게 하라. 이는 이스라엘 자손이 아론과 그 자손에게 돌릴 영원한 분깃이요 거제물이니 곧 이스라엘 자손이 화목제의 희생 중에서 취한 거제물로서 여호와께 드리는 거제물이니라.

거제물(擧祭物)은 하나님께 '드는 제물'(heave offering)이다.

〔29-30절〕 아론의 성의(聖衣)는 아론의 후에 그 아들들에게 돌릴지니 그들이 그것을 입고 기름 부음으로 위임을 받을 것이며 그를 이어 제사장이 되는 아들이 회막에 들어가서 성소에서 섬길 때에는 7일 동안 그것을 입을지니라.

아론의 거룩한 옷은 아론 후에 그 아들들에게 돌릴 것이며 그들은 회막에 들어가 성소에서 섬길 때 7일 동안 그것을 입어야 했다. 아론의 거룩한 옷은 대제사장 예수 그리스도의 거룩을 상징했다고 본다.

〔31-34절〕 너는 위임식 숫양을 취하여 거룩한 곳에서 그 고기를 삶고 아론과 그 아들들이 회막문에서 그 숫양의 고기와 광주리에 있는 떡을 먹을지라. 속죄물 곧 그들을 위임하며 그들을 거룩하게 하는데 쓰는 것은 그들은 먹되 타인은 먹지 못할지니 이는 성물이 됨이며 위임식 고기나 떡이 아침까지 남았으면 그것을 불에 사를지니 이는 거룩한즉 먹지 못할지니라.

위임식 숫양은 감사함으로 드리는 화목제이며, 그 고기는 아론과 그 아들들이 거룩한 곳에서 삶아서 광주리의 떡과 함께 먹어야 했다.

〔35-37절〕 너는 내가 무릇 네게 명한 대로 아론과 그 아들들에게 그같이 하여 7일 동안 위임식을 행하되 매일 수송아지 하나로 속죄하기 위하여 속죄제를 드리며 또 단을 위하여 속죄하여 깨끗케 하고 그것에 기름을 부어 거룩하게 하라. 네가 7일 동안 단을 위하여 속죄하여 거룩하게 하라. 그리하면 지극히 거룩한 단이 되리니 무릇 단에 접촉하는 것이 거룩하리라.

모세는 그들과 함께 7일 동안 위임식을 행하고 매일 수송아지 하나로 속죄제를 드리고, 또 단을 위하여 속죄하여 깨끗케 하고 그것에 기름을 부어 거룩하게 하여 지극히 거룩한 단이 되게 해야 했다.

〔38-46절〕 네가 단 위에 드릴 것은 이러하니라. 매일 1년된 어린양 두

마리니 한 어린양은 아침에 드리고 한 어린양은 저녁 때에 드릴지며 한 어린양에 고운 밀가루 에바 10분 1과 찧은 기름 힌의 4분 1을 더하고 또 전제로 포도주 힌의 4분 1을 더할지며 한 어린양은 저녁 때에 드리되 아침과 일반으로 소제와 전제를 그것과 함께 드려 향기로운 냄새[유화의 향기]**가 되게 하여 여호와께 화제를 삼을지니 이는 너희가 대대로 여호와 앞 회막문에서 늘 드릴 번제라. 내가 거기서 너희와 만나고 네게 말하리라. 내가 거기서 이스라엘 자손을 만나리니 내 영광을 인하여** 회막이 **거룩하게 될지라. 내가 그 회막과 단을 거룩하게 하며 아론과 그 아들들도 거룩하게 하여 내게 제사장 직분을 행하게 하며 내가 이스라엘 자손 중에 거하여 그들의 하나님이 되리니 그들은 내가 그들의 하나님 여호와로서 그들 중에 거하려고 그들을 애굽 땅에서 인도하여 낸 줄을 알리라. 나는 그들의 하나님 여호와니라.**

모세는 번제로 매일 1년된 어린양 두 마리를 아침에 하나, 저녁에 하나, 소제와 전제와 함께 드려야 했다. 전제(奠祭)는 '붓는 제물'이다. 에바는 약 22리터이며 힌은 약 4리터이다. 하나님께서는 그 회막에서 이스라엘과 만나시고 그들에게 말씀하실 것과, 또 그들 가운데 거하셔서 그들의 하나님이 되시겠다는 복되고 은혜로운 약속을 하셨다.

본장의 교훈을 정리해보자. 첫째로, 제사장들은 위임식 숫양의 피를 오른쪽 귓불과 오른손 엄지와 오른발 엄지에 발라야 했다(20절). 신약 성도인 우리는 주 예수 그리스도로 말미암아 왕 같은 제사장이 되었다(벧전 2:9). 그러므로 우리는 하나님의 거룩하고 존귀한 제사장들처럼 우리의 일상 생활에서 듣는 것, 만지는 것, 행하는 일에 조심해야 한다.

둘째로, 이스라엘 백성은 날마다 아침 저녁으로 번제를 드려야 했다. 하나님께서는 우리가 날마다 그에게 헌신하며 순종하기를 원하신다. 우리는 우리의 몸을 거룩한 산 제사로 하나님께 드려야 한다(롬 12:1).

셋째로, 하나님께서는 우리와 늘 함께하신다. 그는 회막에서 이스라엘 백성과 만나시고 그들 중에 거하셨듯이 예수 그리스도의 대속 사역을 믿는 우리들을 만나셨고 우리들에게 말씀하셨고 성령으로 우리 속에 거하시고 우리의 하나님이 되셨고 우리는 그의 백성이 되었다.

30장: 분향단, 물두멍, 관유, 향

〔1-5절〕 너는 분향할 단을 만들지니 곧 조각목으로 만들되 장이 1규빗, 광이 1규빗으로 네모 반듯하게 하고 고는 2규빗으로 하며 그 뿔을 그것과 연하게 하고 단 상면과 전후 좌우면과 뿔을 정금으로 싸고 주위에 금테를 두를지며 금테 아래 양편에 금고리 둘을 만들되 곧 그 양편에 만들지니 이는 단을 메는 채를 꿸 곳이며 그 채를 조각목으로 만들고 금으로 싸고.

하나님께서는 모세에게 성막의 기구들에 대해 계속 지시하셨다. 그는 분향할 단(**분향단**)을 만들라고 지시하셨다. 모세는 그것을 조각목 즉 아카시아 나무로 만들되 길이가 1규빗(약 45센티미터), 너비가 1규빗(약 45센티미터), 높이가 2규빗(약 90센티미터)이 되게 하며 네 모퉁이에 뿔을 만들어 붙이고 다 금으로 싸야 했다.

〔6-10절〕 그 단을 증거궤 위 속죄소 맞은편 곧 증거궤 앞에 있는 장 밖에 두라. 그 속죄소는 **내가 너와 만날 곳이며 아론이 아침마다 그 위에 향기로운**[유화의] **향을 사르되 등불을 정리할 때에 사를지며 또 저녁 때 등불을 켤 때에 사를지니 이 향은 너희가 대대로 여호와 앞에 끊지 못할지며 너희는 그 위에 다른 향을 사르지 말며 번제나 소제를 드리지 말며 전제의 술을 붓지 말며 아론이 1년 1차씩 이 향단 뿔을 위하여 속죄하되 속죄제의 피로 1년 1차씩 대대로 속죄할지니라. 이 단은 여호와께 지극히 거룩하니라.**

모세는 그 분향단을 증거궤 뚜껑인 속죄소의 맞은편 곧 증거궤 앞에 있는 휘장 밖에 두어야 했다. 그 속죄소는 하나님께서 모세와 이스라엘과 만나실 곳이다. 아론은 아침마다 그 위에 유화(宥和)[속죄]의 향을 사르되 아침에 등불을 정리할 때에와 저녁 때 등불을 켤 때에 살라야 했다. 분양단 위에는 다른 향을 사르지 말고 번제나 소제(곡물제사)를 드리지도 말고 전제(奠祭)의 술을 붓지도 말아야 했다.

〔11-16절〕 여호와께서 모세에게 일러 가라사대 네가 이스라엘 자손의 수효를 따라 조사할 때에 조사받은 각 사람은 그 생명의 속전을 여호와께

드릴지니 이는 그 계수할 때에 그들 중에 온역이 없게 하려 함이라. 무릇 계수 중에 드는 자마다 성소에 세겔대로 반 세겔을 낼지니 한 세겔은 20게라라. 그 반 세겔을 여호와께 드릴지며 무릇 계수 중에 드는 자 곧 20세 이상된 자가 여호와께 드리되 너희의 생명을 속하기 위하여 여호와께 드릴 때에 부자라고 반 세겔에서 더 내지 말고 가난한 자라고 덜 내지 말지며 너는 이스라엘 자손에게서 속전을 취하여 회막의 봉사에 쓰라. 이것이 여호와 앞에서 이스라엘 자손의 기념이 되어서 너희의 생명을 속하리라.

생명의 속전(贖錢)에 대한 규정이다. 이스라엘 자손은 인구 조사를 할 때 조사받은 각 사람이 그 생명의 속전을 여호와께 드리되 계수 중에 드는 20세 이상된 모든 사람이 성소의 세겔대로 반 세겔을 내야 했다. 성소의 세겔로 1세겔은 약 10그램이다. 부자라고 반 세겔에서 더 내지 말고 가난한 자라고 덜 내지 말아야 했다. 그 생명의 속전은 회막 봉사를 위해 사용되어야 했다. 모든 사람은 죄로 인해 죽어야 할 자이므로 그 생명을 위하여 죄를 속하는 것이 필요하다. 사람의 생명 연장과 수적 증가는 오직 하나님의 은혜일 뿐이다.

〔17-21절〕 여호와께서 모세에게 일러 가라사대 너는 물두멍[물대야]**을 놋**(네코쉣 נְחֹשֶׁת)[청동, bronze]**으로 만들고 그 받침도 놋**[청동]**으로 만들어 씻게 하되 그것을 회막과 단 사이에 두고 그 속에 물을 담으라. 아론과 그 아들들이 그 두멍에서 수족을 씻되 그들이 회막에 들어갈 때에 물로 씻어 죽기를 면할 것이요 단에 가까이 가서 그 직분을 행하여 화제를 여호와 앞에 사를 때에도 그리할지니라. 이와 같이 그들이 그 수족을 씻어 죽기를 면할지니 이는 그와 그 자손이 대대로 영원히 지킬 규례니라.**

여호와께서는 모세에게 **물두멍[물대야]**(키요르 כִּיּוֹר)을 만들라고 지시하셨다. '물두멍'은 '물대야'를 가리킨다. 모세는 그것을 청동으로 만들고 그것을 성막과 번제단 사이에 두고 그 속에 물을 담아야 했고, 아론과 그 아들들은 성막에 들어갈 때에나 화제(火祭)를 여호와 앞에 사를 때에 먼저 그 물대야에서 손과 발을 씻어야 했다.

〔22-25절〕 여호와께서 모세에게 또 일러 가라사대 너는 상등 향품을 취

하되 액체(국한문 성경, '유질(流質)') **몰약 500**세겔**과 그 반수의 향기로운 육계 250**세겔**과 향기로운 창포 250**세겔**과 계피 500**세겔**을 성소의 세겔대로 하고 감람 기름 한 힌을 취하여 그것으로 거룩한 관유를 만들되 향을 제조하는 법대로 향기름을 만들지니 그것이 거룩한 관유가 될지라.**

여호와께서는 모세에게 또 **관유**를 만드는 법을 지시하셨다. 모세는 상등 향품을 취하되 성소의 세겔대로 액체 몰약(myrrh) 500세겔 즉 약 5킬로그램과 그 반수의 향기로운 육계(cinnamon) 250세겔 즉 약 2.5킬로그램과 향기로운 창포(cane) 250세겔 즉 약 2.5킬로그램과 계피(cassia) 500세겔 즉 약 5킬로그램과 감람(올리브, olive) 기름 한 힌 즉 약 4킬로그램을 취하여 그것으로 거룩한 관유를 향을 제조하는 법대로 만들어야 했다.

〔26-33절〕 너는 그것으로 회막과 증거궤에 바르고 상과 그 모든 기구며 등대와 그 기구며 분향단과 및 번제단과 그 모든 기구와 물두멍과 그 받침에 발라 그것들을 지성물로 구별하라. 무릇 이것에 접촉하는 것이 거룩하리라. 너는 아론과 그 아들들에게 기름을 발라 그들을 거룩하게 하고 그들로 내게 제사장 직분을 행하게 하고 이스라엘 자손에게 고하여 이르기를 이것은 너희 대대로 내게 거룩한 관유니 사람의 몸에 붓지 말며 이 방법대로 이와 같은 것을 만들지 말라. 이는 거룩하니 너희는 거룩히 여기라. 무릇 이와 같은 것을 만드는 자나 무릇 이것을 타인에게 붓는 자는 그 백성 중에서 끊쳐지리라 하라.

하나님께서는 또 모세에게 그 관유를 성막과 그 기구들에게 바르라고 지시하셨다. 모세는 또 아론과 그 아들들에게 그 기름을 발라 그들을 거룩하게 하고 그들로 하나님께 제사장 직분을 행하게 해야 했다. '끊어진다'는 말은 출교나 사형 또는 하나님께서 직접 징벌하여 죽이심(레 20:3) 등을 가리킨다고 본다.

〔34-38절〕 여호와께서 모세에게 이르시되 너는 소합향과 나감향과 풍자향의 향품을 취하고 그 향품을 유향에 섞되 각기 동일한 중수(重數)로 하고 그것으로 향을 만들되 향 만드는 법대로 만들고 그것에 소금을 쳐서 성

결하게 하고 그 향 얼마를 곱게 찧어 내가 너와 만날 회막 안 증거궤 앞에 두라. 이 향은 너희에게 지극히 거룩하니라. 네가 만들 향은 여호와를 위하여 거룩한 것이니 그 방법대로 너희를 위하여 만들지 말라. 무릇 맡으려고 이 같은 것을 만드는 자는 그 백성 중에서 끊쳐지리라.

여호와께서는 또 모세에게 **향**을 만드는 법을 지시하셨다. 모세는 소합향(stacte)과 나감향(onycha)과 풍자향(galbanum)의 향품을 취하고 그 향품을 유향(frankincense)에 섞되 각기 동일한 무게로 섞고 그것으로 향 만드는 법대로 향을 만들어야 했다. 이 향은 곱게 찧어서 얼마를 회막 안 증거궤 앞(아마 휘장 밖)에 두어야 했다. 이스라엘 백성은 자신들을 위해 이런 방식으로 향을 만들지 말아야 했다.

본장의 교훈을 정리해보자. 첫째로, 분향단은 예수 그리스도의 중보 사역과 성도들의 기도 생활을 상징한다고 본다. 주 예수 그리스도께서는 날마다 우리를 위해 중보 사역을 하시며(롬 8:34; 히 7:25) 우리도 날마다 하나님께 감사와 찬송, 죄의 고백, 선한 소원의 간구를 아뢰어야 한다. 시편 141:2, "나의 기도가 주의 앞에 분향함과 같이 되며." 요한계시록 5:8, "이 향은 성도의 기도들이라." 요한계시록 8:3-4도 참고.

둘째로, 생명의 속전은 우리의 생명이 하나님의 은혜임을 증거한다. 이스라엘 백성의 20세 이상된 자들은 다 생명의 속전으로 반 세겔씩 하나님께 드려야 했고 그것은 회막 봉사에 사용되었다. 우리는 죽어 지옥에 던지워야 마땅한 죄인들이었다. 예수 그리스도의 대속의 피로 구원얻은 우리는 우리의 생명이 오직 하나님의 은혜인 줄 알고 항상 하나님께 감사하며 오직 하나님의 영광을 위해 살아야 한다(고전 6:19-20).

셋째로, 물두멍, 즉 큰 물통은 제사장들에게 성결함이 필요함을 보인다. 우리의 대제사장 예수 그리스도께서는 거룩하시고 악과 더러움이 없으시다(히 7:26). '왕 같은 제사장들'(벧전 2:9)이 된 신약 성도들은 손과 발을 항상 물로 씻어 깨끗케 하는 거룩한 제사장이 되어야 한다(벧전 2:5). 우리는 정결한 몸과 마음으로 거룩하신 하나님을 섬겨야 한다.

31장: 브살렐과 오홀리압을 부르심

[1-11절] 여호와께서 모세에게 일러 가라사대 내가 유다 지파 훌의 손자요 우리의 아들인 브살렐을 지명하여 부르고 하나님의 신[영]**을 그에게 충만하게 하여 지혜와 총명과 지식과 여러 가지 재주로 공교한 일을 연구하여 금과 은과 놋으로 만들게 하며 보석을 깎아 물리며 나무를 새겨서 여러 가지 일을 하게 하고 내가 또 단 지파 아히사막의 아들 오홀리압을 세워 그와 함께하게 하며 무릇 지혜로운 마음이 있는 자에게 내가 지혜를 주어 그들로 내가 네게 명한 것을 다 만들게 할지니 곧 회막과 증거궤와 그 위의 속죄소와 회막의 모든 기구와 상과 그 기구와 정금 등대와 그 모든 기구와 분향단과 번제단과 그 모든 기구와 물두멍**[물대야]**과 그 받침과 제사직을 행할 때에 입는 공교히 짠 의복 곧 제사장 아론의 성의(聖衣)와 그 아들들의 옷과 관유와 성소의 향기로운 향이라. 무릇 내가 네게 명한 대로 그들이 만들지니라.**

하나님께서는 브살렐과 오홀리압을 그의 거룩한 일을 위해 일할 자들로 지명하여 세우셨다. 그는 또 모든 지혜로운 자들을 그들에게 돕는 자로 주겠다고 말씀하셨다. 그는 특히 브살렐에게 하나님의 영의 충만함을 주시고 지혜와 총명을 주셨다. 구약의 성막을 만드는 일에도 성령의 충만함이 필요했다. 거대한 세계적 성전인 신약교회의 건립과 봉사의 일들에서는 말할 것도 없다! 신약교회는 성령의 지혜와 능력으로 건립될 것이다. 그러므로 하나님께 헌신한 신약교회의 모든 성도들과 봉사자들은 성령의 충만함으로 봉사해야 한다.

[12-18절] 여호와께서 모세에게 일러 가라사대 너는 이스라엘 자손에게 고하여 이르기를 너희는 [반드시](아크 אַךְ; verily(KJV), surely(NASB)) **나의 안식일**(솹베소사이 שַׁבְּתֹתַי)[안식일들]**을 지키라. 이는 나와 너희 사이에 너희 대대의 표징이니 나는 너희를 거룩하게 하는 여호와인 줄 너희로 알게 함이라.** [그러므로] **너희는 안식일을 지킬지니 이는 너희에게 성일이 됨이라. 무릇 그 날을 더럽히는 자는 죽일지며**(모스 유마스 מוֹת יוּמָת)[정녕 죽임을 당할지며] **무릇 그 날에 일하는 자는 그 백성 중에서 그 생명이 끊쳐지**

리라[끊어지리라]. **엿새 동안은 일할 것이나 제7일은 큰 안식일**(솹밧 솹바손 שַׁבַּת שַׁבָּתוֹן)[쉬는 안식일](KJV, NASB, NIV)**이니 여호와께 거룩한 것이라. 무릇 안식일에 일하는 자를 반드시 죽일지니라**[정녕 죽임을 당할지니라]. **이같이 이스라엘 자손이 안식일을 지켜서 그것으로 대대로 영원한 언약을 삼을 것이니 이는 나와 이스라엘 자손 사이에 영원한 표징이며 나 여호와가 엿새 동안에 천지를 창조하고 제7일에 쉬어 평안하였음**[상쾌함을 얻었음]**이니라 하라. 여호와께서 시내산 위에서 모세에게 이르시기를 마치신 때에 증거판 둘을 모세에게 주시니 이는 돌판이요 하나님이 친히 쓰신 것이더라.**

하나님께서는 특히 안식일을 지킬 것을 강조하셨다. '나의 안식일들'(복수명사)은 주간 안식일뿐 아니라, 절기들의 안식일들이 다 하나님의 날들임을 가리킨다. 하나님께서는 선지자 에스겔을 통해서도 안식일을 '나의 안식일들'로 반복하여 강조하셨다(겔 20:12, 13, 16, 20, 21, 24). 실상 우리의 모든 날들과 시간들이 다 하나님의 것이지만, 특히 그가 지정하신 절기들은 우리 것이 아니고 하나님의 것이다.

하나님께서는 또 "너희는 안식일을 지킬지니 이는 너희에게 성일이 됨이라"고 말씀하셨다. 14-16절에서 안식일은 단수명사로서 주간 안식일을 가리킨다. '성일이 됨'이라는 원어는 단순히 '거룩하다'는 뜻이다. 주간마다 오는 제7일 안식일은 이스라엘 백성에게 거룩한 날이었다. 그 날은 한 주간의 다른 여섯 날들과 구별되었다.

"엿새 동안은 일할 것이라"는 말씀은 하나님께서 이스라엘 백성에게 일할 수 있는 여섯 날을 주셨고 그 엿새 동안은 열심히 일해야 한다는 뜻을 내포한다. 그러나 하나님께서는 제7일은 '큰 안식일'[쉬는 안식일]이라고 말씀하셨다. 또 하나님께서는 이 날을 "여호와께 거룩한 것이라"고 부언(附言)하셨다.

또 하나님께서는 안식일 범하는 자에 대해 무서운 벌칙을 선언하셨다. 그는 "무릇 그 날을 더럽히는 자는 정녕 죽임을 당할지며 무릇 그 날에 일하는 자는 그 백성 중에서 그 생명이 끊어지리라"고 말씀하셨다. '그 날을 더럽힌다'는 말은 그 날을 휴식과 거룩한 예배의 날로 구별하지 않고 일상적인 날로 보내는 것을 뜻한다. '끊어지리라'는 말은 사형 혹은 출교를 가리킨다. 또 하나님께서는 "무릇 안식일에 일하는 자는 정녕 죽임을 당할지니라"고 반복하셨다. 이처럼 안식일을 범하는 자에게는 사형이 선언되었다. 안식일을 지키라는 계명은 '살인하지 말라, 간음하지 말라'는 계명만큼 중요한 계명이었다. 민수기 15장에 보면, 이스라엘 자손들이 광야에 거할 때에 어떤 사람이 안식일에 나무하는 것을 보고 그를 발견한 자들이 그를 모세와 회중 앞으로 끌어왔는데, 하나님께서는 모세에게 그 사람을 반드시 죽이라고 명하셨고 회중은 그를 진 밖에 데려가 돌로 쳐죽였다(32-36절).

또 하나님께서는 안식일이 하나님과 그 백성 사이의 영속적인 표(오스 אוֹת; sign)이며 영원한 언약이라고 말씀하셨다. 십계명이 다 하나님의 영원한 언약이지만, 그 중에도 안식일 계명이 그러하였다. 이 안식일로써 이스라엘 백성은 세상에서 거룩하게 구별된 백성으로 표시되었다. 그 날에 온 가족들은 세속적 일들을 쉬며 하나님께 예배하기 위해 모였다(레 23:3). 이방인들은 안식일 없이 살지만, 하나님의 백성인 이스라엘은 안식일을 지키며 살기 때문에, 그들은 안식일 지킴을 통해 하나님의 거룩한 백성임이 증거되었다.

또 하나님께서는 안식일 계명의 이유와 근거에 대해 말씀하셨다. 그는 "이는 나 여호와가 엿새 동안에 천지를 창조하고 제7일에 쉬어 평안하였음이니라"고 말씀하셨다. '평안하다'는 원어(나파쉬 נָפַשׁ)는 '새 힘을 얻다'는 뜻이다. 하나님께서는 6일 동안 천지만물을 창조하신 후 제7일에 쉬셨고(창 2:2) 새 힘을 얻으셨고 그 날을 복되게 하시고 거룩하게 하셨다(출 20:11). 하나님께 무슨 피곤하심이 있을 리가 없으니, '새 힘을 얻으셨다'는 표현은 순전히 우리를 위한 것이라고 본다. 안식일은 하나님의 백성에게 새 힘을 주시는 제도이다.

여호와께서는 시내산 위에서 모세에게 성막 제정에 대한 이 모든 말씀을 다 이르기를 마치신 때에 증거판 둘을 모세에게 주셨다. 이것은 돌판들이요 하나님께서 친히 쓰신 것이었다. 거기에 쓰인 내용은 십계명이었다(신 4:13). 그 두 돌판에 십계명이 쓰여 있었다고 보인다. 처음에 주셨던 그 두 돌판은 하나님께서 만드신 것이요 글자는 하나님께서 쓰셔서 판에 새기신 것이었다(출 32:15-16).

본장의 교훈을 정리해보자. 첫째로, 하나님께서는 성막 건립을 위해 브살렐과 오홀리압, 그리고 지혜 있는 자들을 세우시고 성령 충만함을 주셔서 일하게 하셨다. 성막 건립은 오늘날 영혼들의 구원과 성화, 교회의 건립과 성장을 상징한다. 하나님께서는 오늘날에도 이 일을 위하여 신실한 종들을 세우시며 성령의 충만함을 주시며 일하게 하신다. 하나님의 일들, 곧 전도와 교회 건립의 일은 사람이 할 수 있는 일이 아니고 오직 하나님의 영께서 도우시므로 이루시는 일이다. 우리는 하나님께서 오늘날에도 그의 일을 위해 충성된 종들을 많이 세우시고 성령 충만을 주셔서 일하게 하시기를 기도하고 우리도 그렇게 일해야 한다.

둘째로, 구약시대에 안식일은 하나님과의 언약이며 하나님의 백성의 표로서 매우 중요하였고, 안식일을 어기며 더럽히는 자는 반드시 죽임을 당해야 하였다. 신약시대의 성도들은 주일을 그리스도인의 안식일로 거룩하게 지킨다. 하나님께서는 섭리 가운데 우리에게 토요일 대신 주일을 안식일로 주셨다. 그러나 우리는 주일을 범하면 큰 죄를 짓는 것이며 죽을 것이라는 두려움을 가지고 지키는 것이 아니고, 주 예수 그리스도께서 대속 사역을 이루시고 부활하신 날인 주일을 자원적으로 즐거이 지킨다. 우리는 이 날을 온종일 거룩하게 구별하며 온 가족이 세속적인 일을 쉬고 몸도 쉬고 공적 예배의 날로 지킨다. 신약 성도는 구약 성도보다 더 큰 은혜를 받은 자들로 구약의 안식일을 거룩히 지키는 것 이상으로 거룩함과 즐거움으로 주일을 지켜야 한다고 본다.

32장: 금송아지 사건

〔1-8절〕 백성이 모세가 산에서 내려옴이 더딤을 보고 모여 아론에게 이르러 가로되 일어나라. 우리를 인도할 신을 우리를 위하여 만들라. 이 모세 곧 우리를 애굽 땅에서 인도하여 낸 사람은 어찌 되었는지 알지 못함이니라. 아론이 그들에게 이르되 너희 아내와 자녀의 귀의 금고리를 빼어 내게로 가져오라. 모든 백성이 그 귀에서 금고리를 빼어 아론에게로 가져오매 아론이 그들의 손에서 그 고리를 받아 부어서 각도(刻刀)[새기는 도구](KJV, NASB)**로 새겨 송아지 형상을 만드니 그들이 말하되 이스라엘아, 이는 너희를 애굽 땅에서 인도하여 낸 너희 신이로다 하는지라. 아론이 보고 그 앞에 단을 쌓고 이에 공포하여 가로되 내일은 여호와의 절일이니라 하니 이튿날에 그들이 일찍이 일어나 번제를 드리며 화목제를 드리고 앉아서 먹고 마시며 일어나서 뛰놀더라. 여호와께서 모세에게 이르시되 너는 내려가라. 네가 애굽 땅에서 인도하여 낸 네 백성이 부패하였도다. 그들이 내가 그들에게 명한 길을 속히 떠나 자기를 위하여 송아지를 부어만들고 그것을 숭배하며 그것에게 희생을 드리며 말하기를 이스라엘아, 이는 너희를 애굽 땅에서 인도하여 낸 너희 신이라 하였도다.**

이스라엘 백성은 모세가 산에서 내려옴이 더딤을 보고 하나님과 모세를 신뢰하지 못하고 기다리지 못하고 조급하였고 아론을 부추겨서 그들을 인도할 신을 눈에 보이는 형상으로 만들라고 요청하였고, 아론은 백성의 말을 들었다. 백성은 무지하고 믿음이 없었고 지도자 아론은 무능하고 무자격하였다. 그들은 이튿날 일찍이 일어나 번제를 드리며 화목제를 드리고 앉아서 먹고 마시며 일어나서 뛰놀았다. 그들의 우상숭배의 제사는 유희적 의식이며 축제적 놀이이었다.

〔9-14절〕 여호와께서 또 모세에게 이르시되 내가 이 백성을 보니 목이 곧은 백성이로다. 그런즉 나대로 하게 하라. 내가 그들에게 진노하여 그들을 진멸하고 너로 큰 나라가 되게 하리라. 모세가 그 하나님 여호와께 구하여 가로되 여호와여, 어찌하여 그 큰 권능과 강한 손으로 애굽 땅에서 인도

하여 내신 주의 백성에게 진노하시나이까? 어찌하여 애굽 사람으로 이르기를 여호와가 화를 내려 그 백성을 산에서 죽이고 지면에서 진멸하려고 인도하여 내었다 하게 하려 하시나이까? 주의 맹렬한 노를 그치시고 뜻을 돌이키사 주의 백성에게 이 화를 내리지 마옵소서. 주의 종 아브라함과 이삭과 이스라엘을 기억하소서. 주께서 주를 가리켜 그들에게 맹세하여 이르시기를 내가 너희 자손을 하늘의 별처럼 많게 하고 나의 허락한 이 온 땅을 너희의 자손에게 주어 영영한 기업이 되게 하리라 하셨나이다. 여호와께서 뜻을 돌이키사 말씀하신 화를 그 백성에게 내리지 아니하시니라.

'목이 곧다'는 말은 겸손히 하나님의 명령에 순종하지 않고 자기의 생각을 고집스럽게 주장하는 태도를 묘사한다. 이스라엘 백성의 금송아지 숭배는 목이 곧은 행동이었다. 그러나 모세는 진노하신 하나님 앞에 감히 중보자처럼 서서 하나님께서 애굽에 열 가지 재앙을 내려 이스라엘 백성을 건져내시고 홍해에서 권능으로 구원하신 일을 말하며 이스라엘 백성의 멸망이 하나님의 명예에 큰 손상이 될 것이라는 것과 하나님께서 조상들에게 그 자손의 번창을 맹세하셨을진대 그들을 완전히 멸망시키실 수는 없지 않겠느냐고 변호하였다.

〔15-24절〕 모세가 돌이켜 산에서 내려오는데 증거의 두 판이 그 손에 있고 그 판의 양면 이편저편에 글자가 있으니 그 판은 하나님이[께서] **만드신 것이요 글자는 하나님이**[께서] **쓰셔서 판에 새기신 것이더라. 여호수아가 백성의 떠듦을 듣고 모세에게 말하되 진중에서 싸우는 소리가 나나이다. 모세가 가로되 이는 승전가도 아니요 패하여 부르짖는 소리도 아니라. 나의 듣기에는 노래하는 소리로다 하고 진에 가까이 이르러 송아지와 그 춤추는 것을 보고 대노(大怒)하여**[크게 노하여] **손에서 그 판들을 산 아래로 던져 깨뜨리니라. 모세가 그들의 만든 송아지를 가져 불살라 부수어 가루를 만들어 물에 뿌려 이스라엘 자손에게 마시우니라. 모세가 아론에게 이르되 이 백성이 네게 어떻게 하였기에 네가 그들로 중죄(重罪)**[큰 죄]**에 빠지게 하였느뇨? 아론이 가로되 내 주여, 노하지 마소서. 이 백성의 악함을 당신이 아나이다. 그들이 내게 말하기를 우리를 위하여 우리를 인도할 신을 만들라. 이 모세 곧 우리를 애굽 땅에서 인도하여 낸 사람은 어찌 되었는지 알 수**

없노라 하기에 내가 그들에게 이르기를 금이 있는 자는 빼어내라 한즉 그들이 그것을 내게로 가져왔기로 내가 불에 던졌더니 이 송아지가 나왔나이다.

모세가 들고 내려온 두 돌판은 하나님께서 만드신 것이었고 하나님께서 그 판의 양면 이편저편에 글자를 새기신 것이었다. 모세는 진에 가까이 이르러 송아지와 그 춤추는 것을 보고 크게 노하여 손에서 그 판들을 산 아래로 던져 깨뜨렸고 그들의 만든 송아지를 가져 불살라 부숴 가루를 만들어 물에 뿌려 이스라엘 백성들에게 마시웠다. 그것은 송아지 우상의 헛됨을 보인 것 같다. 아론이 이스라엘 백성들 중에 불경건한 자들의 생각과 주장에 굴복한 것은 큰 잘못이었다.

〔25-29절〕 **모세가 본즉 백성이 방자하니**(파루아 פָּרֻעַ)[해이해졌으니] **이는 아론이 그들로 방자하게**[해이해지게] **하여 원수에게 조롱거리가 되게 하였음이라. 이에 모세가 진 문에 서서 가로되 누구든지 여호와의 편에 있는 자는 내게로 나아오라 하매 레위 자손이 다 모여 그에게로 오는지라. 모세가 그들에게 이르되 이스라엘의 하나님 여호와께서 이같이 말씀하시기를 너희는 각각 허리에 칼을 차고 진 이 문에서 저 문까지 왕래하며 각 사람이 그 형제를, 각 사람이 그 친구를, 각 사람이 그 이웃을 도륙하라**[죽이라] **하셨느니라. 레위 자손이 모세의 말대로 행하매 이 날에 백성 중에 3천명 가량이 죽인 바 된지라.** [이는] **모세가 이르되 각 사람이 그 아들과 그 형제를 쳤으니 오늘날 여호와께 헌신하게 되었느니라. 그가 오늘날 너희에게 복을 내리시리라**[그 형제를 치도록 오늘날 여호와께 헌신하라. 그가 오늘날 너희에게 복을 내리시리라 하였음이라](KJV, NASB).

〔30-35절〕 **이튿날 모세가 백성에게 이르되 너희가 큰 죄를 범하였도다. 내가 이제 여호와께로 올라가노니 혹 너희의 죄를 속할까 하노라 하고 여호와께로 다시 나아가 여짜오되 슬프도소이다. 이 백성이 자기들을 위하여 금신(金神)을 만들었사오니 큰 죄를 범하였나이다. 그러나 합의하시면 이제 그들의 죄를 사하시옵소서. 그렇지 않사오면 원컨대 주의 기록하신 책에서 내 이름을 지워 버려주옵소서. 여호와께서 모세에게 이르시되 누구든지 내게 범죄하면 그는 내가 내 책에서 지워버리리라. 이제 가서 내가 네게 말한 곳으로 백성을 인도하라. 내 사자가 네 앞서 가리라. 그러나 내가 보응할**

날에는 그들의 죄를 보응하리라. 여호와께서 백성을 치시니 이는 그들이 아론의 만든 바 그 송아지를 만들었음이더라.

모세는 이스라엘 자손의 지도자로서 자기 생명과 그 백성의 구원을 맞바꾸려 할 정도로 그 백성을 향한 사랑을 가지고 있었다. "내가 보응할 날에는 그들의 죄를 보응하리라"는 말씀은 하나님께서 모세의 중보기도를 들어 이스라엘 백성을 용서하시지만, 하나님의 엄위하신 공의가 없어진 것이 아니고 살아 있음을 증거한다.

본장의 교훈을 정리해보자. 첫째로, 사람들의 본성은 심히 죄악되다. 이스라엘 백성은 십계명을 받은 지 40일밖에 되지 않았는데, 그 법을 속히 떠나 금송아지 우상을 만들고 섬겼다. 또 우상숭배는 유흥적 예배 의식으로 이루어졌다. 사람의 죄악된 본성은 우상숭배와 유흥적 종교 의식에 떨어지기 쉽다. 오늘날에 우리도 돈이면 다 된다는 돈 우상을 타파해야 하고, 또 축제적 놀이 같은 유희적 예배를 경계해야 한다.

둘째로, 우리는 하나님의 징벌을 두려워해야 한다. 이스라엘 백성이 금송아지를 만들고 그 앞에 제사한 것은 우상숭배의 큰 죄이었다. 그러므로 하나님께서는 진노하셨고 그들을 다 죽이려 하셨고 모세의 간구로 그들을 용서하셨으나 레위 사람들을 사용해 3천명 가량을 죽이셨다. 죗값은 죽음이다. 우리는 하나님의 공의의 징벌을 두려워해야 한다.

셋째로, 모세는 예수 그리스도의 예표이었다. 그는 백성들의 죄 용서를 위해 자신을 내어놓았다. 예수께서는 친히 자신의 몸을 십자가에서 희생하심으로 택한 백성들을 구속(救贖)하셨고 신약교회를 세우셨다. 신약교회의 역사도 배교의 역사이었으나, 구주 예수 그리스도의 계속적 중보사역으로 하나님께서는 신약교회를 완전히 멸하지 않으셨고 오늘날 우리는 날마다 하나님의 은혜로 살아가고 하나님을 섬기며 그의 일을 받들고 있고 개인적으로, 교회적으로 성화를 조금씩 이루어가고 있다. 우리는 예수 그리스도만 의지하고 그의 온유하심과 오래 참으심을 본받아 범죄자들을 온유함으로 책망해야 한다(갈 6:1; 딤후 2:24-26).

33장: 내가 친히 가리라

〔1-3절〕 여호와께서 모세에게 이르시되 너는 네가 애굽 땅에서 인도하여 낸 백성과 함께 여기서 떠나서 내가 아브라함과 이삭과 야곱에게 맹세하기를 네 자손에게 주마 한 그 땅으로 올라가라. 내가 사자를 네 앞서 보내어 가나안 사람과 아모리 사람과 헷 사람과 브리스 사람과 히위 사람과 여부스 사람을 쫓아내고 너희로 젖과 꿀이 흐르는 땅에 이르게 하려니와 나는 너희와 함께 올라가지 아니하리니 너희는 목이 곧은 백성인즉 내가 중로에서 너희를 진멸할까 염려함이니라 하시니.

하나님께서 이스라엘 백성을 가나안 땅으로 인도하시는 것은 그의 계획하신 바이었고 오래 전, 약 646년 전에[12] 그 조상 아브라함과 그 후 이삭과 야곱에게 맹세하며 약속하신 바이었다. 하나님께서는 이제 모세에게 그들을 그 땅으로 인도하라고 말씀하신다. 그는 한 천사를 그들 앞서 보내어 가나안 원주민들을 쫓아내고 그들로 그 젖과 꿀이 흐르는 땅, 즉 살기 좋은 복된 땅에 이르게 하실 것이다.

그러나 하나님께서는 또 "나는 너희와 함께 올라가지 아니하리라"고 말씀하셨다. 그것은 그들이 하나님의 법도를 거역하고 그 길을 속히 떠나 금송아지를 만들었기 때문이었다. 그들은 겸손히 하나님의 명령에 순종치 않았다. 만일 그들이 또 한번 그렇게 범죄한다면 하나님께서는 그들을 그 길에서 다 멸망시키실지도 모른다. 여하튼 하나님께서 그들과 함께 올라가지 않으시겠다는 것은 참으로 불행한 일이었다. 하나님께서 우리와 함께하신다면 참으로 큰 행복이지만, 그가 우리와 함께하시지 않는다면 참으로 큰 불행이다.

〔4-6절〕 백성이 이 황송한 말씀(핫다바르 하라 핫제 הַדָּבָר הָרָע הַזֶּה) [이 나쁜 소식(KJV), 이 슬픈 말씀(NASB)]**을 듣고 슬퍼하여 한 사람도 그 몸을**

---

12) 아브람이 하란을 떠날 때 나이 75세이었고 그 연도는 대략 주전 2092년경이다. 모세의 출애굽 시대가 주전 1446년경이므로 약 646년 이전이다.

단장하지 아니하니 여호와께서 모세에게 이르시기를 이스라엘 자손에게 이르라. 너희는 목이 곧은 백성인즉 내가 순식간이라도 너희 중에 행하면 너희를 진멸하리니 너희는 단장품을 제하라. 그리하면 내가 너희에게 어떻게 할 일을 알겠노라 하셨음이라. 이스라엘 자손이 호렙산에서부터 그 단장품을 제하니라.

이스라엘 백성은 하나님께서 "나는 너희와 함께 올라가지 아니하리라"고 말씀하신 이 슬픈 소식을 듣고 슬퍼하여 한 사람도 그 몸을 단장하지 않았다. 그러한 말씀을 듣고도 자기들의 몸이나 단장하고 있었다면 그들은 정말 무지하고 무감각한 자들이었을 것이다. 몸의 단장은 기쁠 때 하는 것이지, 슬플 때는 하지 않는다.

〔7-11절〕 모세가 항상 장막을 취하여 진 밖에 쳐서 진과 멀리 떠나게 하고 회막이라 이름하니 여호와를 앙모하는 자는 다 진 바깥 회막으로 나아가며 모세가 회막으로 나아갈 때에는 백성이 다 일어나 자기 장막문에 서서 모세가 회막에 들어가기까지 바라보며 모세가 회막에 들어갈 때에 구름기둥이 내려 회막 문에 서며 여호와께서 **모세와 말씀하시니 모든 백성이 회막 문에 구름기둥이 섰음을 보고 다 일어나 각기 장막문에 서서 경배하며 사람이 그 친구와 이야기함같이 여호와께서는 모세와 대면하여 말씀하시며 모세는 진으로 돌아오나 그 수종자 눈의 아들 청년 여호수아는 회막을 떠나지 아니하니라.**

회막(會幕)은 '만남의 장막'이라는 뜻이다. 여호와를 앙모하는 자는 다 회막으로 나아갔다. 여호와께서는 모세와 대면하여 말씀하셨다.

〔12-16절〕 모세가 여호와께 고하되 보시옵소서. 주께서 나더러 이 백성을 인도하여 올라가라 하시면서 나와 함께 보낼 자를 내게 지시하지 아니하시나이다. 주께서 전에 말씀하시기를 나는 이름으로도 너를 알고 너도 내 앞에 은총을 입었다 하셨사온즉 내가 참으로 주의 목전에 은총을 입었사오면 원컨대 주의 길을 내게 보이사 내게 주를 알리시고 나로 주의 목전에 은총을 입게 하시며 이 족속을 주의 백성으로 여기소서. 여호와께서 가라사대 내가 친히(파나이 פָּנַי)[내 자신](my presence)(KJV, NASB, NIV) **가리라. 내가 너로 편케 하리라. 모세가 여호와께 고하되 주께서 친히 가지 아니하시려거**

든 우리를 이 곳에서 올려 보내지 마옵소서. 나와 주의 백성이 주의 목전에 은총 입은 줄을 무엇으로 알리이까? 주께서 우리와 함께 행하심으로 나와 주의 백성을 천하 만민 중에 구별하심이 아니니이까?

여호와께서는 생각을 바꾸셔서 "내가 친히[내 자신이] 가리라. 내가 너로 편케 하리라"고 말씀하셨다. 그는 모세의 간구를 들어주신 것이었다. 모세는 하나님께서 그들과 함께 동행해주심으로써 그들이 하나님의 은혜를 입었고 천하 만민들 중에서 구별된 민족임을 증거해 주시기를 간구하였고 하나님의 결심을 확인하였다.

〔17-23절〕 여호와께서 모세에게 이르시되 너의 말하는 이 일도 내가 하리니 너는 내 목전에 은총을 입었고 내가 이름으로도 너를 앎이니라. 모세가 가로되 원컨대 주의 영광을 내게 보이소서. 여호와께서 가라사대 내가 나의 모든 선한 형상을 **네 앞으로 지나게 하고 여호와의 이름을 네 앞에 반포하리라. 나는 은혜 줄 자에게 은혜를 주고 긍휼히 여길 자에게 긍휼을 베푸느니라. 또 가라사대 네가 내 얼굴을 보지 못하리니 나를 보고 살 자가 없음이니라. 여호와께서 가라사대 보라, 내 곁에 한 곳이 있으니 너는 그 반석 위에 섰으라. 내 영광이 지날 때에 내가 너를 반석 틈에 두고 내가 지나도록 내 손으로 너를 덮었다가 손을 거두리니 네가 내 등을 볼 것이요 얼굴은 보지 못하리라.**

하나님께서는 영이시며(요 4:24) '아무 사람도 보지 못하였고 또 볼 수 없는 자'(딤전 6:16)이시기 때문에, 그의 얼굴, 그의 등, 그의 손이라는 표현은 하나님을 사람과 같이 묘사하는 비유적인 표현이다. 그것을 신인동형적(神人同形的) 표현이라고 말한다. 모세는 하나님의 영광을 보기를 원했고 하나님께서는 '모든 선한 형상'을 나타내시고 '그의 등'을 보이시겠다고 말씀하셨다. 오늘날 우리도 하나님의 얼굴의 영광을 볼 수는 없으나, 때때로 하나님의 등, 즉 하나님의 영광의 뒷모습 즉 지극히 작은 부분을 볼 수 있을 것이다.

본장의 교훈은 무엇인가? 첫째로, 하나님께서는 이스라엘 백성에게

"너희는 단장품을 제하라"고 말씀하셨다. 주 예수님의 사도들도 우리에게 외적 단장 대신 내면적 단장을 힘쓰라고 교훈하였다. 그것은 선한 인격과 행실을 말한다. 디모데전서 2:9-10, "이와 같이 여자들도 아담한 옷을 입으며 염치와 정절로 자기를 단장하고 땋은 머리와 금이나 진주나 값진 옷으로 하지 말고 오직 선행으로 하기를 원하라. 이것이 하나님을 공경한다 하는 자들에게 마땅한 것이니라." 베드로전서 3:3-4, "너희 단장은 머리를 꾸미고 금을 차고 아름다운 옷을 입는 외모로 하지 말고 오직 마음에 숨은 사람을 온유하고 안정한 심령의 썩지 아니할 것으로 하라. 이는 하나님 앞에 값진 것이니라." 우리가 세상 것들의 헛됨을 참으로 알고 장차 올 영광스런 천국을 참으로 사모할진대, 우리는 외적 단장을 절제하고 온유와 선행의 내면적 단장을 힘써야 한다.

둘째로, 모세는 회막이라고 부르는 한 장막을 진 밖에 쳤고 여호와를 앙모하는 자들은 다 회막으로 나아갔다. 회막(會幕)은 성도들의 만남의 장소이기 이전에 먼저 하나님과의 만남의 집이다. 주께서는 "두세 사람이 내 이름으로 모인 곳에는 나도 그들 중에 있느니라"고 말씀하셨다(마 18:20). 우리는 구주 예수 그리스도의 이름으로 모여 하나님을 섬길 때 영적으로 그를 만날 수 있다. 우리는 교회에 예배하러 모일 때 먼저 하나님을 만나야 하고 그 다음에 믿음의 형제들을 만나야 한다.

셋째로, 하나님께서는 모세에게 "내가 친히 가리라. 내가 너로 편케 하리라"고 말씀하셨다. 이것은 이스라엘 백성에게 복된 약속이며 특권이었다. 하나님께서는 그들을 가나안 땅까지 인도하실 것이다. 주 예수 그리스도를 믿는 신약 성도들도 동일한 말씀을 받았다. 마태복음 28:20, "볼지어다, 내가 세상 끝날까지 너희와 항상 함께 있으리라." 요한복음 14:16, "그가 또 다른 보혜사를 너희에게 주사 영원토록 너희와 함께 있게 하시리라." 우리 안에 오신 성령께서는 영원히 우리와 함께하시고 우리의 구원의 보증이 되신다(엡 4:30). 우리는 복잡한 현실 속에서도 하나님께서 세상 끝날까지 우리와 함께하심을 믿고 체험해야 한다.

34장: 두 번째 40일

〔1-5절〕 여호와께서 모세에게 이르시되 너는 돌판 둘을 처음 것과 같이 깎아 만들라. 네가 깨뜨린 바 처음 판에 있던 말을 내가 그 판에 쓰리니 아침 전에 예비하고 아침에 시내산에 올라와 산꼭대기에서 내게 보이되 아무도 너와 함께 오르지 말며 온 산에 인적을 금하고 양과 소도 산 앞에서 먹지 못하게 하라. 모세가 돌판 둘을 처음 것과 같이 깎아 만들고 아침에 일찍이 일어나 그 두 돌판을 손에 들고 여호와의 명대로 시내산에 올라가니 여호와께서 구름 가운데 강림하사 그와 함께 거기 서서 여호와의 이름을 반포하실새.

하나님께서는 모세가 만든 그 두 돌판에 친히 히브리어로 십계명을 써주실 것이다. 구름이나 구름기둥은 하나님께서 함께하신다는 표시이었다(출 33:9; 민 9:15-23; 11:25; 12:5).

〔6-9절〕 여호와께서 그의 앞으로 지나시며 반포하시되 여호와로라, 여호와로라, 자비롭고 은혜롭고 노하기를 더디하고 인자와 진실이 많은 하나님이로라. 인자를 천대까지 베풀며 악과 과실과 죄를 용서하나 형벌 받을 자는 **결단코 면죄하지 않고 아비의 악을 자여손(子與孫)**[아들과 손자] **3, 4대까지 보응하리라. 모세가 급히 땅에 엎드리어 경배하며 가로되 주여, 내가 주께 은총을 입었거든 원컨대 주는 우리 중에서 행하옵소서. 이는 목이 곧은 백성이니이다. 우리의 악과 죄를 사하시고 우리로 주의 기업을 삼으소서.**

하나님께서는 영원자존(永遠自存)하시며 자비로우시고 은혜로우시고 노하기를 더디하시고 인자와 진실이 많으시나 공의로 보응하시는 엄위하신 자이시다. 모세는 그 하나님 앞에 엎드려 경배하였다.

〔10-14절〕 여호와께서 가라사대 보라, 내가 언약을 세우나니 곧 내가 아직 온 땅 아무 국민에게도 행치 아니한 이적(니플라옷 נִפְלָאֹת)[기적들]**을 너희 전체 백성 앞에 행할 것이라. 너의 머무는 나라 백성이 다 여호와의 소위**[행하심]**를 보리니 내가 너를 위하여 행할 일이 두려운 것임이니라. 너는 내가 오늘 네게 명하는 것을 삼가 지키라. 보라, 내가 네 앞에서 아모리 사람과 가나안 사람과 헷 사람과 브리스 사람과 히위 사람과 여부스 사람을**

쫓아내리니 너는 스스로 삼가 네가 들어가는 땅의 거민과 언약을 세우지 말라. 그들이 너희 중에 올무가 될까 하노라. 너희는 도리어 그들의 단들을 헐고 그들의 주상을 깨뜨리고 그들의 아세라 상을 찍을지어다. 너는 다른 신에게 절하지 말라. 여호와는 질투라 이름하는 질투의 하나님임이니라.

여호와께서 행하실 기적들은 광야를 지나는 동안 만나와 메추라기를 주심, 반석에서 물을 내심, 요단강을 건넘, 특히 가나안 일곱 족속들을 멸하심 등을 가리킬 것이다. 그는 특히 가나안 원주민들의 우상숭배의식에 참여치 말라고 명하셨다. 그는 질투라는 이름으로 불리우시는 질투의 하나님이시므로 우상숭배의 죄를 징벌하실 것이다.

〔15-17절〕 너는 삼가 그 땅의 거민과 언약을 세우지 말지니 이는 그들이 모든 신을 음란히 섬기며 그 신들에게 희생을 드리고 너를 청하면 네가 그 희생을 먹을까 함이며 또 네가 그들의 딸들로 네 아들들의 아내를 삼음으로 그들의 딸들이 그 신들을 음란히 섬기며 네 아들로 그들의 신들을 음란히 섬기게 할까 함이니라. 너는 신상들을 부어만들지 말지니라.

이스라엘 백성은 가나안 사람들의 우상숭배에 물들지 않도록 조심해야 했고 특히 자녀들의 결혼을 통한 종교적 부패를 조심해야 했다.

〔18-24절〕 너는 무교절을 지키되 내가 네게 명한 대로 아빕월(출 13:4; 23:15; 34:18; 신 16:1) **그 기한에 7일 동안 무교병을 먹으라. 이는 네가 아빕월에 애굽에서 나왔음이니라. 무릇 초태생은 다 내 것이며 무릇 네 가축의 수컷 처음 난 우양도 다 그러하며 나귀의 첫 새끼는 어린양으로 대속(代贖)할 것이요 그렇게 아니하려면 그 목을 꺾을 것이며 네 아들 중 장자는 다 대속(代贖)할지며 빈손으로 내 얼굴을 보지 말지니라. 너는 엿새 동안 일하고 제7일에는 쉴지니 밭 갈 때에나 거둘 때에도 쉴지며 칠칠절 곧 맥추의 초실절(初實節)을 지키고 가을에는 수장절(收藏節)을 지키라. 너희 모든 남자는 매년 세 번씩 주 여호와 이스라엘의 하나님 앞에 보일지라. 내가 열방을 네 앞에서 쫓아내고 네 지경을 넓히리니 네가 매년 세 번씩 여호와 너의 하나님께 보이러 올 때에 아무 사람도 네 땅을 탐내어 엿보지 못하리라.**

하나님께서는 또 절기에 대해 명하셨다. 무교절과 유월절은 그들이 애굽에서 나온 날을 기념하는 절기이다. 그 날에 애굽에서 장자 재앙이 있었으므로 이스라엘 백성은 그들의 장자들을 하나님 앞에서 대속(代贖)하며 감사 예물을 하나님께 바치는 것이 합당하였다.

6일 동안 세속적인 일들을 하지만 제7일 안식일은 하나님의 날로 구별하여 세속적인 일들을 쉬고 하나님을 생각하고 찬송하고 기도하며 그의 말씀의 교훈을 듣는 날로 지켜야 하였다. 안식일은 아무리 바쁜 때에도, 아주 부득이 한 경우가 아니라면, 쉬어야 했다. 물론 그 날은 사람의 쾌락이나 오락을 위해 사용되어서는 안 되었다.

하나님께서는 또 "칠칠절 곧 맥추[밀]의 초실절을 지키고 가을에는 수장절(收藏節, 초막절)을 지키라"고 명하셨다. 모든 남자들은 매년 세 번씩 주 여호와 앞에 보여야 했고 예물을 드려야 했다.

〔25-26절〕 너는 내 희생의 피를 유교병과 함께 드리지 말며 유월절 희생을 아침까지 두지 말지며 너의 토지 소산의 처음 익은 것을 가져다가 너의 하나님 여호와의 전에 드릴지며 너는 염소 새끼를 그 어미의 젖으로 삶지 말지니라.

우리가 우리의 소득의 처음 것 즉 가장 좋은 것으로 정성껏 하나님을 섬기는 것은 마땅한 일이다. 염소 새끼를 그 어미의 젖으로 삶지 말라는 명령은 당시 이방인들의 미신적 풍속을 경계하신 것이라고 보이며(카일-델리취) 잔인함을 금하시는 뜻도 있어 보인다.

〔27-28절〕 여호와께서 모세에게 이르시되 너는 이 말들을 기록하라. 내가 이 말들의 뜻대로 너와 이스라엘과 언약을 세웠음이니라 하시니라. 모세가 여호와와 함께 40일(日) 40야(夜)를 거기 있으면서 떡도 먹지 아니하였고 물도 마시지 아니하였으며 여호와께서는[그는](원문; KJV, NASB, NIV) **언약의 말씀 곧 십계를 그 판들에 기록하셨더라.**

여호와께서는 모세에게 "너는 이 말들을 기록하라. 내가 이 말들의 뜻대로 너와 이스라엘과 언약을 세웠음이니라"고 말씀하셨다. 하나님의 말씀은 책에 다 기록되었다. 모세는 시내산 위에서 여호와 하나님과 함께 40일 낮과 밤에 거기 있으면서 하나님과 깊은 교제의 시간을 가졌다. 또 여호와께서는 언약의 말씀 곧 십계명(아세렛 핫데바림 עֲשֶׂרֶת הַדְּבָרִים '그 열 가지 말씀들')을 그 돌판들에 기록해주셨다(1절, 신 10:4). 십계명은 하나님의 언약의 핵심적 내용이었다.

〔29-35절〕 모세가 그 증거의 두 판을 자기 손에 들고 시내산에서 내려오니 그 산에서 내려올 때에 모세는 자기가 여호와와 말씀하였음을 인하여 얼굴 꺼풀에 광채가 나나 깨닫지 못하였더라. 아론과 온 이스라엘 자손이 모세를 볼 때에 모세의 얼굴 꺼풀에 광채 남을 보고 그에게 가까이 하기를 두려워하더니 모세가 그들을 부르니 아론과 회중의 모든 어른이 모세에게로 오고 모세가 그들과 말하니 그 후에야 온 이스라엘 자손이 가까이 오는지라. 모세가 여호와께서 시내산에서 자기에게 이르신 말씀을 다 그들에게 명하고 그들에게 말하기를 마치고 수건으로 자기 얼굴을 가리웠더라. 그러나 모세가 여호와 앞에 들어가서 함께 말씀할 때에는 나오기까지 수건을 벗고 있다가 나와서는 그 명하신 일을 이스라엘 자손에게 고하며 이스라엘 자손이 모세의 얼굴의 광채를 보는 고로 모세가 여호와께 말씀하러 들어가기까지 다시 수건으로 자기 얼굴을 가리웠더라.

모세의 얼굴의 영광은 하나님께서 그와 말씀하셨다는 표증이었고 모세가 전하는 말씀의 신적 권위성을 보증하는 것이었다. 그가 얼굴에 수건을 가린 것은 일상 생활에서 사람들을 대할 때 불편했기 때문일 것이다. 사도 바울은, 고린도후서 3장에서, 모세의 영광은 구약의 없어질 율법적 영광을 나타내며 신약시대에 예수 그리스도의 영광은 영원히 없어지지 않을 영광을 나타낸다고 말하였다(고후 3:11, 13). 모세의 얼굴의 영광은 없어질 영광이었고 수건으로 가려야 할 영광이었다. 율법 제도는 영원한 것이 아니었다. 그러나 예수 그리스도와 그의 사도들의 영광은 없어지지 않을 영광이다. 율법은 사람을 정죄하는 역할을 하였고 그것은 특히 예수 그리스도께서 오시기까지 그러했다. 그러나 예수 그리스도의 복음은 하나님께서 죄인들을 의롭다고 하시는 데 쓰임을 받는다. 또 사도 바울은 예수 그리스도 안에는 참된 자유가 있으므로 신약 성도는 수건으로 우리 자신을 가릴 것이 없다고 말했다(3:16-17). 또 우리는 예수 그리스도의 복음의 말씀과 성령의 감동 속에서 주 예수 그리스도의 신적 영광을 보며 그의 거룩한 영광의 형상을 조금씩 이루어간다.

본장의 교훈을 정리해보자. 첫째로, 우리는 하나님을 알아야 한다. 그는 여호와 곧 영원자존하신 살아계신 하나님이시며 자신을 사람들에게 나타내셨고 그 나타나심들이 성경에 기록되었다. 그는 회개하는 죄인들을 불쌍히 여기시고 그들의 죄를 용서하시지만, 그러나 죄인을 결코 죄 없다고 하지 않으시고 반드시 징벌하시는 엄위하신 하나님이시다.

둘째로, 하나님께서는 사람들과 언약을 맺으셨다. 그것은 그가 자신을 낮추신 일이었다. 그는 구약시대에 십계명에 근거해 이스라엘 백성과 언약을 맺으셨다. 그것은 그 민족에게 주신 큰 특권이었다. 그러나 율법은 사람의 죄를 깨닫게 할 뿐이었다. 그는 신약시대에 예수 그리스도의 복음에 근거해 모든 믿는 자들과 언약을 맺으셨다. 그는 주 예수 그리스도를 믿는 모든 자에게 죄사함과 의롭다 하심, 하나님의 자녀의 특권과 영생과 천국을 약속하셨다. 물론 예수님 믿고 구원 얻은 사람들은 성경의 모든 교훈을 따라 모든 죄를 버리고 경건하고 의롭고 선하게 살아야만 한다. 우리는 하나님의 이 은혜의 언약을 감사해야 한다.

셋째로, 우리는 세상 사람들과 언약을 맺지 말아야 한다. 하나님의 백성된 자들은 하나님을 알지 못하고 이방신을 섬기는 세상 사람들을 구원할지언정, 그들과 교제를 나누거나 그들의 사상과 풍습과 삶을 본받거나 따라가지 말아야 하고, 특히 물질적 부나 육신적 즐거움을 추구하는 인생관을 경계하고 멀리해야 한다(눅 8:14). 성경은 교훈하기를, "너희는 이 세대를 본받지 말고 오직 마음을 새롭게 함으로 변화를 받아 하나님의 선하시고 기뻐하시고 온전하신 뜻이 무엇인지 분별하도록 하라"(롬 12:1-2)고 하였고, 또 "이 세상이나 세상에 있는 것들을 사랑치 말라"(요일 2:15)고 하였다. 우리는 자녀들의 불신 결혼도 금해야 한다.

35장: 자원하는 예물을 드림

〔1-3절〕 모세가 이스라엘의 온 회중을 모으고 그들에게 이르되 여호와께서 너희에게 명하사 행하게 하신 말씀이 이러하니라. 엿새 동안은 일하고 제7일은 너희에게 성일(聖日)이니 여호와께 특별한 안식일(솹밧 솹바손 שַׁבַּת שַׁבָּתוֹן)[쉴 안식일]**이라. 무릇 이날에 일하는 자를 죽일지니 안식일에는 너희의 모든 처소에서 불도 피우지 말지니라.**

하나님께서는 안식일 계명을 다시 강조하셨다. 현대 교인들처럼 그 당시 이스라엘 백성은 안식일을 잘 지키지 않았던 것 같다. 그렇지 않았다면, 그는 이렇게 여러 번 반복해서 안식일을 강조하지 않으셨을 것이다. 그는 십계명(출 20:8-11)을 주신 후에, 벌써 세 번째 그것을 강조하셨다(출 31:12-17; 34:21; 35:1-3). 하나님께서는 본문에서 안식일을 구별할 것, 불도 피우지 말 것, 어기면 죽일 것을 강조하셨다. 우리는 구약시대의 안식일 정신을 본받아 오늘날에도 주일을 거룩히 지키는, 즉 성수주일(聖守主日)하는 성도가 되어야 한다.

〔4-9절〕 모세가 이스라엘 자손의 온 회중에게 고하여 가로되 여호와의 명하신 일이 이러하니라. 이르시기를 너희의 소유 중에서 너희는 여호와께 드릴 것을 취하되 무릇 마음에 원하는 자는 그것을 가져다가 여호와께 드릴지니 곧 금과 은과 놋[청동]**과 청색**[보라색] **자색 홍색**실**과 가는 베**실**과 염소**털**과 붉은 물 들인 수양**[숫양]**의 가죽과 해달**[돌고래]**의 가죽과 조각목과 등유와 및 관유에 드는 향품과 분향할 향을 만드는 향품과 호마노며 에봇과 흉패에 물릴 보석이니라.**

하나님께서는, "너희의 소유물 중에서 여호와께 드릴 것을 취하라"고 말씀하셨다. 우리의 소유물은 다 하나님의 것이다. 그것은 창조의 진리에 담겨 있는 진리이다. 모세는 "하늘과 모든 하늘의 하늘과 땅과 그 위의 만물은 본래 네 하나님 여호와께 속한 것이라"고 말했다(신 10:14). 우리는 우리의 소유물로 하나님을 섬겨야 한다.

하나님께서는 마음에 원하는 자들이 그것을 하나님께 드리라고 하셨다. 하나님의 일은 억지로 할 일이 아니고, 자원함으로 해야 할 일이다. 사도 바울은 마게도냐 교인들이 환난의 많은 시련 가운데서도 넘치는 기쁨으로 구제 헌금에 참여하기를 간절히, 힘에 지나도록 자원하며 구했다고 증거하며 우리가 헌금을 하되 인색함으로나 억지로 하지 말고 즐거움으로 해야 함을 교훈하였다(고후 8:1-4; 9:7).

〔10-19절〕 무릇 너희 중 마음이 지혜로운 자는 와서 여호와의 명하신 것을 다 만들지니 곧 성막과 그 막과 그 덮개와 그 갈고리와 그 널판과 그 띠와 그 기둥과 그 받침과 증거**궤와 그 채**[장대]**와 속죄소와 그** 가리는 **장과 상과 그 채와 그 모든 기구와 진설병**[하나님 앞에 차려놓은 떡]**과 불 켜는 등대와 그 기구와 그 등잔과 등유와 분향단과 그 채와 관유와 분향할 향품과 성막문의 장과 번제단과 그 놋**[청동] **그물과 그 채와 그 모든 기구와 물두멍**[물대야]**과 그 받침과 뜰의 포장과 그 기둥과 그 받침과 뜰문의 장과 장막 말뚝과 뜰의** 포장 **말뚝과 그 줄과 성소에서 섬기기 위하여 공교히 만든 옷 곧 제사 직분을 행할 때에 입는 제사장 아론의 거룩한 옷과 그 아들들의 옷이니라.**

하나님께서는 마음이 지혜로운 모든 사람이 하나님의 명하신 것을 다 만들라고 말씀하셨다. 하나님의 일에는 지혜가 필요하다. 그러므로 예루살렘 교회는 구제와 재정 출납의 봉사를 위해 직분자를 세울 때 성령과 지혜가 충만하여 칭찬 듣는 사람 일곱을 택했었다(행 6:3).

〔20-24절〕 이스라엘 자손의 온 회중이 모세 앞에서 물러갔더니 무릇 마음이 감동된 자와 무릇 자원하는 자가 와서 성막을 짓기 위하여 그 속에서 쓸 모든 것을 위하여, 거룩한 옷을 위하여 예물을 가져 여호와께 드렸으니 곧 마음에 원하는 남녀가 와서 가슴 핀과 귀고리와 가락지와 목거리[목걸이]**와 여러 가지 금품을 가져왔으되 사람마다 여호와께 금 예물을 드렸으며 무릇 청색**[보라색] **자색 홍색**실**과 가는 베실과 염소털과 붉은 물들인 수양**[숫양]**의 가죽과 해달**[돌고래]**의 가죽이 있는 자도 가져왔으며 무릇 은과 놋**[청동]**으로 예물을 삼는 자는 가져다가 여호와께 드렸으며 무릇 섬기는 일에 소용되는 조각목**[아카시아 나무]**이 있는 자는 가져왔으며.**

마음이 감동된 자들, 자원하는 자들이 다 금은 예물을 하나님께 가져와 드렸다. 하나님의 선한 일들은 자원함으로 이루어질 것이다.

〔25-29절〕 마음이 슬기로운 모든 여인은 손수 실을 낳고[만들고] **그 낳은**[만든] **청색**[보라색] **자색 홍색**실**과 가는 베실을 가져왔으며 마음에 감동을 받아 슬기로운 모든 여인은 염소**털**로 실을 낳았으며**[만들었으며] **모든 족장은 호마노와 및 에봇과 흉패에 물릴 보석을 가져왔으며 등불과 관유와 분향할 향에 소용되는 기름과 향품을 가져왔으니 마음에 원하는 이스라엘 자손의 남녀마다 여호와께서 모세의 손을 빙자하여 명하신 모든 것을 만들기 위하여 물품을 가져다가 여호와께 즐거이 드림이 이러하였더라.**

마음에 원하는 이스라엘 자손 모든 남녀는 여호와께서 모세를 통해 명하신 모든 것을 만들기 위해 물품을 가져다가 그에게 즐거이 드렸다. 모든 일이 하나님께서 주신 지혜와 슬기로, 또 성도들의 자원함과 즐거움으로, 이루어졌다. 보석들을 가져오는 자들도 있었다. 남자도 여자도 다 하나님께 귀한 물건들을 드렸다. 그들은 다 하나님께 즐거이 자기의 귀한 물건들을 드렸다.

〔30-35절〕 모세가 이스라엘 자손에게 이르되 볼지어다, 여호와께서 유다 지파 훌의 손자요 우리의 아들인 브살렐을 지명하여 부르시고 하나님의 신[영]**을 그에게 충만케 하여 지혜와 총명과 지식으로 여러 가지 일을 하게 하시되 공교한 일을 연구하여 금과 은과 놋**[청동]**으로 일하게 하시며 보석을 깎아 물리며 나무를 새기는 여러 가지 공교한 일을 하게 하셨고 또 그와 단 지파 아히사막의 아들 오홀리압을 감동시키사 가르치게 하시며 지혜로운 마음을 그들에게 충만하게 하사 여러 가지 일을 하게 하시되 조각하는 일과 공교로운 일과 청색**[보라색] **자색 홍색**실**과 가는 베실로 수놓는 일과 짜는 일과 그 외에 여러 가지 일을 하게 하시고 공교로운 일을 연구하게 하셨나니.**

하나님께서는 특히 성막을 건립하는 하나님의 일을 위해 브살렐과 오홀리압을 지명하여 부르셨다. 하나님께서는 그들에게 하나님의 영의 충만함을 주셨고 그들의 심령을 감동하셨고 지혜와 총명과 지식을 주셨고 그리하여 여러 가지 일을 하게 하셨던 것이다. 하나님께서는 그의 일을 위해 일할 자들을 지명하여 부르신다. 주 예수께서도 자기의 원하는 자들을 부르셔서 열 둘을 세우셨다(막 3:13-15). 교회의 직분자들은 하나님께서 부르시며 세우신다(고전 12:28).

본장의 교훈을 정리해보자. 첫째로, 하나님께서 자원함으로 예물을 드리게 하셨다. 5절, "너희의 소유물 중에서 너희는 여호와께 드릴 것을 취하되 무릇 마음에 원하는 자는 그것을 가져다가 여호와께 드릴지니." 21-22절, "무릇 마음이 감동된 자와 무릇 자원하는 자가 와서 . . . 예물을 가져 여호와께 드렸으니, 곧 마음에 원하는 남녀가 와서 . . . 여호와께 금 예물을 드렸으며." 29절, "마음에 원하는 이스라엘 자손의 남녀마다." 우리는 하나님을 섬기며 하나님의 명하신 선한 일을 행할 때 부득이함으로나 억지로 하지 말고 자원함으로, 자발적으로, 즐거움으로 해야 한다. 빌레몬서 14, "너의 선한 일이 . . . 자의로 되게 하려 함이로라."

둘째로, 지혜로운 자들이 하나님의 일에 동참하였다. 10절, "무릇 너희 중 마음이 지혜로운 자는 와서 여호와의 명하신 것을 다 만들지니." 25-26절, "마음이 슬기로운 모든 여인은 손수 실을 낳고 그 낳은 보라색 자색 홍색실과 가는 베실을 가져 왔으며 마음에 감동을 받아 슬기로운 모든 여인은 염소털로 실을 낳았으며." 31절, "하나님의 영을 그에게 충만케 하여 지혜와 총명과 지식으로 여러 가지 일을 하게 하시되." 35절, "지혜로운 마음을 그들에게 충만하게 하사 여러 가지 일을 하게 하시되." 오늘날 우리도 지혜와 총명을 얻어 하나님의 선한 일들을 받드는 자가 되고 하나님의 지혜롭고 충성된 종들이 되어야 한다(마 24:45).

셋째로, 우리는 성령의 충만함으로 하나님의 일을 해야 한다. 31절, "하나님의 영을 그에게 충만케 하여." 스가랴 4:6, "만군의 여호와께서 말씀하시되 이[성전 건립의 일]는 힘으로 되지 아니하며 능으로 되지 아니하고 오직 나의 영으로 되느니라." 사도행전 1:8, "오직 성령이 너희에게 임하시면 너희가 권능을 받고 예루살렘과 온 유대와 사마리아와 땅 끝까지 이르러 내 증인이 되리라." 빌립보서 3:3, "하나님의 성령으로 봉사하며." 우리는 성령 충만함으로 예배드리며 전도하며 봉사해야 한다.

36장: 성막을 만듦

〔1-7절〕 브살렐과 오홀리압과 및 마음이 지혜로운 사람 곧 여호와께서 지혜와 총명을 부으사 성소에 쓸 모든 일을 할 줄 알게 하심을 입은 자들은 여호와의 무릇 명하신 대로 할 것이니라. 모세가 브살렐과 오홀리압과 및 마음이 지혜로운 사람 곧 그 마음에 여호와께로 지혜를 얻고 와서 그 일을 하려고 마음에 원하는 모든 자를 부르매 그들이 이스라엘 자손의 성소의 모든 것을 만들기 위하여 가져온 예물을 모세에게서 받으니라. 그러나 백성이 아침마다 자원하는 예물을 연하여 가져오는 고로 성소의 모든 일을 하는 지혜로운 자들이 각기 하는 일을 정지[중지]**하고 와서 모세에게 고하여 가로되 백성이 너무 많이 가져오므로 여호와의 명하신 일에 쓰기에 남음이 있나이다. 모세가 명을 내리매 그들이 진중에 공포하여 가로되 무론 남녀하고 성소에 드릴 예물을 다시 만들지 말라 하매 백성이 가져오기를 정지**[중지]**하니 있는 재료가 모든 일을 하기에 넉넉하여 남음이 있었더라.**

성막을 건립함에 있어서 하나님께서는 지혜로운 자들을 사용하셨다. 모세는 브살렐과 오홀리압과 및 마음이 지혜로운 사람들 곧 그 마음에 여호와께로 지혜를 얻고 와서 그 일을 하려고 마음에 원하는 모든 자를 불렀다. 하나님의 일을 함에 있어서 일꾼들은 부족하지 않았고 건축 재료들도 부족하지 않았다. 백성이 너무 많이 가져오므로 여호와의 명하신 일을 위해 쓰기에 남음이 있었다.

〔8-13절〕 일하는 사람 중에 마음이 지혜로운 모든 사람이 열 폭 앙장[휘장]**으로 성막을 지었으니 곧 가늘게 꼰 베실과 청색**[보라색] **자색 홍색**실**로 그룹들을 무늬 놓아 짜서 지은 것이라. 매폭의 장은 28규빗, 광은 4규빗으로 각 폭의 장단을 같게 하여** [그는] **그 다섯 폭을 서로 연하며 또 그 다섯 폭을 서로 연하고 연락할 말폭 가에 청색**[보라색] **고를 만들며 다른 연락할 말폭 가에도 고를 만들되 그 연락할 한 폭에 고 50을 달고 다른 연락할 한 폭의 가에도 고 50을 달아 그 고들이 서로 대하게 하고 금 갈고리 50을 만들어 그 갈고리로 두 앙장을 연하여 한 막을 이루었더라.**

매 폭의 길이는 28규빗 즉 약 12.6미터, 너비는 4규빗 즉 약 1.8미터이며, 다섯 폭씩을 서로 붙여서 두 개의 큰 막이 되게 하고 그 둘에 고를 50개씩 만들어 금갈고리로 연결하였다. 그러면 성막의 길이는가 28규빗 즉 약 12.6미터, 너비가 40규빗 즉 약 18미터가 된다.

〔14-19절〕 [그는] **그 성막을 덮는 막 곧 앙장을 염소털로 만들되 11폭을 만들었으니 각 폭의 장은 30규빗, 광은 4규빗으로 11폭의 장단을 같게 하여 그 앙장 다섯 폭을 서로 연하며 또 여섯 폭을 서로 연하고 앙장을 연락할 말폭 가에 고 50을 달며 다른 연락할 말폭 가에도 고 50을 달고 놋**[청동] **갈고리 50을 만들어 그 앙장을 연합하여 한 막이 되게 하고 붉은 물들인 숫양의 가죽으로 막의 덮개를 만들고 해달의 가죽으로 그 웃덮개를 만들었더라.**

브살렐은 성막을 덮는 막을 염소털로 만들었다. 그것은 열한 폭으로 만들었는데, 각 폭의 길이는 30규빗 즉 약 13.5미터, 너비는 4규빗 즉 약 1.8미터이었고, 다섯 폭을 서로 붙이고 또 여섯 폭을 서로 붙여 두 개의 큰 막을 이루었고 그것이 하나가 되게 했다. 그러면 그 막은 길이가 30규빗 즉 약 13.5미터이며 너비가 44규빗 즉 약 19.8미터인 큰 막이다. 또 붉은 물들인 숫양의 가죽으로 막의 덮개를 만들었고 해달[돌고래](테카쉼 תְּחָשִׁים)의 가죽으로 그 윗덮개를 만들었다.

〔20-30절〕 그가 또 조각목으로 성막에 세울 널판들을 만들었으니 각 판의 장은 10규빗, 광은 1규빗 반이며 각 판에 두 촉이 있어 서로 연하게 하였으니 성막의 모든 판이 그러하며 성막을 위하여 널판을 만들었으되 남으로는 남편에 널판이 20이라. 그 20 널판 밑에 은받침 40을 만들었으되 곧 이 널판 밑에도 두 받침이 그 두 촉을 받게 하였고 저 널판 밑에도 두 받침이 그 두 촉을 받게 하였으며 성막 다른 편 곧 북편을 위하여도 널판 20을 만들고 또 은받침 40을 만들었으니 곧 이 판 밑에도 두 받침이요 저 판 밑에도 두 받침이며 장막 뒤 곧 서편을 위하여는 널판 여섯을 만들었고 장막 뒤 두 모퉁이 편을 위하여는 널판 둘을 만들되 아래서부터 위까지 각기 두 겹 두께로 하여 윗고리에 이르게 하고 두 모퉁이 편을 다 그리하며 그 널판은 여덟이요 그 받침은 은받침 열 여섯이라. 각 널판 밑에 둘씩이었더라.

성막 널판의 길이는 10규빗(약 4.5미터), 너비는 1.5규빗(약 68센티미터)이었고, 각 판은 두 촉으로 서로 끼게 했고, 남편과 북편에 20개씩 30규빗(약 13.5미터), 서편은 8개 그러나 9규빗(약 40.5미터)였다.

〔31-34절〕 그가 또 조각목으로 띠를 만들었으니 곧 성막 이편 널판을 위하여 다섯이요 성막 저편 널판을 위하여 다섯이요 성막 뒤 곧 서편 널판을 위하여 다섯이며 그 중간 띠를 만들되 널판 중간 이끝에서 저끝에 미치게 하였으며 그 널판들을 금으로 싸고 그 널판에 띠를 꿸 금고리를 만들고 그 띠도 금으로 쌌더라.

브살렐은 또 아카시아 나무로 띠를 만들었다. 성막 이편 널판을 위해 다섯 개, 성막 저편 널판을 위해 다섯 개, 성막 뒤 곧 서편 널판을 위해 다섯 개이며, 그 중간띠를 만들되 널판 중간 이끝에서 저끝에 미치게 하였다. 그 중간띠는 성막 전체를 하나로 연결하는 띠이었다.

〔35-38절〕 그가 또 청색[보라색] **자색 홍색**실**과 가늘게 꼰 베실로 장을 짜고 그 위에 그룹들을 공교히 수놓고 조각목으로 네 기둥을 만들어 금으로 쌌으며 그 갈고리는 금이며 기둥의 네 받침은 은으로 부어만들었으며 청색**[보라색] **자색 홍색**실**과 가늘게 꼰 베실로 수놓아 장막 문을 위하여 장을 만들고 문장의 기둥 다섯과 그 갈고리를 만들고 기둥머리와 그 가름대를 금으로 쌌으며 그 다섯 받침은 놋**[청동]**이었더라.**

브살렐은 또 보라색 자색 홍색실과 가늘게 꼰 베실로 휘장을 짜고 그 위에 그룹 천사들을 공교히 수놓았다. 성소와 지성소 사이에 네 기둥을 세우고 휘장을 쳐 문을 만들었고 또 성막 문에는 다섯 기둥을 세우고 휘장으로 문을 만들었다.

본장의 교훈을 정리해보자. 첫째로, 구약시대에 매우 중요했던 성막제도는 장차 오실 예수 그리스도와 그의 몸된 교회를 상징했다. 성막의 모든 휘장과 성막 문과 지성소 문 휘장을 보라색, 자색, 홍색실과 가늘게 꼰 베실로 수놓아 만든 것은 예수 그리스도께서 십자가에서 피흘려 이루실 대속 사역을 상징했다고 보이고, 성막의 두 번째 덮개를 붉은 물들인 숫양의 가죽으로 한 것도 그러했다고 본다. 구약 성도들은 예루살렘 성과 하나님의 성막을 매우 사랑하였다. 시편 137:6, "내가 예루살렘을 기억지 아니하거나 내가 너를 나의 제일 즐거워하는 것보다 지나치게 아니할진대 내 혀가 내 입천장에 붙을지로다." 시편 84:1, "만군의 여호와여, 주의 장막이 어찌 그리 사랑스러운지요." 우리는 우리 위해 죽으시고 다시 사신 예수 그리스도를 믿고 사랑해야 하며 또 그의 보배로운 피로 구속(救贖)함을 얻은 그의 몸된 교회를 사랑해야 한다.

둘째로, 구약의 성막은 지혜로운 자들과 마음에 원하는 자들이 만들었고 백성들이 하나님께 바친 자원하는 예물들로 세워졌다. 오늘날도 하나님께서는 그에게 헌신하는 종들에게 성령의 풍성한 지혜를 주셔서 주의 교회를 세우시며 또 성도들의 자원하는 헌금들과 헌물들을 통해 그의 일을 이루신다. 신약교회는 구약의 성막같이 지금 건립 중에 있다(엡 2:21-22). 그 사역은 작게는 개인의 성화와 지교회의 건립이며 크게는 세계복음화이다. 우리는 우리 자신과 우리의 재물을 하나님께 즐거이 드리며 기도와 전도와 지교회 건립과 세계복음화에 동참해야 한다.

셋째로, 성막은 두 개의 큰 막을 하나로 연결한 것이었고, 또 성막의 골격은 널판들인데, 그것들은 다섯 개의 띠로 연결되어 있고 또 중간띠는 성막문을 제외한 성막 전체를 연결하였다. 그것은 그리스도의 몸된 교회가 하나임을 나타낸다. 온 세계의 모든 참된 교회들은 실상 하나이다. 예수 그리스도의 교회는 영적으로 이미 또한 항상 하나이다. 물론 그것은 복음 진리 안에서 또 성경에 계시된 하나님의 말씀 안에서 하나이다. 우리는 우선 예수님 믿고 구원 얻은 성도들과 참된 교회들 안에서 서로 사랑함으로 일치와 단합을 지켜야 할 것이며 또 겸손과 온유와 인내와 사랑 가운데서 하나됨을 유지해야 한다(엡 4:1-3). 우리는 자유주의와 천주교회를 포용하는 오늘날의 교회연합운동을 배격해야 하지만, 성도들 상호간에는 오해와 미움과 갈등과 분쟁을 버리고 바른 진리의 교훈과 참된 믿음 안에서 서로 사랑함으로 일치단합해야 한다.

37장: 법궤, 떡상, 등대, 향단을 만듦

〔1-5절〕 브살렐이 조각목[아카시아 나무]**으로 궤를 만들었으니 장이 2규빗 반, 광이 1규빗 반, 고가 1규빗 반이며 정금**[순금]**으로 안팎을 싸고 윗가로 돌아가며 금테를 만들었으며 금고리 넷을 부어만들어 네 발에 달았으니 곧 이편에 두 고리요 저편에 두 고리며 조각목으로 채**[장대]**를 만들어 금으로 싸고 그 채를 궤 양편 고리에 꿰어 궤를 메게 하였으며.**

브살렐은 아카시아 나무로 법궤 혹은 언약궤를 만들었다. 그 길이는 2규빗 반, 즉 약 113센티미터, 그 너비는 1규빗 반, 즉 약 68센티미터, 그 높이는 1규빗 반, 즉 약 68센티미터이었다. 그는 그것의 안팎을 순금으로 쌌고 윗가로 돌아가며 금테를 만들었다. 법궤는 언약의 두 돌판을 넣어둘 상자이었다. 두 돌판에 새겨진 십계명은 하나님의 의(義)를 나타내고 사람의 죄를 깨닫게 한다.

〔6-9절〕 정금으로 속죄소를 만들었으니 장이 2규빗 반, 광이 1규빗 반이며 금으로 그룹 둘을 속죄소 양편에 쳐서 만들었으되 한 그룹은 이편 끝에, 한 그룹은 저편 끝에 곧 속죄소와 한 덩이로 그 양편에 만들었으니 그룹들이 그 날개를 높이 펴서 그 날개로 속죄소를 덮으며 그 얼굴을 서로 대하여 속죄소를 향하였더라.

브살렐은 또 순금으로 속죄소를 만들었다. 그 길이는 2규빗 반, 즉 약 113센티미터, 법궤 길이와 같고, 그 너비는 1규빗 반, 즉 약 68센티미터, 역시 법궤 너비와 같다. 또 그는 금으로 그룹 천사 둘을 속죄소 양편에 쳐서 만들었고, 그것들은 그 날개를 높이 펴 그 날개로 속죄소를 덮으며 그 얼굴을 서로 대하며 속죄소를 향하였다(출 25:20). 그러나 후에 솔로몬의 성전에서는 속죄소를 덮는 두 천사가 그 얼굴을 외소로 향하고 서 있게 했다(대하 3:13).

'속죄소'라는 원어(캅포렛 כַּפֹּרֶת)는 '뚜껑'이라는 뜻도 되고(KB) '속죄소'라는 뜻도 된다(BDB). '속죄한다'는 원어(킵페르 כִּפֶּר)는 '덮는다'는 뜻을 가지고 있다고 본다. 속죄는 죄를 덮는 것이다. 속죄소는 1년에 하루 대제사장이 지성소에 들어가 그 위에 두 번 피를 뿌림으로 자신과 온 백성의 죄를 대속하는 곳이다(레 16:11-16). 속죄소는 그리스도의 대속 사역을 상징한다. 모든 사람은 율법 앞에서 죄인이지만, 예수 그리스도의 속죄의 피로 죄씻음을 받는다. 죄인들은 누구나 속죄의 구주 예수님을 믿어야 죄사함과 영생의 구원을 얻는다.

로마서 3:21-24, "이제는 율법 외에 하나님의 한 의(義)가 나타났으니 율법과 선지자들에게 증거를 받은 것이라. 곧 예수 그리스도를 믿음으로 말미암아 모든 믿는 자에게 미치는 하나님의 의(義)니 차별이 없느니라. 모든 사람이 죄를 범하였으매 하나님의 영광에 이르지 못하더니 그리스도 예수 안에 있는 구속(救贖)으로 말미암아 하나님의 은혜로 값없이 의롭다 하심을 얻은 자 되었느니라."

〔10-16절〕 그가 또 조각목[아카시아 나무]**으로 상을 만들었으니 장이 2규빗, 광이 1규빗, 고가 1규빗 반이며 정금**[순금]**으로 싸고 윗가로 돌아가며 금테를 둘렀으며 그 사면에 손바닥 넓이만한 턱을 만들고 그 턱 주위에 금으로 테를 만들었고 상을 위하여 금고리 넷을 부어만들어 네 발 위 네 모퉁이에 달았으니 그 고리가 턱 곁에 있어서 상을 메는 채를 꿰게 하였으며 또 조각목으로 상 멜 채를 만들어 금으로 쌌으며 상 위의 기구 곧 대접과 숟가락과 잔과 붓는 병을 정금**[순금]**으로 만들었더라.**

브살렐은 또 아카시아 나무로 떡상을 만들었다. 그 길이는 2규빗, 즉 약 90센티미터, 그 너비는 1규빗, 즉 약 45센티미터, 또 그 높이는 1규빗 반, 즉 약 68센티미터이었고, 그것을 순금으로 쌌고 그 윗가로 돌아가며 금테를 둘렀고 그 사면에 손바닥 넓이 만한 턱을 만들었다. 또 그는 아카시아 나무로 상 멜 장대를 만들어 금으로 쌌고 상 위의 기구들 곧 대접과 숟가락과 잔과 붓는 병들을 순금으로 만들었다.

떡상도 예수 그리스도를 상징한다. 예수 그리스도께서는 생명의 떡이시다. 주 예수께서는 "내가 곧 생명의 떡이로라," "나는 하늘로서 내려온 산 떡이니 사람이 이 떡을 먹으면 영생하리라. 나의 줄 떡은 곧 세상의 생명을 위한 내 살이로라"고 말씀하셨고 또 "인자의 살을 먹지 아니하고 인자의 피를 마시지 아니하면 너희 속에 생명이 없느니라. 내 살을 먹고 내 피를 마시는 자는 영생을 가졌고 마지막 날에 내가 그를 다시 살리리니 내 살은 참된 양식이요 내 피는 참된 음료로다"고 하셨다(요 6:48, 51, 53-55). 우리는 우리의 생명이 되시는 주 예수 그리스도를 믿어야 한다. 그는 영생의 유일한 길이시다.

또 하나님의 말씀 곧 성경말씀은 우리에게 생명의 양식이 된다. 주 예수께서는 "사람이 떡으로만 살 것이 아니요 하나님의 입으로 나오는 모든 말씀으로 살 것이라"는 구약성경 말씀을 인용하며 말씀하셨다(마 4:4). 욥은 "내가 그[하나님의]의 입술의 명령을 어기지 아니하고 일정한 음식보다 그 입의 말씀을 귀히 여겼구나"라고 고백하였다(욥 23:12). 우리는 생명의 양식인 성경을 주야로 묵상해야 한다.

〔17-24절〕 그가 또 정금으로 등대를 만들되 그것을 쳐서 만들었으니 그 밑판과 줄기와 잔과 꽃받침과 꽃이 그것과 한 덩이로 되었고 여섯 가지가 그 곁에서 나왔으니 곧 등대의 세 가지는 저편으로 나왔고 등대의 세 가지는 이편으로 나왔으며 이편 가지에 살구꽃 형상의 잔 셋과 꽃받침과 꽃이 있고 저편 가지에 살구꽃 형상의 잔 셋과 꽃받침과 꽃이 있어 등대에서 나온 여섯 가지가 그러하며 등대 줄기에는 살구꽃 형상의 잔 넷과 꽃받침과 꽃이 있고 등대에서 나온 여섯 가지를 위하여는 꽃받침이 있게 하였으되 두 가지 아래 한 꽃받침이 있어 줄기와 연하였고 또 두 가지 아래 한 꽃받침이 있어 줄기와 연하였고 또 두 가지 아래 한 꽃받침이 있어 줄기와 연하게 하였으니 이 꽃받침과 가지들을 줄기와 연하여 전부를 정금으로 쳐서 만들었으며 등잔 일곱과 그 불집게와 불똥 그릇을 정금으로 만들었으니 등대와 그 모든 기구는 정금 한 달란트로 만들었더라.

브살렐은 또 순금로 등대를 쳐서 만들었다. 그 밑판과 줄기와 잔과 꽃받침과 꽃은 그것과 한 덩이가 되었다. 여섯 가지는 이편에 세 가지, 저편에 세 가지가 나왔고 각 가지에는 살구꽃 형상의 잔과 꽃받침과 꽃이 있고 등대 줄기에도 그러하였다. 등대에서 나온 여섯 가지를 위해 두 가지 아래 각각 한 꽃받침이 있어 줄기와 연하였다. 이것들은 전부 순금으로 쳐서 만들었으며 등잔 일곱(23절)과 그 불집게와 불똥 그릇도 순금으로 만들었다. 등대와 그 모든 기구를 만드는 데는 순금 한 달란트, 즉 약 30킬로그램이 사용되었다.

등대도 예수 그리스도를 상징한다. 예수 그리스도께서 세상의 빛으로 오셨다. 그는, "나는 세상의 빛이니 나를 따르는 자는 어두움에 다니지 아니하고 생명의 빛을 얻으리라"고 말씀하셨다(요 8:12). 빛은 지식, 의, 기쁨과 행복, 생명을 상징한다.

또 성령께서도 우리에게 빛이 되신다. 요한계시록 4:5, "보좌로부터 번개와 음성과 뇌성이 나고 보좌 앞에 일곱 등불 켠 것이 있으니 이는 하나님의 일곱 영이라." '하나님의 일곱 영'은 성령을 가리킨다. 성령께서는 우리의 심령을 진리로 깨우치시는 빛이시다.

또 성경말씀도 우리에게 빛이 된다. 시편 119:105, "주의 말씀은 내 발에 등이요 내 길에 빛이니이다." 잠언 6:23, "대저 명령은 등불이요 법은 빛이요 훈계의 책망은 곧 생명의 길이라." 그러므로 우리는 주 예수 그리스도를 믿고 성령의 감동 속에 성경말씀을 주야로 묵상함으로 하나님의 빛 안에서 하나님을 섬기며 바르게 살아가야 한다.

〔25-29절〕 그가 또 조각목으로 분향할 단을 만들었으니 장이 1규빗이요 광이 1규빗이라. 네모 반듯하고 고는 2규빗이며, 그 뿔들이 단과 연하였으며 단 상면과 전후 좌우면과 그 뿔을 정금으로 싸고 주위에 금테를 둘렀고 그 테 아래 양편에 금고리 둘을 만들었으되 곧 그 양편에 만들어 단을 메는 채를 꿰게 하였으며 조각목으로 그 채를 만들어 금으로 쌌으며 거룩한 관유와 향품으로 정결한 향을 만들었으되 향을 만드는 법대로 하였더라.

브살렐은 또 아카시아 나무로 분향단을 만들었다. 그 길이는 1규빗, 즉 약 45센티미터, 그 너비도 1규빗, 즉 약 45센티미터로서 네모 반듯하였고, 그 높이는 2규빗, 즉 약 90센티미터이었다. 또 그 뿔들은 단과 연하였다. 그는 그 단 윗면과 전후 좌우면과 그 뿔을 순금으로 쌌고 주위에 금테를 둘렀다. 또 그는 그 테 아래 양편에 금고리 둘을 만들어 단을 메는 장대를 꿰게 하였고, 아카시아 나무로 그 장대를 만들어 금으로 쌌다. 또 그는 거룩한 관유를 만들었고, 또 향을 만드는 방법대로 정결한 향도 만들었다.

분향단도 예수 그리스도를 상징하였다. 예수 그리스도께서는 우리를 위해 간구하시는 중보자이시다. 사도 바울은 "누가 정죄하리요? 죽으실 뿐 아니라 다시 살아나신 이는 그리스도 예수시니 그는 하나님 우편에 계신 자요 우리를 위하여 간구하시는 자시니라"고 말했다(롬 8:34). 히브리서는 "그러므로 [그리스도는] 자기를 힘입어 하나님께 나아가는 자들을 온전히 구원하실 수 있으니 이는 그가 항상 살아서 저희를 위하여 간구하심이니라"고 말했다(히 7:25). 사도 요한도 "만일 누가 죄를 범하면 아버지 앞에서 우리에게 대언자[변호자]가 있으니 곧 의로우신 예수 그리스도시라"고 말했다(요일 2:1).

또 성경은 성도의 기도도 분향에 비유하였다. 요한계시록에 보면, 사도 요한은 네 생물과 24장로들이 어린양 앞에 엎드려 각각 거문고와 향이 가득한 금 대접을 가진 환상을 보았고 "이 향은 성도의 기도들이라"고 증거하였다(계 5:8). 또 그는 "다른 천사가 와서 제단 곁에 서서 금 향로를 가지고 많은 향을 받았으니 이는 모든 성도의 기도들과 합하여 보좌 앞 금단에 드리고자 함이라"고 말했고 "향연이 성도의 기도와 함께 천사의 손으로부터 하나님 앞으로 올라갔다"고 증거하였다(계 8:3-4). 우리는 항상 기도에 힘써야 한다.

본장의 교훈을 정리해보자. 첫째로, 성막 제도의 핵심은 법궤와 속죄소에 있었다. 법궤는 하나님의 언약의 율법을 가리켰고 속죄소는 예수 그리스도의 속죄사역을 상징했다. 우리는 십계명에 근거해 하나님 앞에서 죄인들이었고 예수 그리스도의 대속의 죽음이 아니었다면 우리의 죄로 인해 영원한 지옥 형벌을 받았을 자들이었다. 그러나 이제 예수 그리스도를 믿음으로 죄사함을 받았고 의롭다 하심을 얻었다. 복음은 예수 그리스도의 대속의 소식이다(고전 1:23). 예수 그리스도께서는 "우리의 지혜와 의와 거룩과 구속(救贖)"이 되셨다(고전 1:30). 주 예수님을 믿는 것은 속죄를 믿는 것이다. 요한복음 3:36, "아들을 믿는 자는 영생이 있고 아들을 순종치 아니하는 자는 영생을 보지 못하고 도리어 하나님의 진노가 그 위에 머물러 있느니라." 예수 그리스도의 속죄를 믿으면 모든 것을 가진 자이다. 우리는 이 속죄신앙을 가져야 한다.

둘째로, 떡상과 등대와 분향단은 다 예수 그리스도를 상징한다. 예수 그리스도께서는 우리에게 영생을 주시는 생명의 떡이시다. 누구든지 그를 믿는 자는 멸망치 않고 영생을 얻는다(요 3:16). 또 예수 그리스도께서는 우리에게 참된 지식과 의와 기쁨과 행복을 주는 빛이시다. 성경에서 빛은 지식과 의와 기쁨과 행복과 생명을 상징한다. 또 예수 그리스도께서는 우리를 위해 지금도 하나님 오른편에서 간구하시는 중보자이시다. 우리는 여러 가지 부족이 있음에도 불구하고 그의 중보사역으로 인해 오늘도 담대히 하나님의 은혜의 보좌 앞에 나아가 힘을 얻고 새 결심을 하고 거룩하고 의롭고 선한 길을 걷는다. 우리는 구주 예수님만 믿고 의지하고 구원을 얻었고 날마다 그를 따라 순종해야 한다.

셋째로, 성막에 있는 떡상과 분향단은 성도가 성경말씀을 영의 양식으로 삼고 항상 하나님께 기도해야 할 것을 보인다. 성경 읽기와 기도는 하나님의 백성이 개인적으로나 교회적으로 하나님을 섬기는 방법이다. 성경은 영의 양식이다. 밥 잘 먹는 아이가 잘 크고 튼튼하듯이 성경을 많이 읽고 묵상하는 자가 믿음이 강하고 거룩하고 선한 성도가 된다. 또 기도는 영혼의 호흡이다. 기도는 하나님과 교제하는 방법이다. 기도는 성도가 하나님께 무엇이든지 구하여 얻는 방법이며 하나님의 능력을 체험하는 방법이다. 우리는 하나님만 바라고 의지하며 성경말씀의 가치를 알고 또 기도의 가치를 알아서, 말씀과 기도로 살아야 한다.

38장: 번제단, 물두멍, 성막뜰을 만듦

〔1-7절〕 그가 또 조각목으로 번제단을 만들었으니 장이 5규빗이요 광이 5규빗이라. 네모 반듯하고 고는 3규빗이며 그 네 모퉁이 위에 그 뿔을 만들되 그 뿔을 단과 연하게 하고 단을 놋[청동]**으로 쌌으며 단의 모든 기구 곧 통과 부삽과 대야와 고기 갈고리와 불 옮기는 그릇을 다 놋**[청동]**으로 만들고 단을 위하여 놋**[청동] **그물을 만들어 단 사면 가장자리 아래 두되 단 절반에 오르게 하고 그 놋**[청동] **그물 네 모퉁이에 채**[장대]**를 꿸 고리 넷을 부어 만들었으며 채**[장대]**를 조각목으로 만들어 놋**[청동]**으로 싸고 단 양편 고리에 그 채**[장대]**를 꿰어 메게 하였으며 단은 널판으로 비게 만들었더라.**

브살렐은 아카시아 나무로 번제단을 만들었다. 번제단은 하나님께 제물을 불태워 드리는 기구이었다. 번제단은 가로 세로 5규빗 즉 약 225센티미터로 네모 반듯하였고, 높이는 3규빗 즉 약 135센티미터이었다. 브살렐은 네 모퉁이 위에 뿔들을 만들어 단에 붙게 하였고 단을 청동으로 쌌다. 또 그는 단을 비게 만들었고 청동 그물을 만들어 단 사면 가장자리 아래 단 절반에 오르게 하였다.

번제단은 사람이 하나님을 섬기려 할 때 그에게 반드시 제물을 불태워 드려야 함을 보인다. 번제단에 올려져 불태워지는 제물은, 우리를 위해 십자가 위에서 지옥 형벌의 고통을 당하신 예수 그리스도를 상징한다. 히브리서는 그리스도께서 우리를 위해 한 영원한 제사를 드리셨다고 증거하였다(히 10:12). 또 번제단은 우리가 우리 자신을 하나님께 산 제물로 드려야 할 것도 교훈한다. 사도 바울은 "형제들아, 내가 하나님의 모든 자비하심으로 너희를 권하노니 너희 몸을 하나님이 기뻐하시는 거룩한 산 제사로 드리라. 이는 너희의 드릴 영적 예배니라"고 말했다(롬 12:1). 몸을 하나님께 산 제물로 드리는 것, 즉 헌신은 우리가 온전히 하나님을 위해 사는 것을 말한다.

〔8절〕 그가 놋으로 물두멍[물대야]**을 만들고 그 받침도 놋으로 하였으니**

곧 회막문에서 수종드는 여인들의 거울로[거울들을 가지고] **만들었더라.**

브살렐은 또 청동으로 물두멍 곧 물대야를 만들었다. 그는 회막문에서 수종드는 여인들의 청동거울들을 가지고 그것들을 만들었다. 물대야는 아론과 그 아들들이 성막에 들어갈 때에나 번제단에 제물을 하나님께 불태워 드리는 직분을 행할 때 그 손과 발을 씻는 용도로 쓰이는 것이었다(출 30:19-21). 물대야는 제사장에게 성결이 필요함을 보인다. 우리의 대제사장이신 예수 그리스도께서는 성결하신 제사장이시다(히 7:26). 또 물대야는 제사장된 신약 성도가 하나님을 섬길 때 그 손을 깨끗이 해야 함을 보인다(약 4:8).

〔9-13절〕 그가 또 뜰을 만들었으니 남으로 뜰의 남편에는 세마포 포장이 100규빗이라. 그 기둥이 스물이며 그 받침이 스물이니 놋[청동]**이요 기둥의 갈고리와 가름대**(bands)(NASB, NIV)[끈]**는 은이며 그 북편에도 100규빗이라. 그 기둥이 스물이며 그 받침이 스물이니 놋**[청동]**이요 기둥의 갈고리와 가름대**[끈]**는 은이며 서편에 포장은 50규빗이라. 그 기둥이 열이요 받침이 열이며 기둥의 갈고리와 가름대**[끈]**는 은이며 동으로 동편에도 50규빗이라.**

브살렐은 또 성막뜰을 만들었다. 성막뜰은 이스라엘 백성이 하나님께 경배하기 위해 모이는 곳이다. 뜰의 남쪽과 북쪽의 세마포 휘장이 100규빗 즉 약 45미터이며 그 기둥들은 각각 스물이며, 서쪽 즉 뒤쪽 휘장은 50규빗 즉 약 22.5미터이며 기둥이 열이요, 동쪽도 길이가 50규빗 즉 약 22.5미터이다.

〔14-20절〕 문 이편의 포장[휘장]**이 15규빗이요 그 기둥이 셋이요 받침이 셋이며 문 저편도 그와 같으니 뜰문 이편, 저편의 포장이 15규빗씩이요 그 기둥이 셋씩, 받침이 셋씩이라. 뜰 사면의 포장**[휘장]**은 세마포요 기둥 받침은 놋**[청동]**이요 기둥의 갈고리와 가름대**[끈]**는 은이요 기둥머리 싸개는 은이며 뜰의 모든 기둥에 은 가름대를 꿰었으며 뜰의 문장**[문의 휘장]**을 청색**[보라색] **자색 홍색**실**과 가늘게 꼰 베실로 수놓아 짰으니 장**[휘장]**은 20규빗이요 광 곧 고는 뜰의 포장**[휘장]**과 같이 5규빗이며 그 기둥은 넷인데 그 받침 넷은 놋**[청동]**이요 그 갈고리는 은이요 그 머리 싸개와 가름대도 은이며**

성막 말뚝과 뜰의 사면 포장 **말뚝은 다 놋[청동]이더라.**

성막의 동쪽은 입구가 있는 곳이다. 성막문 오른쪽과 왼쪽의 휘장이 각각 15규빗 즉 약 6.8미터이며 그 기둥이 셋이요 받침이 셋이며, 가운데는 성막문이 있었다. 성막문 휘장은 보라색 자주색 주홍색실과 가늘게 꼰 베실로 수놓아 짜였다. 성막문의 길이는 20규빗 즉 약 9미터이며, 높이는 뜰의 휘장과 같이 5규빗 즉 2.3미터이었고 기둥은 넷이며 성막 말뚝과 뜰의 사면 휘장 말뚝은 다 청동이었다.

〔21-23절〕 성막 곧 증거막을 위하여 레위 사람의 쓴 재료의 물목은 제사장 아론의 아들 이다말이 모세의 명대로 계산하였으며 유다 지파 훌의 손자요 우리의 아들인 브살렐은 여호와께서 모세에게 명하신 모든 것을 만들었고 단 지파 아히사막의 아들 오홀리압은 그와 함께 하였으니 오홀리압은 재능이 있어서 조각하며 또 청색 자색 홍색실과 가는 베실로 수놓은 자더라.

성막 곧 증거막을 위해 레위 사람의 쓴 재료들의 물목(物目, 물품목록)은 제사장 아론의 아들 이다말이 모세의 명대로 계산하였다.

〔24-31절〕 성소 건축 비용으로 드린 금은 성소의 세겔대로 29달란트와 730세겔이며 조사를 받은 회중의 드린 은은 성소의 세겔대로 1백 달란트와 1,775세겔이니 조사를 받은 자가 20세 이상으로 603,550명인즉 성소의 세겔대로 매 인에게 은 한 베가 곧 반 세겔씩이라. 은 1백 달란트로 성소의 판장 **받침과 문장** 기둥 **받침 합 1백을 부어만들었으니 매 받침에 한 달란트씩 합 1백 달란트요 1,775**세겔**로 기둥 갈고리를 만들고 기둥머리를 싸고 기둥 가름대**[끈]**를 만들었으며 드린 놋**[청동]**은 70달란트와 2,400세겔이라. 이것으로 회막문** 기둥 **받침과 놋**[청동] **단과 놋**[청동]**그물과 단의 모든 기구를 만들었으며 뜰 사면의** 기둥 **받침과 그 문장 기둥 받침이며 성막의 모든 말뚝과 뜰 사면의 모든 말뚝을 만들었더라.**

성소의 건축비용으로 드린 금은 성소의 세겔로 29달란트와 730세겔, 즉 약 877kg이었고, 조사를 받은 회중의 드린 은은 성소의 세겔대로 100달란트와 1,775세겔 즉 약 3,018kg이었다. 조사를 받은 자가 20세 이상으로 603,550명이었고, 성소의 세겔대로 각 사람에게 은 한 베가 곧 반 세겔씩이었다. 1세겔은 약 10g이다. 은 100달란트로 성소의 널판 받침과 성막문 휘장 기둥받침, 모두 100개를 부어만들었다. 각 받침에 한 달란트(약 30kg)씩, 모두 100달란트이다. 또 1,775세겔로 기둥 갈고리를 만들고 기둥머리를 싸고 기둥끈을 만들었다. 백성이 하나님께 드린 청동은 70달란트와 2,400세겔, 즉 약 2,124kg이었다.

본장의 교훈을 정리해보자. 첫째로, 번제단은 무엇보다 우리가 하나님께 나아갈 때 속죄제물이 필요함을 증거한다. 예수 그리스도께서는 우리의 죄를 위해 한 영원한 제사를 드리셨다(히 10:12). 번제단은 또 우리가 하나님께 우리 자신을 온전한 제물로 드려야 함을 보인다. 번제단은 우리에게 헌신을 교훈한다. 주 예수 그리스도께서 우리를 위해 속죄제물이 되셨으므로 우리도 예수 그리스도를 위해 사는 것이 마땅하다. 우리는 우리를 위해 죽으시고 다시 사신 예수 그리스도를 위해 우리의 몸을 드려야 한다(고후 5:15). 우리는 하나님께 헌신해야 한다.

둘째로, 물대야는 제사장에게 성결이 필요함을 보인다. 우리의 대제사장이신 예수 그리스도께서는 거룩하신 제사장이시다. 또 물대야는 왕 같은 제사장이 된(벧전 2:9) 신약 성도들이 하나님을 섬길 때 깨끗한 손으로 섬겨야 함을 보인다. 물대야는 우리에게 성결을 교훈한다. 하나님을 섬기는 자는 무엇보다 죄와 불결을 버리고 의롭고 거룩한 삶을 살아야 한다. 하나님께서는 의롭고 정직한 자와 친밀히 교제하신다.

셋째로, 성막뜰은 우리가 교회의 공적 집회들에 힘써 참여해야 함을 교훈한다. 성막뜰은 구약교회의 예배처소이다. 하나님께서는 이스라엘 백성이 하나님 앞에 모여 찬송하며 기도하고 율법을 배우기를 원하셨다. 오늘날도 하나님께서는 우리가 교회의 공적 예배회들과 기도회들에 힘써 참석하는 것을 원하신다. 히브리서는, 우리가 "모이기를 폐하는 어떤 사람들의 습관과 같이 하지 말고 오직 권하여 그 날[재림의 날]이 가까움을 볼수록 더욱 그리하자[모이자]"고 교훈했다(히 10:24-25).

39장: 제사장의 옷을 만듦

〔1절〕 **그들이 여호와께서 모세에게 명하신 대로 청색**(테켈렛 תְּכֵלֶת)[보라색](BDB, KB) **자색 홍색**실**로 성소에서 섬기기 위한 정교한**[잘 짠] **옷을 만들고 또 아론을 위한 거룩한 옷을 만들었더라.**

모든 율법과 성막 제도는 하나님의 지시에 의한 것이었다. 그것은 하나님의 명령이며 하나님의 뜻이었다. 또 그것은 모세를 통해 주신 것이었다. 이스라엘 백성은 여호와께서 모세에게 명하신 대로 성막과 옷들을 만들었다. 본장에는 '여호와께서 모세에게 명하신 대로'라는 말과 그와 같은 표현이 열 번 나온다(1, 5, 7, 21, 26, 29, 31, 32, 42, 43절). 하나님께서는 모세에게 명하셨고 모세는 성막 봉사자들에게 지시했고 봉사자들은 하나님께서 모세에게 명하신 대로 그 일을 수행했다. 옷은 보통 사람의 인격을 나타낸다. 제사장들의 잘 짠 옷과 아론의 거룩한 옷은 우리의 대제사장이신 예수 그리스도의 인격을 상징한다. 그것은 그의 거룩하시고 영화로우심을 상징한다. 특히 그 옷의 천이 보라색, 자주색, 진홍색인 것은 그의 신적이며 왕적인 영광과 함께, 그의 십자가 대속의 고난을 상징한다고 본다. 붉은 빛은 그의 대속의 피를 나타낼 것이다.

〔2-5절〕 **그가 또 금**실**과 청색**[보라색] **자색 홍색**실**과 가늘게 꼰 베실로 에봇을 만들었으되 금을 얇게 쳐서 오려서 실을 만들어 청색**[보라색] **자색 홍색**실**과 가는 베실에 섞어 공교히 짜고 에봇을 위하여 견대를 만들어 그 두 끝에 달아 서로 연하게 하고 에봇 위에 에봇을 매는 띠를 에봇과 같은 모양으로 금**실**과 청색**[보라색] **자색 홍색**실**과 가늘게 꼰 베실로 에봇에 붙여 짰으니 여호와께서 모세에게 명하신 대로 하였더라.**

브살렐은 또 금실과 보라색 자주색 진홍색실과 가늘게 꼰 베실로 에봇을 만들었고 견대를 만들어 그 두 끝에 달아 붙였다.

〔6-7절〕 **그들이 또 호마노를 깎아 금테에 물려 인을 새김같이 이스라엘**

의 아들들의 이름을 그것에 새겨 에봇 견대에 달아 이스라엘 자손의 기념 보석을 삼았으니 여호와께서 모세에게 명하신 대로 하였더라.

호마노에 이스라엘 아들들의 이름을 새겨 에봇 견대에 단 것은 대제사장이 이스라엘 백성을 대표한다는 것을 나타낸다. 대제사장의 사역은 이스라엘 백성을 대표한 사역이었다. 예수께서는 십자가에서 많은 사람을 위해 언약의 피를 흘리셨다(마 26:28). 그가 몸을 단번에 드리심으로 말미암아 우리는 거룩함을 얻었다(히 10:10).

〔8-15절〕 그가 또 흉패를 공교히 짜되 에봇과 같은 모양으로 금실과 청색[보라색] 자색 홍색실과 가늘게 꼰 베실로 하였으니 그것의 장이 한 뼘, 광이 한 뼘으로 네모 반듯하고 두 겹이며 그것에 네 줄 보석을 물렸으니 곧 홍보석 황옥 녹주옥이 첫 줄이요 둘째 줄은 석류석 남보석 홍마노요 셋째 줄은 호박 백마노 자수정이요 넷째 줄은 녹보석 호마노 벽옥이라. 다 금테에 물렸으니 이 보석들은 이스라엘 아들들의 이름 곧 그들의 이름대로 열둘이라. 인을 새김같이 그 열두 지파의 각 이름을 새겼으며 그들이 또 정금으로 사슬을 노끈처럼 땋아 흉패에 붙이고.

흉패에 이스라엘 열두 지파들의 이름이 새겨진 열두 개의 보석이 물려진 것은 우리의 대제사장이신 예수 그리스도께서 하나님의 택한 모든 백성을 사랑하시고 그들을 가슴에 품으심을 나타낸다. 에베소서 5:2, "[예수 그리스도께서는] 우리를 위하여 자신을 버리사 향기로운 제물과 생축으로 하나님께 드리셨느니라."

〔16-21절〕 또 금테 둘과 금고리 둘을 만들어 그 두 고리를 흉패 두 끝에 달고 그 두 땋은 금사슬을 흉패 끝 두 고리에 꿰어 매었으며 그 땋은 두 사슬의 다른 두 끝을 에봇 앞 두 견대의 금테에 매고 또 금고리 둘을 만들어 흉패 두 끝에 달았으니 곧 그 에봇에 대한 안쪽 가에 달았으며 또 금고리 둘을 만들어 에봇 앞 두 견대 아래 매는 자리 가까운 편 곧 공교히 짠 에봇 띠 윗편에 달고 청색 끈으로 흉패 고리와 에봇 고리에 꿰어 흉패로 공교히 짠 에봇 띠 위에 붙여서 에봇을 떠나지 않게 하였으니 여호와께서 모세에게 명하신 대로 하였더라.

브살렐은 금테 둘과 금고리 둘을 만들어 그 두 고리를 흉패 두 끝에 달고 그 두 땋은 금사슬을 흉패 끝 두 고리에 꿰어 매었으며 그 땋은 두 사슬의 다른 두 끝을 에봇 앞 두 견대의 금테에 매고 또 금고리 둘을 만들어 흉패 두 끝에 곧 그 에봇 안쪽 가에 달았다.

〔22-29절〕 **그가 에봇 받침 긴 옷**(메이르 מְעִיר)[(소매 없는) 두루마기 robe]**을 전부 청색**[보라색]**으로 짜서 만들되 그 옷의** 두 어깨 사이에 **구멍을 내고 갑옷 깃같이 그 구멍 주위에 깃을 짜서 찢어지지 않게 하고 청색**[보라색] **자색 홍색**실**과 가는 베실로 그 옷 가장자리에 석류를 수놓고 정금으로 방울을 만들어 그 옷 가장자리로 돌아가며 석류 사이사이에 달되 방울과 석류를 서로 간격하여 공직하는 그 옷 가장자리로 돌아가며 달았으니 여호와께서 모세에게 명하신 대로 하였더라. 그들이 또 직조한 가는 베로 아론과 그 아들들을 위하여 속옷**(코트놋 כְּתָנֹת)(tunic)(BDB, NASB, NIV)**을 짓고 세마포로 두건(頭巾)을 짓고 세마포로 빛난 관을 만들고 가는 베실로 짜서 세마포 고의(袴衣)들을 만들고 가는 베실과 청색**[보라색] **자색 홍색**실**로 수놓아 띠를 만들었으니 여호와께서 모세에게 명하신 대로 하였더라.**

〔30-31절〕 **그들이 또 정금으로 거룩한 패를 만들고 인을 새김같이 그 위에 '여호와께 성결'이라 새기고 그 패를 청색**[보라색]**끈으로 관 전면에 달았으니 여호와께서 모세에게 명하신 대로 하였더라.**

〔32-41절〕 **이스라엘 자손이 이와 같이 성막 곧 회막의 모든 역사를 준공하여**[모든 일을 마쳤으며] **여호와께서 모세에게 명하신 대로 다 행하고**[다 행하였으니 그들이 그렇게 하였으며](KJV, NASB) **그들이 성막을 모세에게로 가져왔으니 곧 막과 그 모든 기구와 그 갈고리들과 그 널판들과 그 띠들과 그 기둥들과 그 받침들과 붉은 물들인 숫양의 가죽 덮개와 해달의 가죽 덮개와 가리우는 장과 증거궤와 그 채들과 속죄소와 상과 그 모든 기구와 진설병**[하나님 앞에 놓는 떡]**과 정금 등대와 그 잔 곧 벌여놓은 등잔과 그 모든 기구와 등유와 금단과 관유와 향기로운 향과 장막 문장과 놋**[청동]**단과 그 놋**[청동] **그물과 그 채들과 그 모든 기구와 물두멍**[물대야]**과 그 받침과 뜰의 포장들과 그 기둥들과 그 받침들과 뜰 문의 장과 그 줄들과 그 말뚝들과 회막의 소용 곧 성막의 모든 기구와 성소에서 섬기기 위한 정교한**[잘 짠] **옷 곧 제사 직분을 행할 때에 입는 제사장 아론의 거룩한 옷과 그 아들들의 옷**

이라.

〔42-43절〕 **여호와께서 모세에게 명하신 대로 이스라엘 자손이 모든 역사를 필하매 모세가 그 필한 모든 것을 본즉 여호와께서 명하신 대로 되었으므로**[되었으니 그들이 그렇게 행하였으며 모세는] **그들에게 축복하였더라.**

이스라엘 백성은 여호와께서 모세에게 명하신 대로 모든 일들을 마쳤다. 모세는 그 마친 모든 것을 보니 여호와께서 명하신 대로 되었으므로 그들에게 축복하였다.

본장의 교훈을 정리해보자. 첫째로, 구약 시대의 제사장은 예수 그리스도를 예표하였고 대제사장 아론의 옷은 대제사장이신 예수 그리스도의 인격과 사역을 상징했다. 우리에게는 거룩하신 대제사장 예수 그리스도께서 계시다(히 4:14; 7:26). 특히, 아론의 붉은 빛 옷은 예수 그리스도께서 십자가에서 피흘려 이루실 대속 사역을 상징했다. 또 대제사장은 자기 백성을 사랑하고 흉패의 열두 보석으로 가슴에 품게 하였다. 예수 그리스도께서는 우리를 사랑하셔서 우리를 위해 자기의 목숨을 대속물로 주셨고(마 20:28) 십자가에서 보혈을 흘리셨고(마 26:28), 자신을 하나님께 속죄의 제물로 드리셨다(엡 5:2). 우리는 구주 예수 그리스도를 기쁨으로 영접하고 믿고 의지하고 확신하고 사랑해야 한다.

둘째로, 이스라엘 백성은 하나님께서 모세에게 명령하신 대로 성막을 건립하였다. 본장에는 "여호와께서 모세에게 명하신 대로"라는 표현이 열 번 나온다. 성막은 신약교회를 상징한다. 신약교회는 하나님의 집이다(고전 3:9; 엡 2:21-22). 우리는 하나님께서 성경에 교훈하신 대로 믿고 행함으로 참된 교회를 건립해야 한다. 우리는 하나님께서 성경에 계시하시고 교훈하신 내용을 가감하지 말고(신 4:2; 계 22:18-19)) 좌로나 우로나 치우치지 말아야 한다(신 5:32). 우리는 하나님의 모든 말씀을 믿고 행하려고 애써야 한다. 우리는 오직 신구약 성경의 교훈대로 믿고 순종함으로써 자신들의 성화를 이루어야 하고 또 교회의 구성원인 우리의 모든 회중이 온전케 되어 참된 교회를 이루어야 한다.

40장: 성막을 세움

〔1-5절〕 여호와께서 모세에게 일러 가라사대 너는 정월 초1일에 성막 곧 회막을 세우고 또 증거궤를 들여놓고 또 장[휘장]으로 그 궤를 가리우고 또 상을 들여놓고 그 위에 물품을 진설하고 등대를 들여놓고 불을 켜고 또 금 향단을 증거궤 앞에 두고 성막 문에 장[휘장]을 달고.

여호와께서는 모세에게, "너는 정월 초1일에 성막 곧 회막을 세우라"고 말씀하셨다. 17절에 보면, 그 날은 이스라엘 자손이 애굽에서 나온 지 제2년 정월 초하룻날이었다. 성막은 '회막'(會幕, 오헬 모에드 אֹהֶל מוֹעֵד) 곧 '만남의 장막' 혹은 '만남의 집'이라고 불리었다. 그것은 하나님께서 이스라엘 백성과 만나시는 장소라는 뜻이다. 출애굽기 29:42-43에 보면, 하나님께서는 "내가 거기서 너희와 만나고 네게 말하리라. 내가 거기서 이스라엘 자손을 만나리니 내 영광을 인하여 회막이 거룩하게 될지라"고 말씀하셨다. 회막 안 지성소 안의 속죄소는 특히 하나님의 약속이 있는 장소이었다. 출애굽기 25:22에 보면, 하나님께서는 모세에게 속죄소에서 너와 만나겠고 거기에서 이스라엘 자손을 위해 네게 명할 모든 일을 네게 말하겠다고 약속하셨다.

하나님께서는 모세에게 증거궤 혹은 법궤 곧 십계명의 두 돌판이 들어 있는 나무상자를 들여놓고 또 휘장으로 그 법궤를 가리우라고 명하셨다. 그 휘장은 지성소의 문이다. 그는 또 모세에게 떡상을 들여놓고 그 위에 '진설병'이라고 불리는 하나님 앞에 두는 떡을 놓고, 또 등대를 들여놓고 불을 켜고, 또 금향단을 증거궤 앞, 휘장 밖에 두고, 성막문에 휘장을 달라고 명하셨다. 그 휘장은 성소 곧 성막의 문이다.

〔6-11절〕 또 번제단을 회막의 성막 문 앞에 놓고 또 물두멍[물대야]을 회막과 단 사이에 놓고 그 속에 물을 담고 또 뜰 주위에 포장[휘장]을 치고 뜰 문에 장[휘장]을 달고 또 관유를 취하여 성막과 그 안에 있는 모든 것에 발라 그것과 그 모든 기구를 거룩하게 하라. 그것이 거룩하리라. 너는 또

번제단과 그 모든 기구에 발라 그 안을 거룩하게 하라. 그 단이 지극히 거룩하리라. 너는 또 물두멍[물대야]**과 그 받침에 발라 거룩하게 하고.**

법궤와 금향단과 물대야와 번제단은 일직선 상에 놓였다. 그것들은, 위에서 내려다 보면, 떡상과 등대와 더불어 십자가 형상을 이룰 것이다. 성막은 예수 그리스도를 상징한다. 또 그것은 우리가 하나님께 나아가는 길을 보여준다. 번제단은 죄인들이 제사를 통해 죄사함을 얻고 자신을 하나님께 온전히 드려야 함을 보이고, 물대야는 하나님을 섬기려는 자들이 영육으로 깨끗해야 함을 보이고, 떡상과 등대는 말씀과 성령의 빛을, 또 금향단은 기도를 상징하며, 그런 후에야 마침내 하나님의 임재의 처소인 지성소로 나아갈 수 있음을 보인다.

〔12-16절〕 너는 또 아론과 그 아들들을 회막문으로 데려다가 물로 씻기고 아론에게 거룩한 옷을 입히고 그에게 기름을 부어[발라](마솨크 מָשַׁח) **거룩하게 하여 그로 내게 제사장의 직분을 행하게 하라. 너는 또 그 아들들을 데려다가 그들에게 겉옷**[반포 속옷](tunic)**을 입히고 그 아비에게 기름을 부음**[바름]**같이 그들에게도 부어서**[발라서](מָשַׁח) **그들로 내게 제사장 직분을 행하게 하라. 그들이 기름 부음**[바름]**을 받았은즉 대대로 영영히 제사장이 되리라 하시매 모세가 그같이 행하되 곧 여호와께서 자기에게 명하신 대로 다 행하였더라.**

〔17-21절〕 제2년 정월 곧 그 달 초1일에 성막을 세우니라. 모세가 성막을 세우되 그 받침들을 놓고 그 널판들을 세우고 그 띠를 띠우고 그 기둥들을 세우고 또 성막 위에 막을 펴고 그 위에 덮개를 덮으니 여호와께서 모세에게 명하신 대로 되니라. 그가 또 증거판**을 궤 속에 넣고 채**[장대]**를 궤에 꿰고 속죄소를 궤 위에 두고 또 그 궤를 성막에 들여놓고 장**[휘장]**을 드리워서 그 증거궤를 가리우니 여호와께서 모세에게 명하신 대로 되니라.**

성막 안 지성소에는 한 개의 기구가 있었다. 그것은 십계명 돌판을 넣어둔 법궤 혹은 언약궤이었고 그 뚜껑을 속죄소라고 불렀다.

〔22-28절〕 그가 또 회막 안 곧 성막 북편으로 장 밖에 상을 놓고 또 여호와 앞 그 상위에 떡을 진설하니 여호와께서 모세에게 명하신 대로 되니

라. 그가 또 회막 안 곧 성막 남편에 등대를 놓아 상과 대하게 하고 또 여호와 앞에 등잔에 불을 켜니 여호와께서 모세에게 명하신 대로 되니라. 그가 또 금 향단을 회막 안 장 앞에 두고 그 위에 향기로운 향을 사르니 여호와께서 모세에게 명하신 대로 되니라. 그가 또 성막 문에 장을 달고.

성소에는 세 개의 기구들이 있었다. 성막의 입구는 동쪽을 향하고 있고, 입구에서 속으로 볼 때, 오른쪽 즉 북쪽에 떡상이 놓였고 왼쪽 즉 남쪽에 등대가 놓였고 가운데 분향단이 놓였다.

〔29-33절〕 **또 회막의 성막 문 앞에 번제단을 두고 번제와 소제를 그 위에 드리니 여호와께서 모세에게 명하신 대로 되니라. 그가 또 물두멍**[물대야]**을 회막과 단 사이에 두고 거기 씻을 물을 담고 자기와 아론과 그 아들들이 거기서 수족을 씻되 그들이 회막에 들어갈 때와 단에 가까이 갈 때에 씻었으니 여호와께서 모세에게 명하신 대로 되니라. 그가 또 성막과 단 사면 뜰에 포장을 치고 뜰문의 장을 다니라. 모세가 이같이 역사를 필하였더라.**

성막 뜰에는 두 개의 기구가 있었다. 하나는 번제단이고 다른 하나는 물대야, 즉 제사장들이 손발을 씻는 큰 물그릇이었다.

〔34-38절〕 **그 후에 구름이 회막에 덮이고 여호와의 영광이 성막에 충만하매 모세가 회막에 들어갈 수 없었으니 이는 구름이 회막 위에 덮이고 여호와의 영광이 성막에 충만함이었으며 구름이 성막 위에서 떠오를 때에는 이스라엘 자손이 그 모든 행하는 길에 앞으로 발행**[출발]**하였고 구름이 떠오르지 않을 때에는 떠오르는 날까지 발행**[출발]**하지 아니하였으며 낮에는 여호와의 구름이 성막 위에 있고 밤에는 불이 그 구름 가운데 있음을 이스라엘의 온 족속이 그 모든 행하는 길에서 친히 보았더라.**

하나님께서는 옛 시대에 구름을 자신의 영광의 표시로 사용하셨다. 또 구름은 이스라엘 자손을 인도하시는 하나님의 손길이기도 하였다.

본장의 교훈을 정리해보자. 첫째로, 모세는 성막을 하나님의 명령과 지시대로 만들었고 세웠다. 전장(前章)에서 열 번이나 반복해 기록된 것은 이스라엘 백성이 여호와께서 모세에게 명하신 대로 성막과 그 기구들을 만들었다는 말씀이었다(39:1, 5, 7, 21, 26, 29, 31, 32, 42, 43절). 본장 16절도 "모세가 여호와께서 자기에게 명하신 대로 다 행하였더라"고 말하며, 본장에도 "여호와께서 모세에게 명하신 대로 되니라"는 말씀이 일곱 번이나 반복해 기록되어 있다(40:19, 21, 23, 25, 27, 29, 32절). 이것은 온전한 순종을 증거한다. 성막은 예수 그리스도를 상징하였다. 우리는 예수 그리스도의 몸된 교회로서 온전한 자들이 되어야 한다. 우리는 성경에 계시된 하나님의 온전한 뜻을 분별하여 다 믿고 다 순종해야 한다. 이것은 구원 얻은 성도들의 마땅한 삶이다. 모든 성경은 하나님의 감동으로 된 하나님의 말씀이다(딤후 3:16-17). 그러므로 우리는 우리의 생각대로 성경을 가감하지 말고, 성경대로 믿고 성경대로 행하며 봉사해야 한다. 모든 직분자들과 성도들은 우리 안에 영원히 거하시는 성령의 도우심을 따라 성경을 열심히 읽고 듣고 배워서 하나님의 말씀을 다 믿는 자가 되어야 하고 하나님께 온전히 순종하는 자가 되어야 한다.

둘째로, 모세가 성막을 세웠을 때 구름이 성막에 가득하였다. 그것은 하나님께서 친히 그들 중에 거하시는 표이었다. 성막은 예수 그리스도와 그의 몸된 신약교회의 모형이다. 교회는 성령의 전이다(고전 3:16). 성막 안에 하나님의 임재의 표가 있었듯이, 성령께서는 우리와 영원히 함께 계신다(롬 8:9; 엡 1:13). 우리는 성령께서 우리 안에 영원히 거하신다는 이 놀라운 사실을 깨닫고 하나님께 늘 감사해야 한다.

셋째로, 하나님께서는 성막에 낮에는 구름으로, 밤에는 불로 함께하시며 광야에서 이스라엘 백성이 머물 날들과 떠날 시간을 지시하셨다(민 9:15-23). 불기둥과 구름기둥은 하나님의 명령과 지시와 인도이었다. 이것은 오늘날 하나님께서 신약교회를 어떻게 인도하시는지 모형적으로 보인다. 하나님께서는 만세 전에 택하시고 아들 예수 그리스도의 피로 사신 자기 백성을 광야 같은 세상에 버려두지 않으신다. 그는 우리를 성경말씀과 성령의 감동으로 가르치시고 깨닫게 하시고 인도하신다. 그러므로 우리는 날마다 성경을 읽고 듣고 묵상함과 기도와 성령의 감동 속에서 하나님의 인도하심을 구하며 인도하심을 받아야 한다.

저자 소개

연세대학교 문과대학 철학과 졸업 (B.A.).
총신대학 신학연구원[신학대학원] 졸업 (M.Div. equiv.).
미국, Faith Theological Seminary 졸업 (Th.M. in N.T.).
미국, Bob Jones University 대학원 졸업 (Ph.D. in Theology).
계약신학대학원 교수 역임, 합정동교회 담임목사.
〔**역서**〕 J. 그레셤 메이천, 신약개론, 신앙이란 무엇인가? 등 다수.
〔**저서**〕 구약성경강해 1, 2, 신약성경강해, 조직신학, 기독교교리개요, 기독교 윤리, 현대교회문제, 자유주의 신학의 이단성, 교회연합운동 비평, 복음주의 비평, 현대교회문제자료집, 천주교회비평 등.

출애굽기 강해

2008년 12월 5일 1판
2018년 12월 6일 2판
2024년 2월 2일 3판

저 자 **김 효 성**

발행처 **옛신앙 출판사**
Old-time Faith Press
www.oldfaith.net
서울 마포구 독막로 26 (합정동)
합정동교회 내
02-334-8291, 팩스 02-337-4869
oldfaith@hjdc.net
등록번호: 제10-1225호

ISBN 978-89-98821-93-7 03230 값 4,000원

♣ '**옛신앙**'이란, 옛부터 하나님의 선지자들과 주 예수 그리스도의 사도들이 가졌던 신앙, 오직 정확 무오(正確無誤)한 하나님 말씀인 신구약성경에만 근거한 신앙, 오늘날 배교(背教)와 타협의 풍조에 물들지 않는 신앙을 의미합니다.

"여호와께서 이같이 말씀하시되 '너희는 길에 서서 보며 **옛적 길** 곧 **선한 길**이 어디인지 알아보고 그리로 행하라. 너희 심령이 평강을 얻으리라' 하나, 그들의 대답이 '우리는 그리로 행치 않겠노라' 하였으며"(렘 6:16).

옛신앙 출판사 서적 안내

1. 김효성, **현대교회문제**. [6판]. 204쪽. 4,000원.
2. 김효성, **자유주의 신학의 이단성**. [2판]. 170쪽. 4,000원.
3. 김효성, **교회연합운동 비평**. [2판]. 146쪽. 4,000원.
4. 김효성, **복음주의 비평**. [2판]. 166쪽. 4,000원.
5. 김효성, **천주교회 비평**. [2판]. 97쪽. 3,000원.
6. 김효성, **이단종파들**. [6판]. 70쪽. 700원.
7. 김효성, **공산주의 비평**. [6판]. 44쪽. 2,000원.
8. 김효성, **조직신학**. [2판]. 627쪽. 6,000원.
9. 김효성, **기독교 교리개요**. [10판]. 96쪽. 2,500원.
10. 김효성, **기독교 윤리**. [7판]. 240쪽. 5,000원.
11. 김효성, **신약성경 전통본문 옹호**. 166쪽. 4,000원.
12. 김효성, **기독교 신앙입문**. [11판]. 34쪽. 2,000원.
14. 김효성, **창세기 강해**. [4판]. 356쪽. 7,000원.
15. 김효성, **출애굽기 강해**. [3판]. 205쪽. 4,000원.
16. 김효성, **레위기 강해**. [3판]. 164쪽. 4,000원.
17. 김효성, **민수기 강해**. [3판]. 179쪽. 4,000원.
18. 김효성, **신명기 강해**. [2판]. 184쪽. 4,000원.
19. 김효성, **여호수아 사사기 룻기 강해**. [3판]. 216쪽. 4,000원.
20. 김효성, **사무엘서 강해**. [3판]. 233쪽. 5,000원.
21. 김효성, **열왕기 강해**. [3판]. 217쪽. 5,000원.
22. 김효성, **역대기 강해**. [3판]. 255쪽. 6,000원.
23. 김효성, **에스라 느헤미야 에스더 강해**. [3판]. 132쪽. 4,000원.
24. 김효성, **욥기 강해**. [2판]. 195쪽. 4,000원.
25. 김효성, **시편 강해**. [3판]. 703쪽. 10,000원.
26. 김효성, **잠언 강해**. [3판]. 623쪽. 10,000원.
27. 김효성, **전도서 강해**. [3판]. 84쪽. 3,000원.
28. 김효성, **아가서 강해**. [3판]. 88쪽. 3,000원.
29. 김효성, **이사야 강해**. [3판]. 406쪽. 8,000원.
30. 김효성, **예레미야 및 애가 강해**. [2판]. 359쪽. 6,000원.
31. 김효성, **에스겔 다니엘 강해**. [2판]. 293쪽. 6,000원.
32. 김효성, **소선지서 강해**. [2판]. 318쪽. 6,000원.
33. 김효성, **마태복음 강해**. [2판]. 340쪽. 6,000원.
34. 김효성, **마가복음 강해**. [4판]. 224쪽. 5,000원.
35. 김효성, **누가복음 강해**. [3판]. 363쪽. 7,000원.
36. 김효성, **요한복음 강해**. [3판]. 281쪽. 5,000원.
37. 김효성, **사도행전 강해**. [3판]. 236쪽. 4,000원.
38. 김효성, **로마서 강해**. [3판]. 145쪽. 4,000원.
39. 김효성, **고린도전서 강해**. [3판]. 120쪽. 4,000원.
40. 김효성, **고린도후서 강해**. [3판]. 100쪽. 3,000원.
41. 김효성, **갈라디아서 에베소서 강해**. [2판]. 169쪽. 4,000원.
42. 김효성, **빌립보서 골로새서 강해**. [2판]. 143쪽. 4,000원.
43. 김효성, **데살로니가전후서 빌레몬서 강해**. [2판]. 92쪽. 3,000원.
44. 김효성, **디모데전후서 디도서 강해**. [2판]. 164쪽. 4,000원.
45. 김효성, **히브리서 강해**. [3판]. 109쪽. 3,000원.
46. 김효성, **야고보서 베드로전후서 강해**. [2판]. 145쪽. 4,000원.
47. 김효성, **요한1,2,3서 유다서 강해**. [2판]. 104쪽. 3,000원.
48. 김효성, **요한계시록 강해**. [2판]. 173쪽. 4,000원.

☆ **주문: oldfaith.net/07books.htm 전화: 02-334-8291**
☆ **계좌: 우리은행 1005-604-140217 합정동교회**